Barbara Beuys

DIE HELDIN VON AUSCHWITZ

Leben und Widerstand der Mala Zimetbaum

Mit zahlreichen Abbildungen

Insel Verlag

Klimaneutral
Druckprodukt
ClimatePartner.com/14438-2110-1001

Erste Auflage 2023

Umschlaggestaltung: hißmann, heilmann, hamburg
Umschlagillustration: Seven Resist – Disorder Rebel Store, Berlin
Satz: Dörlemann Satz, Lemförde
Druck und Bindung: GGP Media GmbH, Pößneck
Printed in Germany
ISBN 978-3-458-64386-9

www.insel-verlag.de

Inhalt

1. Kapitel

WAS DIE GEBURTSURKUNDE ERZÄHLT

20. Januar 1918: Mala, das jüngste Kind einer jüdisch-polnischen Familie, wird in Brzesko geboren – Im Zentrum spürt man bis heute den bürgerlich-freundlichen Charakter

1918

Die Familie war festlich gekleidet, die Stimmung feierlich-fröhlich, gemischt mit Neugier. Kerzen brannten. In der hebräischen Bibel lädt der 121. Psalm für einen solchen Freudentag zum Gebet ein: »Der Ewige ist dein Hüter / … Der Ewige hütet dich vor allem Bösen / behütet deine Seele. / Der Ewige bewacht dein Gehen und Kommen / von nun an bis in Ewigkeit.« Vor einer Woche, am 20. Januar 1918, einem Sonntag, hatte Chaja Feigel Schmalzer in dem Städtchen Brzesko, rund 55 Kilometer östlich von Krakau, zu Hause ihr sechstes Kind geboren, nach jüdischem Kalender am 7. Schwat 5678. Es ist durchaus möglich, dass ihr Mann, Pinkas Zimetbaum, während der Geburt seiner Frau mit dem Beten von Psalmen Beistand leistete.

Weil es ein Mädchen war, fand am 26. Januar 1918 die feierliche Namensgebung statt. Gewöhnlich wird der Name eines Mädchens vom Vater in der Synagoge beim Schabbat-Gottesdienst eine Woche nach der Geburt verkündet. Doch auch für fromme gesetzestreue Juden konnte es Ausnahmen geben. In diesem Fall wurde die häusliche Namensfeier durch die Autorität des Namensgebers bekräftigt. Diese Information und alle folgenden der Feier sind präzise in der Geburtsurkunde, die sich in Brzesko erhalten hat, aufgezeichnet.

Josef Schmalzer, der Großvater mütterlicherseits, der am

26. Januar 1918 im Kreis der Eltern und Geschwister seiner Enkelin den Namen Malke gab, hebräisch »Königin«, war mit dem Amt des Schammes – jiddisch »Diener« – in einer der vier steinernen Synagogen von Brzesko betraut.

Der Schammes trägt Verantwortung für die reibungslosen religiösen Abläufe in einer jüdischen Gemeinde, deren Verwaltung und kümmert sich um ein ausgewogenes soziales Leben. Dass dieses Amt nur ein vorbildlicher religiöser Jude ausüben darf, bestätigt der Grabstein für Josef Schmalzer auf dem jüdischen Friedhof von Brzesko. Der 1925 Verstorbene erfüllte nicht nur alle Gebote Gottes, er »liebte die Tora-Schüler und kauerte sich in ihren Schatten … und seine Seele stieg zum Himmel«. (Die Tora – »Lehre« – enthält die fünf Bücher Mose, den ersten Teil der hebräischen Bibel.)

Erinnerung ist ein Grundpfeiler jüdischer Identität, ob es die Geschichte der Juden durch die Jahrtausende betrifft oder die Generationen der Familie, aus denen das Individuum stammt. Der Tod beendet kein Leben.

Das neugeborene Mädchen war nach dem Willen des Großvaters ein Familienpfand der Erinnerung, denn drei ihrer Urgroßmütter trugen den Namen Malka bzw. Mala. Da keine Quelle aussagt, mit welcher Namensvariante das kleine Mädchen im Familienkreis aufwuchs, aber da es im Rückblick für alle »Mala« war, darf dieser Name ihr Leben kennzeichnen.

Es sind zwei Töchter und ein Sohn, die mit den Eltern am 26. Januar 1918 Malas Geburt feiern: Gittla (*1908), Salamon Rubin (*1909) und Marjem Jochwet (*1914 in Mainz). Doch die Freude über die kleine Mala war unzertrennlich mit der Erinnerung an Chiel (1906-1907) und Juda (1911-1914) verbunden; für immer würden die früh Verstorbenen als Söhne und als Brüder der drei lebenden Geschwister im Gedächtnis bleiben.

Die Eltern, Pinkas Zimetbaum und Chaja Schmalzer, wurden 1881 in Brzesko geboren; 1905 haben sie dort geheiratet – zweifach. Denn sie vollzogen ihre Heirat nicht nur als Trauung unter der »Chuppa«, dem jüdischen Hochzeitsbaldachin. Sie schlossen auch eine Ehe nach zivilrechtlichen Vorgaben. Weshalb Mala in ihrer Geburtsurkunde die Kennzeichnung »legitim« erhält.

Ihr Vater dagegen galt nach dem weltlichen Gesetz als »illegitim«, weil seine Eltern, Malas Großeltern – Berl Hartman und Marjem Jochwet Zimetbaum – allein nach dem jüdischen Gesetz heirateten. Die Folge war ein ziemliches Durcheinander in staatlichen Papieren, die Malas Vater betrafen: Mal wurden sie auf Pinkas Zimetbaum, mal auf Pinkas Zimetbaum-Hartman ausgestellt. Mala und ihre Geschwister nutzten die Chance und wählten als Erwachsene je nach Vorliebe Zimetbaum oder Hartman zu ihrem Nachnamen.

Malas offizielle Geburtsurkunde nimmt die weltliche Dimension ebenso ernst wie die religiöse: »Das Kind wurde durch Chane Reiser, Hebamme in Brzesko, auf die Welt gebracht.« Welche Wertschätzung dieser weibliche Beruf im Judentum hat, lässt sich an Grabsteinen des Mittelalters ablesen. Nur bei Hebammen wird nach dem Tod auf dem Grabstein ihr Beruf eingemeißelt, und wieder zeigt sich die Kraft jüdischer Erinnerung.

Das 2. Buch Mose berichtet, dass der Pharao den hebräischen Geburtshelferinnen Schifra und Pua, die damals wie das ganze jüdische Volk in Ägypten lebten, einen mörderischen Befehl gibt: »Wenn es ein Sohn ist, sollt ihr es töten; ist es aber eine Tochter, mag es leben.« Doch die beiden Frauen widersetzten sich der Vernichtung ihres Volkes und »ließen die Knaben am Leben«.

Vom alten Ägypten zurück nach Brzesko, das in einer osteuropäischen Kulturlandschaft lag, die seit Jahrhunderten von der jüdischen Bevölkerung geprägt wurde – Galizien. Als Pinkas Zimetbaum und Chaja Schmalzer in Brzesko ein Paar wurden, wo die meisten ihrer Vorfahren zu Hause waren, hatte sich gerade Schreckliches, aber auch Erstaunliches ereignet. Schrecklich war das Feuer, das 1904 ausgebrochen war, allein über

300 jüdische Häuser vernichtet und das städtische Leben zerstört hatte. Doch dank der Tatkraft des Bürgermeisters Henoch Klapholz stieg Breszko in den folgenden Jahren als modernisierte und rundum erneuerte Stadt wie Phönix aus der Asche. Das war doppelt erstaunlich: Denn mit Henoch Klapholz stellte die jüdische Mehrheit von Brzesko zum ersten – und einzigen – Mal den ersten Bürgermeister. Bis dahin war der oberste Bürger der Stadt selbstverständlich ein Katholik und sein Stellvertreter ein Jude.

Die Juden in Brzesko hatten kein Problem damit, bei Verteilung der höchsten städtischen Ämter zurückzustehen. Wussten sie doch, dass ihre religiöse Welt- und Lebenssicht von der christlichen Minderheit akzeptiert wurde. Seit Generationen war jeden Dienstag im Zentrum von Brzesko Markttag. Aus der Umgebung kamen vor allem jüdische Bauern und Händler mit Kutschen und Pferdewagen, um ihre Waren anzubieten. An den Ständen drängten sich Juden und Christen bis zum Sonnenuntergang, kauften und verkauften, tauschten mit großem Hallo Neuigkeiten aus – ein lebendiger Ort friedlich-fröhlicher Kommunikation. Fiel jedoch ein jüdischer Feiertag auf einen Dienstag, verzichteten die Christen ohne Murren auf den Markt. Ähnliches geschah freitags: Die Sitzungen des Gemeinderats wurden selbstverständlich vor Sonnenuntergang beendet. Denn zu diesem Zeitpunkt begann für die jüdischen Vertreter der Schabbat, an dem Ruhe höchste religiöse Pflicht war.

Entscheidend für das grundsätzlich konfliktfreie Miteinander war, dass radikale soziale Unterschiede sich in beiden gesellschaftlichen Gruppen in Grenzen hielten. Auf den Fotos im Regionalmuseum von Brzesko ist auch die ärmere jüdische Bevölkerung vertreten, die in Holzbaracken lebte, kaum Arbeit hatte und von regelmäßiger Hilfe der jüdischen Gemeinschaft abhängig war. Ein solider Teil der jüdischen Bevölkerung jedoch lebte in gutbürgerlichen Verhältnissen. Sie waren Unternehmer, Kaufleute und Handwerker; es gab jüdische Rechtsanwälte, Richter und Ärzte.

Wer heute auf einer Bank im gepflegten Zentrum von Brzesko, dem ehemaligen Marktplatz, sitzt, sieht dieselben Häuser wie einst Chaja Schmalzer oder Pinkas Zimetbaum, wenn sie dienstags auf den Markt oder wenn er in eine Synagoge ging: eine bunte Mischung, gelb und blau gestrichen, roter Sandstein, steinerne Dekorationsgirlanden, große runde Fenster, spitze Türme.

Die Häuser am Marktplatz sind Zeugen einer Vergangenheit, als viele Juden zu einem schönen Gesamtbild der städtischen Gemeinschaft beitrugen. Und keine Hemmungen hatten, ihren Glauben sichtbar an den Haustüren durch eine Mesusa – hebräisch »Türpfosten« – zu bezeugen. In einigen wenigen Türrahmen von Häusern im Umfeld des Marktplatzes hat sich die Silhouette dieser schlanken Kapsel erhalten. Im Innern einer Mesusa steht auf einem Zettel ein zentraler Text der Tora: »Höre, Israel! Der Ewige ist unser Gott; der Ewige ist Einer.«

In dieses städtische Umfeld wurde Mala Zimetbaum geboren; zehn Jahre wird es ihr Zuhause sein. Ihre Eltern besaßen kein eigenes Haus, davon zeugen die Geburtsurkunden ihrer Kinder. Jedes Mal ist eine andere Wohnung in Brzesko angegeben, allerdings nur nummeriert, so dass sich nicht ausfindig machen lässt, wo in der Stadt die Familie lebte. Der Kaufmann Pinkas Zimetbaum gehörte nicht zu den wohlhabenden Juden der Stadt. Die Familie konnte sich nur Mietwohnungen leisten.

Jede Feier geht einmal zu Ende, führt aus dem zeitlosen Miteinander zurück in die Gegenwart. Wenn die Erwachsenen an diesem Sonntag, dem 26. Januar 1918, die Kerzen löschten, war ihnen umgehend wieder bewusst, dass sie auch im kleinen abgeschiedenen Brzesko in einer Welt lebten, die aus den Fugen geraten war. Eine neue Weltordnung bahnte sich an, erzwungen durch einen Krieg, der seit 1914 vor allem Europa erschütterte.

Die Menschen in Brzesko lebten in der österreich-ungarischen Doppelmonarchie, in einem Landstrich, der bis zum Ende des 18. Jahrhunderts als »Galizien« zu Polen gehörte. Die Mehrheit der Bevölkerung war seit Langem jüdischen Glaubens. In seinem vierten Jahr schien sich dieser Krieg 1918 für Österreich und das mit ihm verbündete deutsche Kaiserreich immer tiefer in eine Niederlage zu verstricken.

Für die jüdischen Menschen in Brzesko war diese Aussicht durchaus mit Hoffnungen verbunden. Dabei kam ihnen die Erinnerung an weit zurückliegende historische Zeitabläufe zugute, die fest in ihrem Gedächtnis verankert waren. Die Geschichte der Juden in Polen über rund 500 Jahre war ein lebendiges Vermächtnis, das ihre Glaubensgenossen zu Beginn des 20. Jahrhunderts mit Stolz und selbstbewusster Tatkraft erfüllte. Wie ihre Vorfahren vertrauten sie darauf: Der Gott Israels würde alle begleiten, die neue Wege einschlugen. Dieses Grundvertrauen erfüllte jeden polnischen Juden, auch Pinkas Zimetbaum und Chaja Schmalzer. Sie gaben es selbstverständlich an ihre Kinder weiter. Auch Mala Zimetbaums Blick auf die Welt und ihr Leben ist grundlegend von dem Wissen um diese gemeinsame jüdische Vergangenheit geprägt worden.

2. Kapitel

WIE DIE JUDEN NACH POLEN KAMEN

Eine beispiellose Erfolgsgeschichte, die im 19. Jahrhundert ein bitteres Ende findet

1264-1900

Es war im Jahr 1565, als der päpstliche Legat in Polen aufschrieb, was ihm aufgefallen war: Es gab in diesem Land »große Massen von Juden, die nicht so verachtet sind, wie es anderswo der Fall ist. Sie leben nicht in einem Zustand der Erniedrigung, und sind nicht auf verächtliche Berufe beschränkt«. Sie konnten ohne Beschränkungen Medizin oder Astronomie studieren, mussten keine Zeichen an der Kleidung tragen, um sich von Christen zu unterscheiden. Und »sie verfügten über alle Bürgerrechte«.

Juden und Christen mit gleichen Rechten, gleichermaßen human behandelt? Undenkbar für den Mönch in Wittenberg, der seit 1518 gegen den Papst in Rom rebellierte. 1543 ließ Martin Luther seine Schrift »Über die Juden und ihre Lügen« veröffentlichen, präzisierte darin seinen theologisch begründeten Hass auf alles Jüdische und stellte Forderungen, deren Umsetzungen er von den politisch Verantwortlichen erwartete: Man soll die Synagogen in Brand setzen und vom Erdboden verschwinden lassen. Man soll die Häuser der Juden zerstören. Juden sollen auf den Straßen des Reiches keinen Schutz mehr genießen. Noch besser wäre es, sie aus dem Land zu jagen. Es sind protestantische Städte und Territorien, die Luthers Forderungen erfüllen und die jüdischen Menschen vertreiben. Es sind geistliche katholische Landesherren wie die Bischöfe in Mainz und Paderborn, die vertriebenen Juden in den 1570er Jahren in ihren Ländern Schutz bieten und sie als Händler und Unternehmer willkommen heißen.

Diese einladenden Gesten, nicht ohne politische Hintergedanken im Kampf gegen Luthers Anhänger, die Protestanten, können die radikalen antijüdischen Maßnahmen der katholischen Länder in den Jahrhunderten zuvor nicht verdecken. Aber Schwarzweißschablonen werden der europäischen Periode in der Geschichte der Juden, von denen ab dem 9. Jahrhundert die Mehrheit in Europa lebte, nicht gerecht. Ihr Einstieg in Europas Geschichte im frühen Mittelalter war kein finsteres Kapitel. Das Herrscherhaus der Karolinger, vor allem Ludwig der Fromme, der Sohn Karls des Großen, nahm die Juden unter seinen Schutz. Sie konnten zum Wohl des Landes freien Handel treiben. Von der Nordsee bis zu den Alpen, von der Elbe bis zum Atlantik lebten christliche und jüdische Familien als Nachbarn zusammen, die sich mit Achtung und Verständnis begegneten und Konflikte in ihr Miteinander integrierten.

Im 10. Jahrhundert wuchsen in den Städten längs des Rheins durch die gleichen christlichen Bautrupps die Wände der ersten Synagogen neben denen der ersten Kathedralen in den Himmel. Die Rabbis der jüdischen Gemeinden von Speyer, Worms und Mainz gehörten zu den führenden Autoritäten ihres Glaubens in Europa. 1120 stellte der Papst in Rom die Juden unter seinen Schutz, verurteilte jede Art von Zwangstaufen.

Doch mit dem Beginn des 13. Jahrhunderts begannen christliche Herrscher mit kirchlicher Rückendeckung den Juden ihren Schutz zu entziehen, verfolgten sie und verbrannten ihre Schriften. 1290 vertrieb England die jüdische Bevölkerung aus dem Land, Frankreich folgte 1306. Aber als die Verfolgungen begannen, wies der Gott Israels seinem Volk einen rettenden Ausweg: »Da fiel ein Zettel vom Himmel herab: Geht nach Polen!« Schon das Wort verhieß Gutes, denn »po-lin« bedeutet auf Hebräisch »hier nächtige«. Auch diese Erzählung ging ein in den Schatz der jüdischen Geschichte. Und dahinter stecken Fakten.

Es war im Jahr 1264, da ergriff der großpolnische Herzog Bolesław der Fromme die historische Chance und erließ eine Schutzverordnung für die Juden in seinem Land, das Statut von Kalisz. Es garantierte ihnen gleiche Rechte, sogar Privilegien, was den Handel und die Niederlassung in Städten und Dörfern betraf, und gab die Zusage, ihre Gemeinden, die sie selbst verwalten durften, gegen Angriffe in Schutz zu nehmen. So öffnete sich für die im westlichen Europa verfolgten jüdischen Menschen ein rettender Ausweg in Polen. Über Jahrhunderte stand der katholische polnische Adel zu seinem Wort, überzeugt, dass die Wirtschaftskraft der Juden, ihre Handelskontakte weltweit und ihr generelles Engagement zum Wohl des Landes dem Wohlstand der ganzen Bevölkerung nutzen würden.

Das Zeugnis des päpstlichen Legaten von 1565 bestätigt es: Die Juden in Polen waren Händler und Kaufleute, aber ebenso in vielen Handwerksberufen tätig. Neben einer kleinen Oberschicht hatte sich eine breite jüdische Mittelschicht gebildet. Juden verwalteten die Güter des katholischen Adels, besonders in der Ukraine, und schlossen sie an den europäischen Wirtschaftskreislauf an. Sie wurden Pächter von Mühlen und Gastwirtschaften und zu Mittlern zwischen ländlicher und städtischer Bevölkerung. Katholische und jüdische Männer, Frauen und Kinder trafen sich nicht nur auf den Wochenmärkten, sondern auch zum gemeinsamen Feiern an ihren jeweiligen Festtagen.

Mit den günstigen Lebensbedingungen wuchsen das Interesse an Wissenschaft und Kultur und das jüdische Selbstbewusstsein. Während die Juden im westlichen Europa die Sprache ihrer christlichen Nachbarn übernahmen, entwickelten die Juden aus dem deutschsprachigen Raum, die in größter Zahl nach Polen zogen, ihre eigene Sprache. Die wurde zum Motor einer eigenen Kultur. Die Immigranten hielten am Mittelhochdeutsch des 15. und 16. Jahrhunderts fest. Vermischt mit hebräischem, aramäischem und slawischem Vokabular, entwickelte sich daraus im Osten eine eigene Sprache mit eigener Syntax: »jiddisch« – jüdisch. Die Stadt Brzesko wird den jiddischen Namen »Briegel« erhalten.

Ab dem 16. Jahrhundert entstehen in polnischen Städten jüdische Druckereien, die zahlreiche Werke für eine breite Leserschaft, darunter viele Frauen, in Jiddisch veröffentlichen. 1618 erscheint ein »Ratgeber« für Frauen, von Rebekka, der Tochter eines Rabbis, verfasst. Aus dem Jahr 1620 hat sich der Druck einer »Wayberbibel« eines Rabbis in Krakau erhalten.

In dieser Zeit wurde nach und nach bei jüdischen Männern eine Kleidung populär, die sie von den Christen unterschied: ein langer schwarzer Kaftan umgab den Körper, auf dem Kopf eine schwarze Mütze. Außerdem wurde es Brauch, einen langen Bart wachsen und die sogenannten Peies, Locken, zu beiden Seiten des Gesichts an den Schläfen vom Haupthaar herabhängen zu lassen. Wie es im 3. Buch Mose von Gott vorgeschrieben ist: »Ihr sollt den Rand Eures Hauptes nicht runden, und du sollst nicht zerstören den Rand deines Kinnbartes.«

Auch in Polen litt die jüdische Bevölkerung von Zeit zu Zeit unter Pogromen und Plünderungen, oftmals ausgelöst durch Hasskampagnen von Mönchen. Aber es blieb bei vereinzelten Attacken, weil König und Adel ihre schützende Hand weiterhin über die jüdische Bevölkerung hielten. Während in Deutschland 1348/49, als die Pest ausbrach, die jüdischen Menschen aus fast allen Städten vertrieben wurden, weil man sie für die Urheber dieser Katastrophe hielt. Ab 1495 konnten die Juden in Spanien nur noch wählen zwischen katholischer Taufe und Vertreibung. Die Zahlen der Juden, die in Europa von West nach Ost zogen, sprechen für sich: Um 1500 lebten in Polen-Litauen rund 24 000 Juden, das waren 1 Prozent der Gesamtbevölkerung. Um 1650 sind es insgesamt rund 500 000 Juden, die 5 Prozent der Gesamtbevölkerung ausmachen.

In Brody, damals Polen, heute Ukraine, lebte Israel ben Elieser. Vor der Heirat Synagogendiener, hatte er sich davon frei gemacht, meditierte und entwickelte neue religiöse Rituale. Seine Frau führte eine Gastwirtschaft, um die Familie zu ernähren. Um 1700 geboren, löste er sich mit 36 Jahren aus der selbstgewählten Einsamkeit und reiste als Wunderheiler und charismatischer Menschenfreund über Land. Ob Krankheit oder Ernteschäden, Kinderlosigkeit oder tiefe Depression, dieser Mann brachte den Menschen mit heilender Magie die Lebensfreude zurück. Seine Erklärung: Er kannte das Geheimnis des göttlichen Namens – den kein Jude aussprechen durfte – und hatte als Auserwählter den Auftrag, dessen geheimnisvolle Kräfte zum Wohl der Menschen zu nutzen.

Wie ein Lauffeuer sprachen sich seine übernatürlichen Fähigkeiten bei den Juden im polnischen Galizien herum. Die immer zahlreicher werdenden Anhänger zeichnen ihn mit dem hebräischen Titel »Baal Schem Tow«, »Meister des Guten Namens«, aus; nach jüdischer Tradition mit den Anfangsbuchstaben auch zum Bescht verkürzt.

Wenn der Baal Schem Tow sich mit Hunderten seiner Anhänger traf, verkündete er keine abgehobenen gelehrten Sprüche, sondern berührte mit seinen Erzählungen die Herzen. Jeder durfte seinen Gefühlen freien Lauf lassen. Die einen stöhnten und weinten, anderen wurde durch die extreme Nähe des Göttlichen der ganze Körper durchgeschüttelt. Auch zu den Mahlzeiten am Schabbat drängten sich Hunderte um den Meister, der jeden Toast fröhlich erwiderte – *Le Chaim!* Auf das Leben! Es wurde gesungen, getanzt und in die Hände geklatscht.

Mit dem Bescht etablierte sich erstmals im Judentum eine geistliche Autorität, die sich als Zaddik – »Heiliger« – verstand, sich direkt von Gott berufen fühlte, die Mitglieder unterschiedlicher Gemeinden um seine Person scharte und damit den Rabbi, der jeweils für eine Gemeinde zuständig war, auf den zweiten Platz verwies. Der Bescht bekam viele Schüler, jüdische Männer, die seine Anweisungen für ein erfülltes jüdisches Leben übernahmen. Es dauerte nicht lange, und einige dieser Schüler fühlten sich ebenfalls als Gottes Agenten und stießen auf Menschen, die sie zu ihrem Zaddik auserwählten.

Heftige Opposition von Gemeinden und ihren Rabbis gegen diese neuen Juden und ihre Führer, die in den Augen der Etablierten Ketzer waren, blieb nicht aus. Es ging auch um Machtansprüche, denn in keinem Land der Welt lebten um diese Zeit so viele Juden wie in Polen. Und doch kam es zu keiner Spaltung im Judentum. Der Baal Schem Tow und die folgenden Generationen von Zaddikim wollten keine jüdische Sekte gründen, sich nicht von der Gemeinschaft der Juden lösen, zu deren Verständnis seit Urzeiten scharfe Kontroversen gehörten. So entstand im 18. Jahrhundert im Osten Europas ein neuer kraftvoller Zweig am Stamm des Judentums, der bis heute weltweit als Chassidismus, »chassidut« hebräisch für Frömmigkeit, lebendig ist.

Schon in der Generation nach dem Bescht gaben die Zaddikim ihr Wanderleben auf, gründeten jeweils einen eigenen »Hof«, wo sie mit einer Mischung aus Magie und Herzensfrömmigkeit auftraten und schriftliche Botschaften verbreiteten. Sie verdrängten die innere Zerrissenheit der Menschen und der Welt nicht, sondern machten sie zum Kern ihres paradoxen Trostes. »Nichts ist so heil wie ein zerbrochenes Herz«, predigte Rabbi Nachman von Bratzlaw, der Urenkel des Baal Schem Tow, seinen Getreuen. Als er 1810 im Osten von Galizien, in Uman, begraben wird, bekennt sich über die Hälfte der Juden im ehemaligen Polen, das Russland und Österreich unter sich aufgeteilt haben, als Chassiden, Anhänger eines Zaddiks.

Der Zaddik war erfolgreich, weil er mythische Erlösungshoffnungen mit praktischen Lösungen für irdische Schwierigkeiten verband. Doch die neue religiöse Massenbewegung im polnischen Judentum kollidierte mit einem geistigen Aufbruch in Westeuropa, der in allen Bereichen nur die Vernunft als einzigen Maßstab gelten ließ. »Aufklärung« hieß das Zauberwort, das für die intellektuelle Elite in Politik und Kultur, Wissenschaft und Religion – Christen, Juden, Ungläubige – die Verheißung für eine radikal neue Welt in sich trug.

Der aufgeklärte jüdische Philosoph und Schriftsteller Moses Mendelssohn nannte die jiddische Sprache »Kauderwelsch« und fällte damit zugleich ein abschätziges Urteil über die polnisch-jüdische Lebenskultur. Noch vernichtender fiel das Urteil aus, wenn es sich um die religiöse Substanz der jüdisch-chassidischen Mehrheit in Polen handelte. »Ihre Geisteswelt versumpft zu einem unerquicklichen Aberglauben«, schrieb Heinrich Heine 1822 in seinem Bericht einer Polenreise. Und er fügte hinzu, »das Äußere der polnischen Juden ist schrecklich«. Dass jüdische Männer vor allem am Schabbat und den Feiertagen runde Pelzhüte auf dem Kopf trugen, die sich in Größe und Form je nach der Dynastie ihres Zaddik unterschieden, dazu Knickerbocker und weiße Strümpfe, war für den aufgeklärten Dichter ein weiterer Beweis für die primitive Welt der Juden im Osten. Es war der Anfang einer Entwicklung vom stereotypen Klischee und Vorurteil über Juden in Osteuropa, vor allem die polnischen, das sich im Laufe des 19. Jahrhunderts immer fester in den Köpfen von Juden und Nichtjuden im westlichen Europa festsetzte.

Acht Jahre nach der Notiz von Heinrich Heine wurde 1830 der 37-jährige Gelehrte Chaim Halberstam, der sich seit seiner Jugend offen zum Chassidismus bekannte, Rabbi von Nowy Sacz. Die Stadt, jiddisch Zans, liegt gut 50 Kilometer südlich von Brzesko. Als er 1876 starb, strömten Tausende zum Begräbnis des »Chaim von Zans«, längst einer der angesehensten Zaddiks im Land.

Nur fünf Jahre nach dem Tod des hoch verehrten Gelehrten wurde 1881 in Brzesko Pinkas Zimetbaum geboren. Seine Großmutter Malka Zimetbaum – Malas Urgroßmutter – stammte aus Zans, Nowy Sacz. Chasside zu sein und den Weisungen eines Zaddiks zu folgen, war in diesem Landstrich seit über hundert Jahren eine weit verbreitete Lebensform jüdischer Identität. Keine Quelle sagt, ob Malas Urgroßeltern – mütterlicherseits und/oder väterlicherseits – und deren Kinder und die Enkelgeneration zu den Anhängern von Chaim Halberstam zählten. Doch ob Nowy Sacz oder Brzesko: Jüdische Männer mit auffallend großen Pelzhüten an den Feiertagen gehörten zur Mehrheit in den Straßen, und das Wissen um diese religiöse Richtung wird allen aus der Familie Zimetbaum von Kindheit an vertraut gewesen sein.

Während der Chassidismus sich mit den ersten Jahrzehnten des 19. Jahrhunderts im polnischen Judentum etabliert hatte, brachte die industrielle Revolution, die sich gegen Ende des Jahrhunderts auch in Osteuropa ausbreitete, Unruhe und ein tiefgreifendes soziales Gefälle in die jüdische Bevölkerung Polens. In Brzesko konnte sich das wohlhabende jüdische Bürgertum den wirtschaftlichen Veränderungen anpassen und unterstützte großzügig die jüdischen Familien, die der Umbruch in die Armut führte. Doch in den Dörfern, wo Juden als Pächter, Gastwirte und Zwischenhändler fest in die Mittlerfunktion zwischen Adel und Landbevölkerung eingebunden waren, fand eine große Anzahl keinen Zugang zur industriellen Herstellung. Viele jüdische Handwerker und Tagelöhner verarmten, weil der mechanisierte Arbeitsablauf in den neuen Fabriken mit der religiös begründeten Ruhe am Schabbat und an den vielen jüdischen Feiertagen nicht vereinbar war.

Hinzu kommt, dass eine sich ausbreitende antijüdische Stimmung von der katholischen Kirche brutal angestachelt wurde. Seit 1880 kommt es zu Verfolgungen, Pogromen. Wieder sind es Zahlen, die zumindest eine sichtbare Veränderung anzeigen. Zwischen 1880 und 1910 verließen offiziell 236 504 Juden Galizien, wo die meisten Juden im österreichischen Kaiserreich lebten, und emigrierten in die USA. Aber war es allein die wirtschaftliche Not, die zu einer so radikalen Entscheidung führte?

Je mehr die Zahlen stiegen, desto hartnäckiger hat sich das

Klischee vom verarmten Ostjuden festgesetzt, der sein Heil nur noch in der unüberlegten Flucht ins Unbekannte sah, primitiv, ahnungs- und gedankenlos. Unbeachtet blieb der religiöskulturelle Untergrund, der die chassidischen Juden mit einem jüdischen Selbstbewusstsein ausstattete, das sie geradezu aufforderte, keine Angst vor Veränderungen zu haben. Nicht aufgeben, das Leben bejahen und im Vertrauen auf Gottes Beistand neue Wege gehen, war ein religiöser Grundpfeiler des Chassidismus und seiner Erfolgsgeschichte in Osteuropa.

Die lebendige Erinnerung daran gehörte zum wesentlichen Gepäck eines jeden jüdischen Menschen, der aus einem Landstrich fortzog, wo seinem Volk über Jahrhunderte Schutz und Würde geboten wurde wie nirgendwo sonst in Europa. Ebenfalls ist nicht zu unterschätzen, wie sehr der zunehmende antijüdische Hass, der sich in Gewalt entlud, die Entscheidung polnischer Juden zum Weggang beeinflusste. Bestärkt von der Überzeugung, dass ein solches Wagnis von göttlichem Segen begleitet war.

Pinkas Zimetbaum und Chaja Schmalzer waren beide 24 Jahre alt, als sie heirateten. Die Heirat im Kindesalter, lange feste Tradition im chassidischen Judentum, galt nicht mehr als göttliche Verpflichtung. Sie waren acht Jahre verheiratet, hatten 1907 Chiel, den Erstgeborenen, begraben, als sie mit drei kleinen Kindern – Gittla, Salamon Rubin und Juda – 1913 Brzesko verließen, um weit im Westen am Rhein einen neuen Lebensabschnitt zu beginnen.

3. Kapitel

AUF NACH MAINZ

Die Eltern ziehen mit drei Kindern an den Rhein – Jüdische Reformgemeinde und Orthodoxe: ein Teil der wohlhabenden Mainzer Gesellschaft – Der Erste Weltkrieg durchkreuzt alle Pläne

1913-1917

»Händler« nennt ihn das Adressbuch der Stadt Mainz, als Pinkas Zimetbaum 1913 im ehemaligen jüdischen Viertel, mitten im Zentrum und nahe am Dom, in der Rechengasse 9 im Hinterhaus, 1. Stock, mit seiner Familie eine Wohnung bezieht. Die Rechengasse ist vom kompletten Umbau dieser Gegend nach dem Zweiten Weltkrieg verschluckt worden. »Ehemals« traf schon damals zu, denn gegen Ende des vorigen Jahrhunderts waren nach und nach die jüdischen Familien aus dem Viertel fortgezogen, das der Landesherr – Kurfürst und Erzbischof in einer Person – ihnen im 17. Jahrhundert als einzigen Lebensraum in der Stadt zugewiesen hatte. 700 Jahre nachdem einer seiner Vorgänger die Juden mit dem Versprechen rechtlicher Gleichstellung in die christliche Stadt gelockt hatte, überzeugt, sie würden Wohlstand und Stabilität bringen.

So kam es auch, und zugleich wurde Mainz dank seiner gelehrten und verehrten Rabbis bald von den jüdischen Gemeinden in Europa als die Nachfolgerin Jerusalems verehrt. Nach dem Blutbad, das christliche Banden 1096 im Gefolge der Kreuzzüge in den jüdischen Gemeinden von Speyer bis Xanten anrichteten, Mainz nicht ausgenommen, aber war es vorbei damit, dass Christen und Juden sich als Nachbarn verstanden. 1438 wurden alle Juden, Männer, Frauen und Kinder, aus Mainz vertrieben. Knapp zweihundert Jahre später gingen rund 20 Familien das Risiko ein, sich wieder in der Stadt niederzulassen, errichteten 1630 eine Synagoge und ernannten einen Rabbiner.

Wer heute durch die Mainzer Innenstadt geht und von der Klarastraße in die Vordere Synagogenstraße einbiegt, kann die gewaltige gläserne Wand nicht übersehen, die mehrere Etagen des modernen Baukomplexes verdeckt, der hier nach 1993 entstanden ist. Am unteren Rand gibt die Inschrift auf einer großen eisernen Platte Auskunft über die ungewöhnliche Installation: »Auf diesem Gelände … wurde 1671 das Judenviertel den Mainzer Juden als Wohngebiet zugewiesen.« Und die Zeichnung auf der riesigen Glasfassade erinnert in Originalgröße an die Tür der Synagoge, die hier zwischen 1853 und 1912 stand.

Es war der Kurfürst und Erzbischof, der die Juden, die aus freien Stücken nach ihrer Vertreibung wieder zurück nach Mainz kamen, in ein Wohnghetto gezwungen hatte, das die Juden nur an Sonn- und Feiertagen verlassen durften. Als die Franzosen 1798 das linksrheinische Gebiet eroberten und in Mainz eine Republik ausriefen, erhielt die jüdische Bevölkerung die rechtliche Gleichstellung mit den Christen. Die beruflichen Beschränkungen entfielen, jüdische Männer konnten wählen, in welchem Gewerbe sie Handel treiben wollten und wo in der Stadt sie mit ihrer Familie eine Wohnung bezogen. (In Preußen mussten sie bis 1869 auf diese Gleichstellung warten, in Deutschland insgesamt bis 1871.)

Die erlebte Gemeinschaft im Judenviertel blieb für die meisten erst einmal ihr freiwilliges Zuhause. 1853 wurde im Viertel zwischen Vorderer und Hinterer Synagogenstraße eine neue Synagoge errichtet, die zum Anlass für einen tiefen Bruch wurde. Die Mehrheit der Gemeinde wünschte sich in der Synagoge eine Orgel, bisher undenkbar in einem jüdischen Gotteshaus. Viele Gebete sollten zudem auf Deutsch und nicht mehr auf Hebräisch gesprochen werden. Eine Minderheit protestierte vehement gegen diese Ketzerei; ein interner Konflikt, der inzwischen nichts Besonderes mehr war. Die jüdische Gemeinde in Mainz spiegelt die Entwicklungen, die die deutsche jüdische Bevölkerung im Lauf der ersten Hälfte des 19. Jahrhunderts in zwei Lager geteilt hatte.

1821 gründeten jüdische Studenten in Berlin einen »Verein für Cultur und Wissenschaft des Judentums«. Es war ihr Ziel, dass die jüdische Glaubensgemeinschaft die »Umarbeitung von Bildung und Lebensbestimmung zu jenem Standpunkt« erreichte, »zu welchem die übrige europäische Welt gelangt ist«. Eine Welt, die im Geist der Aufklärung dem Individuum einen freiheitlich-kritischen Umgang mit uralten Traditionen und eine Öffnung zur Moderne zugesteht, auch in der Religion.

Was das praktisch bedeuten konnte, dafür wurde die jüdische Gemeinde in Hamburg, die größte in Deutschland, im selben Jahr zum Vorbild. Auch hier forderten die Reformer, wie sie nun genannt wurden, eine Orgel und endlich sollte der Vorhang beseitigt werden, der die Frauen im oberen Rang vom Innenraum der Synagoge, wo die Männer saßen und die religiösen Rituale vollzogen wurden, ausschloss. Der heftige Protest kam auch hier von einer Minderheit. Trotzdem schlossen die beiden Lager, die in wesentlichen Teilen ein entgegengesetztes Verständnis über die geistige Ausrichtung und die Praxis des Judentums hatten, einen revolutionären Kompromiss. Die Gemeinde blieb eine Einheit und berief zwei Rabbiner, bei denen sich jeweils die Reformer und die Orthodoxen, wie sie allmählich genannt wurden, mit ihrem unterschiedlichen Verständnis vom Judentum zu Hause fühlten.

Nachdem sich in Mainz die Reformer beim Synagogenbau durchgesetzt hatten, schloss sich die orthodoxe Minderheit zur »Israelitischen Religionsgesellschaft« zusammen. Weil ihre Mitglieder aus wohlhabenden Kreisen kamen, konnte 1856 eine eigene Synagoge am Flachsmarkt, ebenfalls im jüdischen Viertel, gebaut und ein eigener Rabbi berufen werden. Aber nach außen blieb die jüdische Gemeinde von Mainz eine einheitliche Körperschaft.

Inzwischen fühlte sich die Mehrheit der deutschen Juden den Reformern verbunden, sah Religion als eine Privatsache, die sie nicht hindern sollte, am Leben der modernen Gesellschaft teilzuhaben. Auch als überzeugte Juden wollten jüdische Frauen und Männer fröhliche Stunden in einem Wirtshaus verbringen, wo die Speisen und der Wein nicht nach den orthodoxen Speisegeboten koscher zubereitet wurden. Trotz der aufgebrochenen Gegensätze verband die allermeisten Juden weiterhin ein Gefühl der Solidarität, gefestigt von gemeinsamen 1000-jährigen Erinnerungen, die die jüdische Gemeinschaft im Innersten zusammenhielten.

1908 etablierte sich unter den Juden in Mainz eine dritte Gruppe, die sich als »Israelitischer Humanitätsverein« bezeichnete und ein Beth Hamidrasch, hebräisch für »Lehrhaus«, einrichtete. Es waren jüdische Familien aus Polen, die in der Stadt am Rhein auf ein besseres Leben hofften, denen aber die westlichen Prägungen ihres Glaubens, ob reformiert oder orthodox, fremd waren. Im Beth Hamidrasch konnten sie ihren Gott nach dem gewohnten polnischen Ritus verehren.

Dass jüdisches Leben in Mainz seit der Mitte des 19. Jahrhunderts vielfältig aufblühte, hatte sich herumgesprochen. Die umfassenden beruflichen und wirtschaftlichen Erfolge in der jüdischen Bevölkerung stießen nicht auf Ablehnung bei der christlichen Mehrheit. Antisemitische Parteien konnten in Mainz keine nennenswerte Anhängerschaft gewinnen. Jüdische Männer saßen im Stadtvorstand und in der Handelskammer, engagierten sich intensiv im Kultur- und Vereinsleben der Stadt. So klein ihre Gemeinschaft auch war: Im Jahr 1900 lebten 3104 Juden in Mainz, 3,7 Prozent der Bevölkerung. Im Deutschen Reich insgesamt lag der Anteil der jüdischen Bevölkerung bei rund 1 Prozent. 1912 wurde in der Hindenburgstraße Ecke Josefstraße, weit außerhalb vom alten jüdischen Viertel, die neue Synagoge der liberalen Gemeinschaft eingeweiht, ein prachtvoller Rundbau mit weithin sichtbarer Kuppel, in dem rund 1000 Menschen Platz fanden. Ganz Mainz, Juden wie Christen, feierte dieses Ereignis stolz als gemeinsamen Ehrentag.

Dass Pinkas Zimetbaum und Chaja Schmalzer 1913 mit ihren drei Kindern nach Mainz aufbrachen, hatten sie sicherlich gründlich überlegt. Informationen über die positive Situation der Juden in Mainz und günstige Erfahrungen von zuvor Ausgewanderten werden ihren Weg nach Brzesko gefunden haben. Und nachvollziehbar ist, dass die Fremden mit polnisch-jüdischem Hintergrund ihr Quartier im ehemaligen Judenviertel in der Rechengasse aufschlugen, auch wenn die Adressbücher verraten, dass christliche und jüdische Familien hier seit Jahrzehnten Tür an Tür wohnten. Aber immer noch lebten hier mehr jüdische Mieter und Hauseigentümer als in anderen Stadtteilen, darunter Elektromeister und Handwerker, Wäscherinnen und Kaufleute, Verkäuferinnen und Händler im Kleingewerbe.

Wann genau die Familie am Rhein ankam, ist unbekannt. Ob Chaja Schmalzer schon schwanger war? Am 20. März 1914 hat die 33-Jährige in Mainz ihr fünftes Kind zur Welt gebracht. Die Umstände dieser Geburt liegen im Dunkeln. Die Namenswahl aber ist nachvollziehbar, denn im Juli 1913 war die Mutter von Pinkas, Marjem Jochwet Zimetbaum, in Brzesko gestorben. Auf dem jüdischen Friedhof dort nennt ihr Grabstein sie »eine bedeutende Frau, bescheiden, die den Geboten Gottes folgte«. Im Gedenken an die Tote konnte ihr Sohn mit seiner Familie im Mainzer Hinterhaus nach jüdischer Tradition die Geburt der Enkelin als einen Freudentag feiern.

Der Sommer hat gerade begonnen, als im fernen Sarajewo am 28. Juni 1914 der Thronfolger der österreich-ungarischen Monarchie und seine Frau ermordet werden. In kürzester Zeit führt die Frage, wer die Hintermänner dieses Attentates sind, zu einer heftigen Krise zwischen Österreich und Russland, die von ihren jeweiligen Bündnispartnern – Deutschland auf der einen, Frankreich und Großbritannien auf der anderen Seite – unterstützt werden.

Am 27. Juli schreibt das *Mainzer Journal*: »Der gestrige Sonntag stand im Zeichen der Kriegserwartungen.« Bei den Sommerkonzerten in der Stadthalle habe es Begeisterungsovationen für den Bündnispartner Österreich gegeben. Aber auch Protestveranstaltungen der Sozialdemokraten »gegen Krieg und Kriegsgeschrei« finden statt. Die wiederum lösen Gegendemonstrationen aus, »um Kräfte zu sammeln … um in der Stunde der Not … dem Vaterlande zu geben, was dem Vaterlande gebührt«.

Als in Erwartung eines Krieges in Mainz, wie in ganz Deutschland, am 1. August 1914 die Mobilmachung ausgerufen wird, herrscht freudige Zustimmung bei Christen und Juden. Männer beider Konfessionen melden sich freiwillig zum Kriegsdienst, um ihr Vaterland zu verteidigen. Den 1. Stock im Hinterhaus der Rechengasse 9 wird der Aufruhr dieser turbulenten Tage nicht erreicht haben. Hier trennt eine Mauer schmerzlichster Gefühle die Familie seit dem 30. Juli von der übrigen Welt. Im Sterberegister vom jüdischen Friedhof in Mainz, hier erstmals dokumentiert, ist am 30. Juli 1914 der Todestag von »Juda Zimmetbaum« eingetragen und für den 31. Juli seine Beerdigung. Als Geburtsjahr wird 1911 vermerkt.

Die Beerdigung des kleinen Juda spätestens am Tag nach seinem Tod war für die jüdischen Eltern gemäß den Geboten ihres Glaubens selbstverständlich. Ebenso, dass sie sich mit ihren drei Kindern, darunter ein gerade 4 Monate alter Säugling, die folgenden 7 Tage vollständig vom Leben ringsum zurückzogen. Während eine Kerze für den toten Sohn und Bruder brennt, sitzt die Familie in ihrer Wohnung auf dem Boden, erfüllt von Trauer und Trost, die in ihren Gebeten zum Gott Israels Ausdruck finden. Für Nachbarn und Bekannte ist es eine heilige Pflicht, die Trauernden in dieser Woche zu begleiten und zu unterstützen, mit Gebeten für die Seelen wie mit Nahrung für den Leib.

Auch wenn ihre Ankunft in Mainz nicht viel länger als ein

Jahr zurücklag, wird der Händler Pinkas Zimetbaum Kontakte zu jüdischen Männern und Frauen gefunden haben, die sich in dieser schweren Zeit um die Familie kümmern. Der tiefe Schmerz ist verbunden mit der Überzeugung, dass sich die Seele des kleinen Juda vom Körper getrennt hat. Der Tod ist nicht das Ende, sondern der Übergang in eine andere Welt.

Von diesem unerschütterlichen Glauben künden auch die hoch aufgerichteten steinernen Monumente auf dem Mainzer jüdischen Friedhof an der Unteren Zahlbacher Straße, direkt neben dem städtischen Hauptfriedhof. Er wurde 1881 eröffnet, als der Vorgänger-Friedhof belegt war, der bis ins 11. Jahrhundert zurückgeht, der älteste jüdische Friedhof nördlich der Alpen. Der Begräbnisplatz für den kleinen Juda ist präzise im Sterberegister ausgewiesen: Feld 5, Reihe 9, Nummer 31. Er liegt auf der Fläche rechts vom Hauptweg in der letzten Reihe, wo hinter dichtem Grün nur ein Zaun den jüdischen vom städtischen Hauptfriedhof trennt.

Eine Mazewa, hebräisch für »Grabstein«, wird ein Jahr nach dem Sterbetag aufgestellt. Im Schatten der steinernen Gedenken für die erwachsenen Toten haben sich auf dem Mainzer jüdischen Friedhof einige wenige kleine Kindergrabsteine erhalten. Einer für Juda Zimetbaum ist nicht darunter, seine Spur verliert sich in der Zeit. Aber auf diesem stillen Fleckchen Erde gilt für Juda das Gleiche wie für Rosa Sczupak, die 1911 mit vier Jahren in Mainz starb und deren Grabstein sich erhalten hat: »Tief betrauert von Eltern und Geschwistern.«

Der Tod auch des zweiten Sohnes war sicher ein Schock, doch er hat die Familie nicht abgehalten, sich weiter auf das neue Leben in Mainz zu konzentrieren. Wenn Eltern und Kinder vom Hinterhaus in die Rechengasse gingen und in das umliegende Viertel, bewegten sie sich in einer Gesellschaft, wo die Mehrheit Christen waren, im Gegensatz zum heimatlichen Brzesko. Doch niemand hinderte jüdische Menschen daran, den kurzen Weg zum Dom einzuschlagen und den gewaltigen Bau zu bestaunen. Dass die Neuankömmlinge Jiddisch sprachen, wird das Eingewöhnen erleichtert haben. Die entfernte Verwandtschaft zwischen jiddischer und deutscher Sprache schob die Fremdheit zwischen Juden und Christen gleich beim ersten Zusammentreffen ein wenig zur Seite.

Als Händler wird Pinkas Zimetbaum Kontakt zur orthodoxen Minderheit innerhalb der deutschen Juden in Mainz gehabt haben. Wer im Zentrum durch die Flachsmarktstraße ging, konnte das Gebäude Nr. 2 mit der »Antiquitätenhandlung« nicht übersehen, zu deren Kunden der Erzbischof und der Großherzog von Hessen zählten. Die christliche und die weltliche Obrigkeit hielten sich selbstverständlich daran, dass Isidor Reiling, der Besitzer, sein Geschäft am Schabbat geschlossen hielt.

»Mein Vater war orthodoxer Jude. Aus Überzeugung, aus Tradition und aus Stolz«: Das schrieb Netti Reiling, die sich als Schriftstellerin den Namen Anna Seghers gab, über ihren Vater Isidor Reiling. Er hatte die »Kunst- und Antiquitätenhandlung« seines Vaters David übernommen, der sich 1853 mit anderen Glaubensgenossen von der liberal-reformierten Mehrheit der Mainzer Juden trennte und zusammen mit anderen wohlhabenden Juden den Bau einer eigenen orthodoxen Synagoge möglich machte. Als Isidor Reiling, »israelitischer Religion«, am 24. November 1900, einem Samstag, auf dem Standesamt in Mainz die Geburt seiner Tochter Netti anzeigte, wurde am Ende des Eintrags kommentarlos vermerkt: »von dem Anzeigenden wegen Sabbaths nicht unterschrieben und nicht mit einem Handzeichen versehen.« Aktivitäten, die einem orthodoxen Juden am Schabbat verboten waren.

Isidor Reiling besaß ein persönliches Gebetspult in der vordersten Reihe der orthodoxen Synagoge. Wie die gesamte Familie wuchs Netti mit koscherem Essen, ohne Schweinefleisch, auf, fuhr am Schabbat nicht mit der Straßenbahn und hatte ein hebräisches Gebetbuch für Kinder. Aber so wie der Vater selbstbewusst und angesehen in der christlichen Oberschicht von Mainz verkehrte, keinen Bart trug und sich wie seine Frau nach neuester westlicher Mode kleidete, förderten die Eltern den Kontakt Nettis mit christlichen Freundinnen. Mit ihnen feierte sie christliche Festtage, und umgekehrt besuchten die Freundinnen Netti an jüdischen Feiertagen.

In einer angesehenen Privatschule wurde die 7-Jährige drei Jahre auf die Höhere Mädchenschule am Petersplatz vorbereitet, in der auch etliche jüdische Lehrerinnen unterrichteten. Von dort wechselte Netti Reiling 1917 in die »Großherzogliche Studienanstalt«. Hier machte sie Ostern 1920 Abitur, studierte mit voller Unterstützung der Eltern in Köln und Heidelberg, wo sie 1924 promovierte. Assimilation war für die orthodoxen deutschen Juden kein Schimpfwort.

Vom erneuten wirtschaftlichen Aufschwung, den Mainz und die Region ringsum mit dem Beginn des 20. Jahrhunderts erlebten, hat wohl auch Familie Zimetbaum profitiert. Und knapp zwei Jahre nach ihrer Ankunft erfahren, wie schnell sich die Begeisterung der Einheimischen, die beim Ausbruch des Krieges im August 1914 hohe Wellen schlug, verflüchtigte.

Schon 1915 brach die regionale Wirtschaft zusammen, weil ihr Herzstück, der Handel mit dem »Erbfeind« Frankreich seit Kriegsbeginn ein radikales Ende fand. Im selben Jahr musste das »Amt für die Unterstützung von Kriegsfamilien« schon über 9000 Mainzer Familien versorgen, weil der väterliche Ernährer Soldat oder schon im Krieg getötet worden war. Getreide und Gemüse wurden knapp und mit »Brotkarten« rationiert.

Dass ein Krieg ihre berechtigten Hoffnungen auf ein besseres Leben in Mainz in so kurzer Zeit zerstören würde, damit konnten Pinkas Zimetbaum und Chaja Schmalzer nicht rechnen. Das Auf und Ab des Kriegsgeschehens zu verfolgen und die militärische Lage zu beurteilen, war selbst für deutsche Patrioten kaum möglich. Aber dass mit dem vierten Kriegsjahr das kaiserliche Deutschland in die Defensive geriet und die Stimmung der Menschen in Mainz merkbar nach unten ging, werden auch

Pinkas Zimetbaum und seine Frau gespürt haben. Nun galt es neu nachzudenken, denn offenbar lag den beiden Zugewanderten aus Brzesko daran, sich nicht vom Schicksal treiben zu lassen, sondern ihr Leben aktiv zu gestalten.

Für das Jahr 1917 gibt es eine letzte Eintragung im Adressbuch der Stadt Mainz über Pinkas Zimetbaum, wohnhaft in der Rechengasse 9, 1. Stock im Hinterhaus. Im selben Jahr muss er mit seiner Frau und den Kindern Gittla, Salamon Rubin und der 3-jährigen Marjem Jochwet Mainz verlassen haben. Am 20. Januar 1918 wird Mala Zimetbaum in Brzesko geboren.

4. Kapitel

ZWISCHENSTATIONEN

Zurück in Brzesko – Vater Pinkas Zimetbaum geht nach Ludwigshafen

1918-1926

Es war eine turbulente Zeit. Während eine Woche nach der Geburt die Namensgebung der kleinen Mala im Familienkreis gefeiert wurde, begann in der Welt draußen das letzte Kriegsjahr, in dessen Verlauf die jahrhundertealten politischen Ordnungen in Europa endgültig auseinanderbrachen. Für alle Polen, Christen wie Juden, die seit dem Ende des 18. Jahrhunderts unter fremder Herrschaft – von Russen, Deutschen, Österreichern – leben mussten, war ein neuer souveräner Staat greifbar nahe. Am 11. November 1918 wurde in Warschau unter dem Jubel der Bevölkerung die unabhängige Republik Polen ausgerufen.

Auch Brzesko gehörte dazu. Doch wer hier als zukünftiger polnischer Bürger jüdischen Glaubens sich auf eine gute Zukunft freute, dessen Freude wurde im Keim erstickt. Am 12. November stürmten bewaffnete Bauern aus dem Umland durch die Straßen, plünderten gezielt jüdische Häuser und ermordeten acht Juden. Es war der Anfang einer blutigen Welle von mindestens 150 antijüdischen Exzessen, die 6 Wochen lang den neuen polnischen Staat erschütterten und über 100 jüdische Menschenleben forderten. Eine irrationale Mischung extremer Gefühle, bei denen die Begeisterung über ein freies Polen in brutale Exzesse gegenüber den polnischen Juden umschlug. Ein antisemitischer Sturm, der im März 1919 erneut durch das Land zog.

Als am 28. Januar 1919 im Schloss von Versailles der Friedensvertrag unterzeichnet und damit der Erste Weltkrieg offiziell an sein Ende kam, war das Verhältnis zwischen den neuen Nachbarn Polen und Sowjetrussland keineswegs friedlich gestimmt. Beide fühlten sich innerhalb ihrer neuen Grenzen benachteiligt. Die Russen wollten ihr Territorium im Westen erweitern, die Polen machten Ansprüche auf das Land jenseits ihrer Ostgrenze geltend.

Im Sommer 1919 brach der Krieg zwischen Polen und Sowjetrussland aus. Als russische Truppen Mitte August 1920 auf Warschau zumarschierten, schien der Sieger festzustehen. Doch den polnischen Soldaten gelang eine militärische Wende, und Sowjetrussland war so geschwächt, dass es am 18. März 1921 im Vertrag von Riga den Polen im Osten erhebliche Landgewinne – vor allem Galizien und große Teile der Ukraine – überließ. Eine Herausforderung, das Zusammenleben der 30 Millionen Menschen im neuen polnischen Staat friedlich zu gestalten: zwei Drittel waren Polen, 5 Millionen Ukrainer, 3 Millionen Juden, 2 Millionen Deutsche, 1,2 Millionen Weißrussen, dazu kamen Litauer, Ungarn, Tschechen – Frauen und Kinder inbegriffen.

Jüdische Menschen machten im Schnitt 10 Prozent der polnischen Bevölkerung aus, in den Städten 22 Prozent. Aufgrund ihrer positiven Geschichte in Polen war es für sie selbstverständlich, gleichberechtigt und solidarisch am Erfolg der Polnischen Republik mitzuarbeiten. Doch mit der immer lauter werdenden Parole der katholischen Kirche – »polnisch sein bedeutet katholisch sein« – wurden sie als Fremde im eigenen Land abgestempelt. Und der Staat setzte diese Diskriminierung mit folgenschweren rechtlichen Einschränkungen im Zusammenleben um.

Die Anzahl jüdischer Schulen wurde beschränkt, ebenso die Zahl der Juden, die Handwerksberufe ergreifen durften. Eine Katastrophe für die jüdischen Erwerbstätigen, von denen rund 80 Prozent im Handwerk tätig waren. Die medizinische Fakultät der Universität Warschau vergab von 200 Plätzen 2 an jüdische Bewerber; in Krakau wurden von 400 Juden, die sich um einen Platz bewarben, nur 13 zugelassen. Mit dem Argument, es gäbe nicht genug ungetaufte Leichen für die Anatomie, denn an christlichen durften Juden keine Kenntnisse erwerben.

Kein Wunder, dass die Zahl der polnischen Juden, die das Land in Richtung Westen verließen, wieder anstieg. Und sich zusehends mehr von ihnen Gedanken über ihre Zukunft machten – und die ihrer Kinder, darunter auch Pinkas Zimetbaum und Chaja Schmalzer. Sie waren nicht nur auf theoretische Vermutungen angewiesen; dank ihrer vier Jahre in Mainz konnten sie Vergleiche anstellen. Solche Ungleichbehandlung hatte es im christlich geprägten Rheinland nicht gegeben. Vielleicht ein entscheidender Grund, in ähnlicher Umgebung einen zweiten Aufbruch zu wagen und keinen radikalen Wechsel in die USA, wie die meisten polnisch-jüdischen Emigrantenfamilien in den 1920er Jahren.

Für 1925 ist Pinkas Zimetbaum im Adressbuch der Stadt Ludwigshafen eingetragen. Er hat keine eigene Wohnung, sondern lebt zusammen mit russischen Juden im Haus einer jüdischen Witwe in der Wredestraße 38. Weitere Information über sein Leben in Ludwigshafen gibt es nicht. Doch im Zusammenhang mit der weiteren Entwicklung spricht dieser dokumentierte Mosaikstein dafür, dass Chaja Schmalzer mit den vier Kindern vorerst in Brzesko bleibt. Das Familienoberhaupt wollte offenbar die Chancen für einen Neuanfang in der unbekannten Stadt am Rhein erkunden, bevor er mit seiner Frau eine endgültige Entscheidung traf. Chaja Schmalzer würde in Brzesko für das Wohl der Kinder sorgen, alle nötigen Entscheidungen treffen. Das bedeutet auch: Sie muss den Lebensunterhalt verdienen. Kann sie das? Darf sie das als jüdische Frau?

Dass Chaja Schmalzer, inzwischen Anfang vierzig, wie alle polnischen Jüdinnen fest in der osteuropäischen Orthodoxie verwurzelt ist, daran besteht kein Zweifel. Ebensowenig, dass die Orthodoxie das gesamte Leben streng nach den religiösen

Gesetzen – sehr unterschiedlich für Männer und Frauen – ausrichtet. Doch was bedeutet das konkret für das Miteinander von Frau und Mann über die Jahrhunderte? Unabhängig von den negativen Vorurteilen, die im 19. Jahrhundert gegenüber dem polnischen Judentum entstanden sind.

In der hebräischen Bibel ist der Beginn des Menschengeschlechtes eindeutig. Über den 7. Tag seines Schöpfungswerkes, als »Gott sah, dass es gut war«, berichtet das 1. Buch Mose: »Da schuf Gott den Menschen in seinem Bild, im Bild Gottes schuf er ihn; Mann und Weib schuf er sie.« Am Anfang steht die Gleichstellung. Ihr folgt die Vertreibung aus dem Paradies, weil angeblich Eva ihren Adam mit einem Apfel verführt. Von diesem konträren Anfang geprägt, entwickeln sich am Stammbaum des Judentums in den folgenden Jahrtausenden – mit der Bibel als Grundgesetz – viele unterschiedliche Zweige, die sich dennoch als ein großes Ganzes verstehen.

Bis in das erste Jahrhundert nach der christlichen Zeitrechnung galt unumstritten als Jude, wer einen jüdischen Vater hatte. Dann setzte sich die »Mutterlinie« durch. Bis heute zählt weltweit und offiziell nur der Mensch als Jude, der von einer jüdischen Mutter geboren wird. (Allein die Reformjuden in den USA erlauben seit 1983 Ausnahmen von dieser Regel.) Eine ungeheure Verantwortung, denn damit liegt bei der Frau der Fortbestand des Judentums.

Und nicht nur physisch: Die Frau, deren Platz nach orthodoxen Regeln das Haus, der Familienraum ist, muss dort für die strenge Einhaltung der Religionsgesetze sorgen. Sie kocht nach den Regeln der koscheren Essenszubereitung. Sie zündet am Freitagabend die drei Schabbat-Kerzen an, wenn der heiligste Tag der Juden beginnt. Sie bringt alle rituell-religiösen Regeln, die darüber hinaus das Leben der Familie bestimmen, ihren Töchtern bei; lehrt sie, die täglichen Gebete auf Hebräisch zu sprechen.

Da bleiben keine Zeit und keine Energie für tägliche Gänge

zur Synagoge mit festgelegten Gebetszeiten, wozu die Männer – aber nicht die Frauen – verpflichtet sind. Doch ist damit erklärt, warum Frauen in der Synagoge fernab und unsichtbar für die Männer sitzen müssen? Ihnen am Tag vor der Hochzeit die Haare geschoren werden und sie von nun an eine Perücke tragen müssen? Warum die Tage ihrer Menstruation und die sieben folgenden als unrein gelten? Warum Arme und Beine bedeckt sein müssen?

Keine Religion folgt mathematischen Gleichungen. Die strikten Gesetze für Frauen gelten in manchen orthodoxen jüdischen Gemeinschaften ohne Abstriche bis heute; zugleich haben sich vielfach abweichende und gegensätzliche Entwicklungen im Judentum etabliert – innerhalb von Gemeinden, die sich trotz großer Unterschiede zu osteuropäischen Juden ebenfalls als orthodoxe Juden sehen bis hin zum liberalen Reformjudentum.

Schon Generationen vor Chaja Schmalzer akzeptierten orthodoxe Männer, dass ihre Frauen berufstätig waren, weil nur so das Überleben der Familie gesichert werden konnte. Denn wo sollte das Geld für das Familienleben herkommen, wenn es Pflicht jüdischer Männer war, sich täglich viele Stunden religiösen Studien zu widmen? Und natürlich mussten Ehefrauen einspringen, etwas verdienen und Entscheidungen treffen, wenn ihre Männer als Händler unterwegs waren. In Osteuropa verkauften jüdische Frauen Waren auf dem Markt, waren Näherinnen, Putzfrauen oder Ladenbesitzerinnen und brauchten alle Kraft für ihre Doppelrolle: Neben dem Beruf ihren Pflichten als Hausfrau und Mutter nachzukommen und zu Hause jüdische Lebensformen zu gestalten. Das gilt auch für das 19. Jahrhundert – undenkbar für jüdische Frauen im westlichen Europa.

Dort hatte die Mehrheit in den jüdischen Gemeinden ihr Judentum nach eigener Überzeugung reformiert, ohne es aufzugeben, und sich den bürgerlichen Konventionen der christlichen Gesellschaft angepasst. Dazu gehörte, dass für eine jüdische Ehefrau, wenige Generationen zuvor auch im Westen berufstätig, nun eine Doppelrolle undenkbar war. Wie ihre bürgerliche christliche Nachbarin war ihr Platz ausschließlich im privaten Raum, wo sie als Ehefrau und Mutter agierte. Erst gegen Ende des 19. Jahrhunderts begannen jüdische Frauen aus diesen bürgerlichen Zwängen auszubrechen.

Dass Pinkas Zimetbaum erst einmal allein nach Ludwigshafen zog, um zu prüfen, ob die Stadt eine Lebenschance für die ganze Familie bot, und Chaja Schmalzer mit den Kindern in Brzesko blieb und für den Lebensunterhalt sorgte, darüber wird es keine Diskussion gegeben haben.

Mala ist 6 Jahre alt, als ihr Vater fortgeht, und sie erlebt seit dieser Zeit ihre Mutter als die für alles zuständige Person. Wann begann für Mala die Schulzeit? In welche Schule gingen ihre Schwester Gittla, geboren 1908, und ihr Bruder Salamon, seit die Familie 1917 aus Mainz zurückkam? Marjem Jochwet, geboren 1914, wird ebenfalls in eine Schule in Brzesko besucht haben. Es gab jüdische Schulen in Brzesko. Sie waren getrennt für Mädchen und Jungen, so wie es in den öffentlichen Grundschulen üblich war. Doch es ist nicht ausgeschlossen, dass Mala mit ihren Geschwistern in eine öffentliche Schule ging, wo sie mit katholischen Kindern zusammen unterrichtet wurde.

Kinder sind lernbegierig: Mala ist mit drei Sprachen aufgewachsen. Jiddisch war die Sprache der Juden, ob zu Hause oder in der jüdischen Gemeinschaft. Von den Eltern gefördert, wurde auch nach der Rückkehr aus Mainz zu Hause in Brzesko Deutsch gesprochen. Am Dienstag, wenn Mala mit der Mutter auf den Markt ging, traf sie christliche Frauen und Männer, die natürlich Polnisch sprachen.

Zweimal im Jahr werden die Geschwister zum jeweiligen Seelengedächtnis am Todestag ihrer Brüder Chiel und Juda eine Kerze angezündet und mit der Mutter Chiels Grab auf dem jüdischen Friedhof in Brzesko aufgesucht haben. Und sie werden zweifellos die Großmutter väterlicherseits und Josef Schmalzer, den Großvater mütterlicherseits, nicht vergessen haben, deren

Grabsteine immer noch auf dem jüdischen Friedhof stehen. Aber es gab auch freudige familiäre Begegnungen mit den Lebenden. Malas Großvater väterlicherseits, Berl Hartman, war nach dem Tod seiner Frau Marjem Jochwet 1913 von Brzesko nach Krakau gezogen, wo seine Tochter mit ihrer Familie lebte. Es darf angenommen werden, dass er seine Enkelinnen und die Schwiegertochter in Brzesko besuchte, während sein Sohn Pinkas in Ludwigshafen weilte.

Keine Gruppe war so in Bewegung auf dem europäischen Kontinent wie die Juden aus den östlichen Ländern. Im Oktober 1924 wurde in Ludwigshafen eine Jugendgruppe der Vereinigung »Agudat Israel« ins Leben gerufen, 1921 in Deutschland als Zweig der polnischen Organisation gegründet, um die orthodoxe jüdische Gemeinschaft zu stärken. Wie überall waren die Orthodoxen, ob polnisch oder deutsch, auch in Ludwigshafen in der Minderheit. Es ist kein Zufall, dass die Ludwigshafener Gruppe von einem polnischen Juden initiiert wurde, dem Sackhändler Feibel Freireich – geboren 1891 in Brzesko. Durchaus möglich, dass über persönliche Kontakte zwischen Juden in Ludwigshafen und Brzesko Pinkas Zimetbaum erfahren hatte, dass in dieser jungen Stadt am Rhein sich die am schnellsten wachsende ostjüdische Gemeinde in Deutschland etablierte.

1925 waren über 50 Prozent der in Ludwigshafen lebenden Juden Ausländer, die Mehrheit kam aus Polen, ein relativ größerer Zuwachs als in anderen älteren Industriestädten der Weimarer Republik. Zwar zählten in Ludwigsburg nur die deutschen Juden zur bürgerlichen Oberschicht. Ihre polnischen Glaubensgenossen gingen als Hausierer von Tür zu Tür, verkauften auf den Märkten, handelten mit Textil- und Kurzwaren. Die menschenleere Wredestraße, wo Pinkas Zimetbaum lebte, außerhalb vom Stadtzentrum in Richtung Bahnhof, ist als damals schlechtes Wohngebiet typisch für die polnisch-jüdischen Immigranten.

Eine positive Folge ihrer eher ärmlichen sozialen Lage: mit den östlichen orthodoxen Juden, die in vielen Fällen an ihrer

Kleidung und den langen Bärten erkennbar waren, fremdelte das Arbeitermilieu in Ludwigshafen nicht. Und dank ihrer relativ großen Zahl hatte die osteuropäische Gemeinschaft eine eigene Synagoge, einen eigenen Rabbiner und eigenen Unterricht für ihre Kinder.

Die Argumente scheinen für einen festen Aufenthalt der ganzen Familie in Ludwigshafen zu sprechen. Aber es zählt die Tat, ohne zu wissen, welche Erfahrungen ausschlaggebend sind: Pinkas Zimetbaum lässt das inzwischen vertraute Ludwigshafen am Rhein hinter sich und bricht noch einmal auf zu neuen Ufern – nach Belgien, in die Hafenstadt an der Schelde.

5. Kapitel

ANTWERPEN: GEKOMMEN, UM ZU BLEIBEN

Eine Chronologie des Wiedersehens

1926-1929

Im Stadtarchiv von Antwerpen lagern Zehntausende Akten über die Ankunft von jüdischen Immigranten, die seit dem Ende des 19. Jahrhunderts ihre Hoffnungen auf eine gute Zukunft in der Stadt an der Schelde setzen. Darunter auch die der Familie von Pinkas Zimetbaum und Chaja Schmalzer, aus denen hier erstmals die gestaffelte Ankunft der Familie rekonstruiert wird.

17. November 1926
Pinkas Zimetbaum kommt mit dem Zug in Antwerpen an und findet eine Unterkunft in der Van der Meydenstraat 16, südlich von der prächtigen »Centraal Station«, dem Hauptbahnhof der Stadt.

17. Februar 1927
Salamon Rubin, der Sohn, kommt vier Monate später nach Antwerpen. Am 23. Februar erhält er die Aufenthaltserlaubnis.

25. April 1927
Pinkas Zimetbaum erhält die endgültige Aufenthaltserlaubnis für Belgien, die automatisch mit einer umfassenden Arbeitserlaubnis – auch für »Ausländer« – verbunden ist. Nicht eingetragen in die amtlichen Papiere wird in Belgien die Religionszugehörigkeit.

12. März 1928
Chaja Schmalzer kommt mit Mala in Antwerpen-Centraal an. Ehemann und Sohn holen die beiden am Hauptbahnhof ab. Es geht direkt in die neue Wohnung in der Grote Beerstraat Nr. 64, noch etwas weiter südlich als die Van der Meydenstraat.

21. März 1928
Unter diesem Datum wird die Aufenthaltsgenehmigung für Chaja Schmalzer und Mala – im Dokument »Malke« genannt – bestätigt, als deren Geburtsdatum die Akte verzeichnet: 26. 1. 1918. (Damit ist das falsche Datum für Mala Zimetbaums Geburt in die Welt gesetzt.) Als Beruf ist für Pinkas Zimetbaum »Kaufmann« eingetragen und für seinen letzten Aufenthalt im Ausland »Ludwigshaven«. Er hat alles mit seiner Signatur beglaubigt.

Die Angaben sind vom Mitarbeiter der Stadt Antwerpen schwungvoll per Handschrift eingetragen. Am 27. März wird in derselben Akte eine Anmerkung per Schreibmaschine hinzugefügt: »Die Betreffenden haben 2 Räume und 200 Francs im Monat. Der Mann ist blind und hat kein Einkommen. Die Frau handelt mit Strickwaren, doch der Verdienst ist gering. Ohne ihren Sohn Salamon könnten sie nicht existieren.«

5. März 1929
Bescheinigung der Stadt Antwerpen für Gittla Zimetbaum, Ankunft in Belgien am 7. Februar, »unverheiratet«, Beruf »Friseuse«. Das belgische Konsulat in Warschau hat der 20-Jährigen am 19.1. ein Visum für unbegrenzten Aufenthalt in Belgien ausgestellt. Wie bei ihrem Bruder Salamon gilt mit großer Wahrscheinlichkeit, dass Gittla sich entschlossen hat, Brzesko zu verlassen, um sich Eltern und Geschwistern in Antwerpen anzuschließen. Die Akte hält fest: »Sie wohnt bei den Eltern, die für sie sorgen.«

5. September 1929

In der letzten Akte über die Einwanderer-Familie werden nicht nur Pinkas Zimetbaum, Ehefrau Chaja Schmalzer, die Kinder Gittla, Salamon und »Malka« genannt, sondern erstmals auch »Hartman Marjem Jochwet, geboren in Mainz, Deutschland 22.3.1914«. Zusammen mit ihrer Mutter und Mala ist Marjem Jochwet, in der Familie »Jochka« genannt, offensichtlich nicht im März nach Antwerpen gereist. Warum nicht und ob die 15-Jährige die lange Fahrt von Brzesko zusammen mit anderen Immigranten durchgestanden hat, muss offen bleiben.

Eine bittere Wahrheit hält die Akte am Ende bereit. Alle Familienmitglieder, außer Mala, sind mit einem Foto dokumentiert, neben das sie ihre Unterschrift gesetzt haben. Nur nicht Pinkas Zimetbaum, der die Fotoreihe anführt. Neben seinem Bild steht: »Kann nicht unterschreiben.« So fortgeschritten ist seine Erblindung.

Mit diesem Dokument steht fest: Seit dem Weggang des Vaters nach Ludwigshafen ist die ganze Familie im September 1929 wieder zusammen: im belgischen Antwerpen. Und die Summe der städtischen Unterlagen gestattet einen Blick in die Zukunft: Pinkas Zimetbaum, Chaja Schmalzer und ihre Kinder sind gekommen, um zu bleiben.

6. Kapitel

MALAS NEUES ZUHAUSE

Eine weltoffene Metropole: lebenslustig, wirtschaftlich erfolgreich und modern – Hier ist Belgiens größte jüdische Gemeinde – Erfolgreich auf einer renommierten städtischen Schule – Ein Job im Modegeschäft

1928-1932

Die Menschen strömen in den Süden der Stadt, rund 11 Millionen zwischen dem 26. April und dem 4. November 1930. Sie werden angezogen von der 3. Weltausstellung, die Antwerpen nach 1885 und 1894 ausrichtet. Stand bei den zwei früheren EXPOs das Wunder der industriellen Revolution im Mittelpunkt – stampfende Maschinen, neueste technische Entwicklungen und die kapitalistische Elite –, richtet die Stadt nun eine Ausstellung zum Vergnügen für die arbeitenden Massen aus. Die Hauptattraktion ist der Lunapark. Hier fährt eine Miniatureisenbahn über zwei Kilometer durch eine künstliche Alpenlandschaft, bis zu 35 Meter hoch: über schwindelnde Viadukte, durch pittoreske Schweizer Dörfer und schwarze Bergtunnel. Nichts spricht dagegen, dass Mala mit ihren Geschwistern dieses Erlebnis – neben anderen auf der Weltausstellung – genießt, und das mehr als einmal. Denn diesmal gibt es ein Abonnement für die gesamten Monate der EXPO, das sich auch Geringverdienende leisten können.

Vielleicht war manchmal Chaja Schmalzer dabei, um sich ein wenig vom geschäftigen Alltag zu erholen. Denn je stärker die Erblindung ihres Mannes fortschreitet, desto knapper werden die Einkünfte. Aus der Aufenthaltsgenehmigung vom März 1928 geht hervor, sie hat mit Strickwaren gehandelt, was sich auf die Zeit in Brzesko bezieht. Eine nachträgliche Bestätigung für eine Selbstverständlichkeit, denn wie sonst hätte die Mutter sich und die Kinder in Polen durchbringen können.

Wahrscheinlich wird Chaja Schmalzer es auch in Antwerpen erst einmal mit Strickwaren versucht haben, um dann zusätzlich mit anderen Textilien zu handeln. Damit nicht die ganze Verantwortung für das Familieneinkommen bei Salamon Rubin liegt, der als Diamantschneider arbeitet. Umso entspannender ein Gang über die EXPO, eine Fahrt durch den Lunapark.

Für Freizeitunternehmen bietet sich der Sonntag an, denn bei Mala ist die Woche von Montag bis Freitag belegt. Wie die große Mehrheit der jüdisch-orthodoxen Eltern in Antwerpen in den 1920ern entscheiden sich auch ihre, die jüngste Tochter auf eine weltlich-städtische Schule zu schicken und nicht auf eine jüdische. Rund 30 Minuten verläuft Malas Schulweg nach Westen in Richtung Stadtpark, aber das lohnt sich. Ihre Grundschule in der Lange Leemstraat 26, am 1. Oktober 1882 als Mädchenschule eingeweiht, gehört zu den renommiertesten der Stadt. Die säulenverzierte Neorenaissance-Fassade und zwei gewichtige Seitenflügel dominieren auch heute noch diesen Teil der Straße. (Im Schulgebäude befindet sich seit 1997 das »Archief en Documentatiecentrum voor het Vlaams-nationalisme«.)

Die Entscheidung der Eltern, Mala in eine städtische Schule zu schicken, hat für die Tochter und die Familie die Tür zur nichtjüdischen Stadtgesellschaft weit geöffnet. Aus Erinnerungen geht hervor, dass die Kinder der Zugewanderten sich schnell an die neue Umgebung gewöhnen. Ein jüdisches Zeugnis aus jenen Jahren: »In der Schule gab es niemals eine Bemerkung über Unterschiede zwischen jüdischen und nichtjüdischen Kindern. Wir saßen gemischt in denselben Bänken, lernten dasselbe ...« Als Mala im Frühjahr 1928 in die Schule in der Lange Leemstraat kommt, fällt sie durch ihre Kenntnisse und ihre Wissbegierde auf. Statt in die 4. wird sie gleich in die 5. Klasse versetzt.

Auch wenn die Einkünfte der Familie wie bei vielen jüdisch-polnischen Immigranten mager sind, Pinkas Zimetbaum und Chaja Schmalzer wird schnell bewusst geworden sein, dass sie mit Antwerpen eine gute Entscheidung getroffen haben. Gegen Ende der 1920er Jahre wird Antwerpen die führende industrielle Region in Belgien; es herrscht fast Vollbeschäftigung. Der traditionelle Diamantenhandel boomt wieder. Zwar arbeiten die meisten polnischen Juden in den unteren Rängen, aber sie besetzen als Geschäftsleute, Händler und Fabrikanten auch obere Sektoren dieser Luxusindustrie. Ob es um die Wirtschaftskraft geht, um Architektur, um Risikobereitschaft oder lebenslustige Vergnügungen: Seit den 1880er Jahren schafft es Antwerpens Gesellschaft, sich zum zweiten Mal in Europa an die Spitze zu setzen. Es lohnt ein Blick zurück auf dieses Phänomen, an dem die Zugewanderten ihren Anteil haben.

110 Jahre bevor Pinkas Zimetbaum im November 1926 in Antwerpen ankommt, gründeten rund 100 Juden 1816 die erste moderne jüdische Gemeinde in der Stadt an der Schelde; die meisten stammten aus den Niederlanden, einige aus dem Rheinland. 1885, als Antwerpen mutig und erfolgreich die erste Weltausstellung ausrichtete, zu der rund dreieinhalb Millionen Menschen kamen, gab es eine weitere orthodoxe Gemeinde, und es lebten gut 1200 Juden in der Stadt; 1893 sind es schon 5000. Im Jahr darauf traute sich die wirtschaftliche und geschäftliche Elite die zweite Weltausstellung zu, wieder mit Erfolg. Nicht nur, dass 1894 fünf Millionen Menschen das schöne neue Stadtviertel im Süden, wo die Hallen und Anlagen der EXPO angelegt waren, besuchten und über die breiten Boulevards, die Leien – flämisch für »Alleen« – flanierten, die an Stelle der Stadtmauern angelegt wurden. Die beiden Weltausstellungen legten auch den Grundstein für einen fulminanten Wirtschaftsaufschwung. Die Investoren im Hafen und in der aufstrebenden Industrie übertrafen sich, der Export kannte keine Grenzen – weder zu Wasser noch zu Lande.

Ob beim Ausbau des Hafens oder neuer Industrieanlagen: Es brauchte Arbeiter, die mehr als acht Stunden am Tag und ohne jeden Urlaub schufteten und mit einem geringen Lohn zufrieden waren. Um solche Menschen nach Antwerpen zu bringen, nutzten die Investoren eine der revolutionärsten Erfindungen des 19. Jahrhunderts. 1834 wurde das erste Eisenbahnwerk in Antwerpen gegründet, zwei Jahre später die erste inner-belgische Strecke angelegt. Es entstanden Bahnhöfe am Rand der Stadt. Eisenbahnen brachten Waren und Exportgüter von überall her in die Stadt an der Schelde, wo Schiffe im Hafen auf deren Transport übers Meer warteten. Aber vor allem nutzten Zehntausende von Menschen die Züge nach Antwerpen, weil der dortige Hafen für sie das Tor zu einer neuen Welt bedeutete.

Im letzten Jahrzehnt des 19. Jahrhunderts erreichten mit einer ersten Welle rund 50 000 jüdische Auswanderer aus ehemals polnischen Gebieten in Russland und Österreich, vor allem aus Galizien, Antwerpen, um von dort mit dem Schiff in die USA auszuwandern. Einmal in Antwerpen angekommen, wählten jedoch nicht alle den Weg über den Atlantik, sondern entschieden sich, ein neues Leben an der Schelde aufzubauen.

Die Verantwortlichen in Handel, Industrie und dem Diamantgewerbe erkannten die Chance, mit der Eisenbahn an billige Arbeitskräfte zu kommen. 1895 wird der Grundstein gelegt für Antwerpen-Centraal, einen Bahnhof mitten in der Stadt, der zu den größten und prächtigsten in Europa zählen wird. Wieder einmal erweist sich der Geist von Antwerpen als risikobereit, zielstrebig und durchsetzungsfähig.

1905 wird der geplante Bahnhof feierlich eingeweiht, und bis heute überwältigt Centraal die Ankommenden. Die monumentale Mischung aus Neorenaissance und Jugendstil prägt eine der ersten Bahnhofskathedralen Europas, deren Kuppel immer noch die Stadt überragt. Aber vor allem haben sich mit diesem Bau Schönheit und Zweckmäßigkeit auf das Beste verbunden. Für viele Jahre existierte eine direkte Bahnstrecke Antwerpen–

Köln, eine Erleichterung für die übermüdeten und schwer bepackten Emigranten aus dem Osten, die den Hafen ohne allzu viel lästiges Umsteigen erreichen konnten.

1906 untersuchte eine staatliche Kommission die historische und gesellschaftliche Entwicklung der Juden in Belgien. Inzwischen lebten 15 000 Juden in Antwerpen, und die Stadt hatte Brüssel als größte jüdische Gemeinschaft abgelöst. Die Bilanz der Kommission: »Es gibt in Belgien keine Judenfrage.« Die Einwanderung aus Osteuropa lässt nicht nach. 1914 steigt die Anzahl der jüdischen Bevölkerung in Antwerpen auf rund 20 000, und wie bisher stammt fast die Hälfte aus dem von Russland und Österreich besetzten Polen.

1910 lebten in der Innenstadt 301 766 Menschen, im Großraum Antwerpen 450 189. So dicht war der Verkehr von Autos, Straßenbahnen, Pferdekutschen, Motorrädern und Fahrrädern geworden, dass 1909 erstmals Ampeln an den Kreuzungen errichtet wurden. Vom fröhlichen Leben der neuen europäischen Metropole kündeten die prunkvollen, stets gefüllten Tanzpaläste nördlich vom Astridplein vor Centraal – bis 1935 hieß er Statieplein, Bahnhofsplatz.

Am 4. August 1914 wurden alle Gedanken und Pläne an eine vorhersehbare gute Zukunft brutal zerstört. Deutsche Soldaten nutzten den Ausbruch des Ersten Weltkriegs, um das neutrale Belgien zu besetzen und damit den kürzesten Weg für eine schnelle Eroberung von Paris zu eröffnen. Die belgische Armee wehrte sich erbittert; allein im August wurden von den Deutschen 5000 belgische Zivilisten ermordet. Doch das kleine Land hatte keine Chance. Vier Jahre musste es sich der Besatzung durch den übermächtigen feindlichen Nachbarn beugen. Ein Schock, der sich tief im kollektiven Gedächtnis einnistete.

Am 15. November 1918, um elf Uhr, wurde am Turm der Liebfrauenkathedrale in Antwerpen unter großem Jubel der versammelten Menschen auf dem Vorplatz die deutsche Fahne entfernt und die belgische Flagge gehisst. Sie wehte über einer

Stadt, die vom Krieg gezeichnet war. Deutsche Bomber hatten das Zentrum von Antwerpen zerstört und die deutschen Soldaten alles im Hafen demoliert und unbrauchbar gemacht, bevor sie sich als Verlierer über die Grenze in Richtung Osten zurückzogen. Tausende, vor allem der unteren sozialen Klassen, verloren in den Kriegsjahren ihre Arbeit. Aber die positive innere Einstellung und der Tatendrang, die Antwerpen in den Jahrzehnten vor dem Krieg groß gemacht haben, überlebten die tiefe Krise.

Die Entschlossenheit, nicht alten Zeiten nachzutrauern, sondern aktiv mitzuwirken an einer neuen demokratischen Zeit, führte 1921 bei den Kommunalwahlen zu einem revolutionären Ergebnis. Immerhin gab es nun ein allgemeines Wahlrecht, wenn auch nur für Männer. Die französische Minderheit in Antwerpen, die bisher die Stadt regiert hatte, wurde abgelöst von einer Koalition aus Sozialisten und der Flämisch-Katholischen Bewegung, die Mittelstand, Kleinbürgertum und Arbeiter repräsentierte und bis 1932 die Politik in Antwerpen bestimmte.

Als Pinkas Zimetbaum sich 1926 für Antwerpen entscheidet, ist die Stadt an der Schelde auf dem besten Wege, ein nochmaliges Wirtschaftswunder zu erleben. Ausgangspunkt ist die Entwicklung im Hafen, wo neue Kais und vor allem moderne internationale Betriebe entstehen: eine Autofabrik von Ford 1922, eine von General Motors 1924, im selben Jahr die erste große Ölraffinerie. 13 Millionen Tonnen werden 1920 im Hafen umgeschlagen; 1926 sind es 26 Millionen. Das bedeutet viele neue Arbeitsplätze. Der Diamantsektor boomt wieder und zählt Ende der 1920er Jahre 24000 Arbeitsplätze. An den Boulevards öffnen neue attraktive Warenhäuser. Innerhalb eines Jahrzehnts kommt die Vollbeschäftigung fast zurück.

Mit dem wirtschaftlichen Erfolg blüht die Gesellschaft insgesamt wieder auf. Architekten und Dekorateure wetteifern beim Bau prachtvoller Kinopaläste. In Antwerpen öffnet 1922 Belgiens erstes Chinarestaurant. Rund 5000 Cafés laden zum gemütlichen Verweilen ein. Im Hinblick auf die 3. Antwerpener Weltausstellung 1930 wird 1929 der Grundstein für Europas größten Wolkenkratzer, eine Bank für Bauern, gelegt. Nach dem Bauherrn benannt, krönt »De Boerentoren« – der Bauernturm – noch heute das westliche Ende vom Boulevard Meir. Die Höhe von 87,5 Metern wird 1976 bis auf 97 Meter aufgestockt. (2022 erhält der renommierte Architekt Daniel Libeskind den Auftrag, das Wahrzeichen der Stadt der Moderne des 21. Jahrhunderts anzupassen.)

In diese vielfältige bunte Welt kommt 1928 die 10-jährige Mala aus dem polnischen Städtchen Brzesko. Die Freude, wieder von der Geborgenheit der ganzen Familie umgeben zu sein, wird ihr den Start in der Fremde erleichtert haben. Die Umgebung der Grote Beerstraat, in der die Familie bis 1930 lebt, hat sicher auch dazu beigetragen. Denn mit dieser Wahl hat sich Pinkas Zimetbaum für das traditionelle jüdische Viertel südöstlich vom Hauptbahnhof entschieden. Aber es ist keineswegs abgeschirmt, sondern in alle Richtungen offen. Dass sich die jüdischen Immigranten, die seit dem Ende des 19. Jahrhunderts nach Antwerpen kamen, in Bahnhofsnähe ansiedelten und als Gruppe zusammenblieben, lässt sich nachvollziehen.

Westlich vom Centraal ließen sich längs der Pelikaanstraat die jüdischen Geschäftsleute und Diamantenhändler nieder. In den umliegenden Straßen bis hin zum Stadtpark lebten gut situierte Familien, in den Straßen südöstlich vom Bahnhof die unteren sozialen Gruppen. Die Provinciestraat bildet die Nord-Süd-Achse, während die breite Plantin en Moretuslei samt Tunnel unter den Eisenbahngleisen das östliche mit dem westlichen jüdischen Viertel verbindet.

Nirgendwo herrscht Ghetto-Stimmung. Die städtische Polizeiwache in der Vestingstraat 49, die auf die Pelikaanstraat und direkt zum Bahnhof führt, ist seit 1911 durch das Hinweisschild »Eingang zur Polizei« auf Jiddisch mit hebräischen Buchstaben markiert. So international wie die Stadt sind auch die zahlreichen jüdischen Gemeinden. Im Jahrzehnt nach dem Ersten Weltkrieg setzen sie sich aus 30 Nationalitäten zusammen, die Mehrheit kommt aus dem Osten Europas. Vor dem Ersten Weltkrieg erschienen in Belgien zehn jüdische Zeitungen. Seit den 1920ern sind es mindestens 160, von denen 64 in Antwerpen herausgegeben werden, die Mehrzahl auf Jiddisch.

Bei den orthodoxen Juden östlicher Prägung bleiben viele Männer ihrer charakteristischen Kleidung treu. Sie halten an langen Bärten, Schläfenlocken und kreisrunden Pelzkappen fest. Doch ein Blick auf Fotos vom Beginn der 1930er in Antwerpen genügt, um Vorurteile zu beseitigen und sich die damalige Realität einzuprägen. Und Fotos aus den gleichen Jahren aus Brzesko bestätigen, dass es kein genormtes jüdisches Leben mehr gibt.

Innenaufnahmen von jüdischen Diamantschleifern und Diamantschneidern bei der Arbeit zeigen einen winzigen Bruchteil der älteren Männer mit Bart, während alle jüngeren ohne Bart und ohne Schläfenlocken mit kurz geschnittener Frisur freundlich in die Kamera schauen. Zwei ältere Männer auf der Straße vor dem Gebets- und Lehrhaus einer orthodoxen Gemeinschaft in Antwerpen tragen einen langen Bart und traditionelle schwarze Hüte. Daneben lehnen sich zwei junge Männer selbstbewusst gegen das Fenster mit dem Davidstern, ohne Bart, im modischen Anzug, die modernen Herrenhüte keck nach hinten geschoben.

Dazwischen spielende Kinder, mit Mütze und Mantel, aber auch ein junges Mädchen mit kurzem Kleid und unbedeckten Armen, entgegen den traditionellen orthodoxen Kleidervorschriften für weibliche Wesen. Wer heute durch die ehemaligen jüdischen Viertel von Antwerpen geht, vor allem an jüdischen Feiertagen, stellt fest: Sie sind im 21. Jahrhundert mehr vom streng orthodoxen Chassidismus geprägt als vor knapp 100 bis 80 Jahren.

Von Chaja Schmalzer und zwei Töchtern haben sich Fotos

erhalten, die belegen, dass sie ihr orthodoxes Judentum bereits in Brzesko mit westlichem Lebensstil verbinden. Mit offenem, selbstbewusstem Blick schauen Chaja Schmalzer und die Töchter Marjem Jochwet und Mala um 1926 in die Kamera. Nur die Oberarme der beiden Mädchen sind von kurzen Ärmeln bedeckt, und die Mutter zeigt wie ihre jungen Töchter frei ihren Hals.

Die nächsten Fotos haben sich auf dem Aufenthaltsdokument vom 5. September 1929 in Antwerpen erhalten. Das oberste zeigt den erblindeten Pinkas Zimetbaum mit einer dunklen Brille. Der fast 50-Jährige trägt einen längeren gestutzten Bart, keine Schläfenlocken. Sohn Salamon Rubin mit kurzer Frisur, keine Schläfenlocken, kein Bart, das moderne Jackett nebst Schlips und Kragen sind deutlich sichtbar. Die üppig gelockten Haare der Töchter Gittla und Marjem Jochwet sind modisch kurz geschnittenen.

Mala ist nicht mit einem Foto vertreten, da sie als 11-Jährige keine Unterschrift leisten muss. Doch es gibt ein Porträtfoto von ihr aus dem letzten oder vorletzten Schuljahr in der Mädchenschule. Ihre Augen sind ins Weite und zugleich auf ein festes Ziel ausgerichtet. Sie trägt einfache Ohrringe, das kräftige dunkle Haar ist zurückgekämmt. Mit einem leichten Lächeln der Welt zugewandt, muss die 13- oder 14-Jährige nicht äußerlich sichtbar machen, was für sie wie für alle in ihrer Familie seit der Geburt selbstverständlich ist: eine Jüdin zu sein und damit Teil einer differenzierten Gemeinschaft, die durch die Bibel, den Glauben an den einen Gott Israels und eine jahrtausendealte umfassende Geschichte dennoch unlösbar verbunden ist.

Es gilt, uralte Vorurteile auszulöschen, um zu verstehen, dass eine junge orthodoxe Jüdin im 20. Jahrhundert der Zeit und der Gesellschaft, in der sie lebt, offen gegenübersteht, sich modisch kleidet und in das vielfältige Leben eintaucht, das sie umgibt, während ihr Glaube ohne Abstriche Teil ihres eigenen Lebens bleibt. 1931 heiratet Malas Schwester Gittla einen in Polen geborenen Juden. Dass neben der zivilrechtlichen Eheschließung die festliche jüdische Heiratszeremonie stattfindet, ist so selbstverständlich, dass niemand es im Rückblick auf die Familiengeschichte erwähnen wird. Nach der Heirat verlässt Gittla die familiäre Wohngemeinschaft und zieht mit ihrem Mann in die nahe Van der Meydenstraat.

An der Schule trauen die Lehrinnen Mala einiges zu. Nicht nur, dass sie eine Klasse übersprungen hat. Den Eltern wird vorgeschlagen, ihre Tochter aufgrund ihrer überragenden Intelligenz und Begabung auf eine weiterführende Schule zu schicken, so dass sie anschließend studieren kann. Ein Stipendium wird in Aussicht gestellt. Doch da Pinkas Zimetbaum inzwischen völlig erblindet ist, müssen alle Familienmitglieder so bald wie möglich arbeiten, um die Familienkasse zu füllen. Die Eltern können dem ehrenvollen Vorschlag nicht zustimmen.

Nach dem Schulabschluss im Juni 1932 bewirbt sich Mala um eine Ausbildung als Näherin im »Maison Lilian«. Das Modegeschäft ist berühmt für seine Haute-Couture-Kleidung und hat ein Geschäft in »De Boerentoren« bezogen, der soeben vollendet wurde. Bis heute ist das Viertel um den schlanken Wolkenkratzer mit internationalen Modegeschäften reich bestückt. Malas Persönlichkeit und ihr Auftreten werden ein wesentlicher Pluspunkt für ihre Anstellung gewesen sein. Aber auch, dass sie Flämisch und Französisch perfekt beherrscht.

Flämisch wurde von der politischen Koalition aus Sozialisten und der Flämisch-Katholischen Bewegung gegen starken Widerstand ab 1921 als offizielle Sprache in Antwerpen durchgesetzt. Bis dahin durfte in Ämtern, Schulen, führenden Institutionen und den kommunalen Gremien nur Französisch gesprochen werden, die Sprache der politisch tonangebenden Minderheit. Aber natürlich lernt Mala auf der Schule als zweite Sprache Französisch, die Muttersprache der meisten Kundinnen, die im exquisiten »Maison Lilian« einkaufen.

Dass Mala Jüdin ist, scheint niemand im Modehaus zu stören. In der katholischen Presse ist 1929 erstmals davon die Rede, dass der Stadtpark von Juden »besetzt« sei. Die *Gazet van Antwerpen* vergleicht Juden mit »Parasiten« und schreibt: »Ein Jude bleibt immer ein Jude.« Aber es gibt keinen Hinweis auf eine problematische »jüdische Frage«. Die Flämische Bewegung für ein starkes Flandern ist traditionell nicht antijüdisch. Die »jüdische Frage« ist für sie an die Sprache gebunden. Wer als Jude Flämisch oder das identische Niederländisch spricht, muss nicht auf seine jüdische Identität verzichten. Dass 1930 ein antijüdisches Pamphlet über »Die Juden von Antwerpen« erscheint, ist eine Ausnahme. Es gibt am Beginn der 1930er Jahre keinen organisierten Antisemitismus. Es erscheinen keine antisemitischen Zeitungen in Antwerpen. Auch katholische italienische Immigranten sind das Objekt von publizistischen Attacken.

Im Jahre 1932 erreicht die weltweite Wirtschaftskrise Antwerpen. Fast über Nacht steigt die Arbeitslosigkeit auf längst vergessene Höhen. Der Export geht rasant zurück, besonders stark ist die Diamantindustrie mit ihren 24 000 Arbeitern betroffen. Noch im selben Jahr verlieren 20 000 ihre Arbeit. Doch Mala hat bei ihrer Vorstellung im »Maison Lilian« ihre zukünftigen Arbeitgeber offensichtlich mit ihren Fähigkeiten überzeugt und erhält einen interessanten Arbeitsplatz. Sie nutzt die Chance, die Antwerpen ihr bietet: zwei sehr unterschiedliche Kulturen mit ihrem Leben zu verbinden.

7. Kapitel

GEGENSÄTZE KREATIV VERBINDEN

Eintauchen in die westliche Kultur – Freizeit in der zionistischen Jugendbewegung

1933

An so manchem Tag, wenn die Arbeit im »Lilian« hinter ihr liegt, geht Mala den Eiermarkt und weiter den Melkmarkt entlang durch das Zentrum des mittelalterlichen Antwerpens, zur Linken die Kathedrale. Nach wenigen Minuten in nordöstlicher Richtung kommt sie auf dem Hendrik Conscienceplein an, wo neben den barocken Häusern vor allem die barocke Fassade der Sint-Carolus-Borromeuskerk hervorsticht. An diesem Platz steht seit 1883 das Gebäude der Stadtbibliothek von Antwerpen, vielfach vergrößert und umgebaut. Was im Jahr 1481 mit 41 Büchern begann, ist seit 2008 die »Kulturerbe-Bibliothek Hendrik Conscience«. In ihren Regalen befinden sich 1,5 Millionen Bände.

Ein unendlicher Schatz für Malas Wissbegier und Interesse an der neuen unbekannten Welt, in die sie seit ihrer Ankunft 1928 eingetaucht ist. Doch die Stunden in den Lesesälen der Stadtbibliothek sind ihr nicht genug. Weitere freie Zeit nutzt sie für Kurse an der Abendschule in Berchem, damals eine selbständige Gemeinde, heute ein Distrikt von Antwerpen. Nach den Erinnerungen ihrer älteren Schwester Jochka wird in der Familie an späten Abenden noch eifrig diskutiert, wenn Mala von ihren Wissens-Exkursionen nach Hause kommt.

Das Zuhause der Familie ist seit den dreißiger Jahren eine Dreizimmerwohnung in der Marinisstraat 7, im dritten Stock unter dem Dach. Das Haus im jüdischen Viertel südlich vom

Hauptbahnhof, nur wenige Minuten von der breiten ost-westlichen Plantin en Moretuslei entfernt, wurde zusammen mit den beiden Nachbarhäusern Anfang 1920 gebaut, die Wohnungen sind seit 1922 vermietet. An der linken Hauswand führt innen eine extrem steile und schmale Treppe, die gerade Raum für eine Person lässt, zu den jeweiligen Wohnungen. Mala, ihre Geschwister und die Eltern teilten sich drei Zimmer plus Küche und Bad, insgesamt 69 Quadratmeter. Aus den Fenstern geht der Blick über die Dächer des Viertels. Malas älteste Schwester Gittla, die gleich um die Ecke wohnt, kommt sicher oft zu Besuch mit ihrer Tochter Jeanette, die 1933 geboren wird. Inzwischen erinnert an der rechten Seite der Hausfront in der Marisstraat 7 eine bronzene Tafel an Mala Zimetbaum, umrankt von einem weißen Rosenstrauch.

Zeitgleich mit dem Blick in Geschichte und Gegenwart der christlich-flämischen Kultur engagiert sich Mala in einer der jüdischen Bewegungen, die für das Erbe jüdischer Identität einen Platz in der Moderne beanspruchen und keine Hemmungen haben, sich dafür auch mit neuen Ideen zu verbinden. Mala wird Mitglied bei der zionistischen Jugendbewegung Hanoar Hatzioni, die 1933 in Antwerpen ihren ersten belgischen Zweig gründet.

1896 veröffentlichte Theodor Herzl, 1860 in eine liberale jüdische Familie in Budapest geboren, in Wien zum Dr. jur. promoviert, erfolgreicher Journalist, sein Buch *Der Judenstaat*. Anschließend organisierte er mit Gleichgesinnten für das folgende Jahr einen »Zionistenkongress« in Basel. Das »Basler Programm« forderte 1897, was seit den 1880er Jahren unter dem Etikett »Zionismus« in jüdischen Kreisen diskutiert und von Herzl in seinem Buch auf den Punkt gebracht wird – »für das jüdische Volk die Schaffung einer öffentlich-rechtlich gesicherten Heimstätte in Palästina«.

Der Berg Zion ist ein Hügel am südwestlichen Rand von Jerusalem. Nach der Zerstörung des zweiten jüdischen Tempels in Jerusalem im Jahr 70 n. Chr. durch die römische Besatzungsmacht und der Vertreibung der Juden aus ihrem Land Israel in die weltweite Diaspora wurde aus »Zion« durch die Jahrhunderte ein literarisch-poetischer Sehnsuchtsbegriff, der zuerst Jerusalem, am Ende das ganze Volk Israel umschloss. Gegen Ende des 19. Jahrhunderts wurde aus der Hoffnungsvokabel der politische Begriff »Zionismus«. Er geht davon aus, dass Assimilierung an die christliche Kultur und Lebensweise den Juden keine Erlösung vom Antisemitismus bringt, sondern nur ein eigener Staat in der Heimat des Volkes Israel, wo einst in Jerusalem der Tempel stand.

Herzls Buch und der Kongress in Basel sind der Startschuss für eine strukturierte zionistische Bewegung im Judentum. Unzählige zionistische Vereine entstehen – wie bei allen jüdischen Bewegungen im Lauf der Geschichte mit vielfältigen und widersprüchlichen Zielsetzungen. Der politische Zionismus spaltet sich in Gruppierungen auf der politischen Skala von sozialistisch bis radikal rechts. Die einen plädieren für Jiddisch als die Sprache der Juden, die anderen entscheiden sich für Hebräisch.

Zugleich bildet sich ein kultureller Zionismus. Er wirbt für eine selbstbewusste jüdische Identität aufgrund der eigenen Kultur und kann sich ein jüdisches Leben in Palästina im Zusammenleben mit den Arabern vorstellen, ohne deshalb einen eigenen jüdischen Staat zu fordern.

Als entschiedener Gegner im eigenen Lager stellen sich die chassidischen Bewegungen im orthodoxen Judentum gegen jeden Zionismus. Zwar pochen auch sie auf eine eigenständige jüdische Identität und Kultur, die anderen auf Augenhöhe gegenüberstehen müsse. Aber in Palästina einen jüdischen Staat zu gründen ist nach ihrer Überzeugung schwerste Gotteslästerung. Es widerspricht der göttlichen Zusage, dass eines Tages der Messias in Jerusalem erscheinen wird, um die weltweit zerstreuten Juden wieder an ihrem heiligen Ort zu vereinigen. Kein Mensch darf dieser Botschaft Gottes zuvorkommen.

Jüdische Frauen, die sich als Teil der feministischen Bewegung sehen, gründen 1920 in London WIZO – Women's International Zionist Organization. Bis heute die größte Frauenorganisation weltweit. Vor allem aber hat jeder der zahllosen zionistischen Vereine seine eigene Jugendorganisation. Einer der größten war – und ist – Hashomer Hatzair, hebräisch für »Der junge Wächter«, 1913 in Galizien gegründet. Die Kombination aus Aufklärung, Talmudtradition, jüdisch-nationalem Bewusstsein und den Idealen der britischen Pfadfinderbewegung begeisterte jüdische Mädchen und Jungen. Eine der ersten Gruppen von Hashomer Hatzair in Westeuropa bildete sich 1924 in Antwerpen.

1926 wird in Polen Hanoar Hatzioni gegründet, hebräisch für »Die zionistische Jugend«. Sie beruft sich auf drei Grundpfeiler: Pioniergeist, Pluralismus, Zionismus. Das Judentum verkörpert nach ihrer Überzeugung nationale, soziale und moralische Werte, und für alle Mitglieder ist das Hauptziel, ein volles jüdisches Leben in Israel zu führen. Auf dem politischen Spektrum sieht sich die Bewegung in der Mitte, Tendenz liberal. Wie viele andere hat Hanoar Hatzioni grundlegende Strukturen der Pfadfinderbewegung übernommen.

Besonders bei den Jugendlichen mit polnischen Wurzeln stoßen die unterschiedlichen zionistischen Gruppen in Belgien auf ein positives Echo. Nach der Gründung der ersten Gruppe von Hanoar Hatzioni 1933 in Antwerpen entstehen weitere Gruppen in Brüssel und Lüttich. Ein Dokument darüber, dass Mala Zimetbaum im Gründungsjahr 1933 Mitglied von Hanoar Hatzioni wird, gibt es nicht. Doch das Jahr passt in den neuen Lebensabschnitt, der nach dem Ende der Schulzeit 1932 für sie begann. Hanoar Hatzioni wird Teil der Aktivitäten, mit denen sie sich – ob im Modegeschäft, in der Stadtbibliothek und den Abendkursen – aus eigenem Antrieb einen Lebensbereich außerhalb der Familie schafft.

Die Gruppe der Jugendlichen trifft sich einmal wöchentlich

im »Nest«, einem festen Raum, zu Diskussionen über Politik, Religion und Fragen, die das Miteinander von Menschen betreffen. Bei Hanoar Hatzioni gilt: Allen Menschen, unabhängig von Religion und Herkommen, gebührt der gleiche Respekt. Es gilt, in schwierigen Situationen nicht in Selbstmitleid zu verfallen, sondern Verantwortung zu übernehmen – für andere, aber auch für sich selbst. Und es sind nicht Erwachsene, die hier Erziehungsarbeit übernehmen, sondern ältere Jugendliche, die jeweils für eine Gruppe von jüngeren verantwortlich sind.

Sensibilität für die Natur zu entwickeln ist ein weiteres Erziehungsfeld, dazu gehören Ausflüge, physische Aktivitäten, Ferienlager. Von den Jugendlichen werden Feste mit Tanz und jiddischen Liedern organisiert. Die Devise von Hanoar Hatzioni ist auf Hebräisch zusammengefasst: »*Khazak ve ematz*« – Sei stark und mutig. Woran es keinen Zweifel gibt: Mit ihrer Mitgliedschaft bei Hanoar Hatzioni bekennt sich Mala zu einem politischen Zionismus, für den ein rundum gelungenes jüdisches Leben sich nur in Israel verwirklichen kann.

1937 wird Giza Weissblum, eine Nichte von Malas Schwager, sich mit ihrem Mann entscheiden, Polen zu verlassen und nach Antwerpen zu immigrieren. Dort haben die beiden sich getroffen, Giza war nur zwei Jahre älter als Mala. Mehr als sechs Jahrzehnte später hat Giza Weissblum in einem Brief ausgeführt, welche Erwartungen und Überzeugungen Mala mit ihrem Engagement bei Hanoar Hatzioni verbunden hat: »Es war ihr Traum, in den freien zionistischen Staat Israel auszuwandern und dort als Lehrerin für Sprachen in einem Kibbuz zu leben.«

Von Mala selber gibt es dazu keine Aussagen – und das ist die Normalität im Rückblick auf ihr Leben. Bis auf winzige Ausnahmen sind ihre Gefühle, ihre Gedanken nur von anderen übermittelt worden. Doch es gibt genug Zeugnisse von Menschen, die einen direkten persönlichen Kontakt zu ihr hatten. Mit Informationen, die überzeugend in das Bild eines Lebens passen, das von Taten geprägt ist.

Wahrscheinlich ist es bei einem Ausflug mit der Gruppe, als sich Mala in der Hanoar-Hatzioni-Uniform, Ausdruck der Gleichheit aller Menschen, neben einer alten ausgedienten Kanone fotografieren lässt. Sie trägt eine Bundhose mit breitem Gürtel, eine Krawatte, die Ärmel des Hemdes sind bis über die Ellenbogen hochgekrempelt. Ruhig blickt sie in die Kamera, eine moderne junge Frau, die ganz selbstverständlich eine orthodoxe Jüdin ist.

Am 10. Januar 1933 ist Mala fünfzehn geworden. Sich mit Beginn des neuen Lebensabschnittes in der zionistischen Jugend zu engagieren, deutet darauf hin, dass sie eigenständige Entscheidungen trifft. Und wer Mitglied bei Hanoar Hatzioni ist, schaut über den eigenen privaten Bereich hinaus und ist informiert über das, was in der Welt vor sich geht, vor allem, wenn es jüdisches Leben betrifft.

8. Kapitel

DURCH DEMOKRATISCHE WAHLEN REICHSKANZLER

Adolf Hitler und das nationalsozialistische Deutschland

1919-1933

Am 22. Dezember 1932 schreibt Thomas Mann an seinen Schriftstellerkollegen Hermann Hesse: »Wir sind aber, glaube ich, über den Berg. Der Gipfel des Wahnsinns scheint überschritten ...« Der berühmte Autor, der sich öffentlich für die Weimarer Republik einsetzt, bezieht sich auf den Schock, der alle überzeugten Demokraten seit den Reichstagswahlen 1930 getroffen hat. Im September gewann die Partei Adolf Hitlers, die Nationalsozialistische Deutsche Arbeiterpartei, NSDAP, 18,3 Prozent der Stimmen, stieg von 12 auf 107 Sitze im Reichstag in Berlin. Bei der Wahl im Juli 1932 verdoppelt die NSDAP ihre Stimmen und wird mit 37,3 Prozent und 230 Abgeordneten stärkste Fraktion. Die schlimmsten Befürchtungen scheinen Wahrheit zu werden: Die Partei des Adolf Hitler, der öffentlich verkündet, die Demokratie abschaffen zu wollen, dessen Schlägertrupps seit Jahren die Straßen unsicher machen, würde auf legale Weise an die Macht kommen.

Aber als die Deutschen am 6. November wieder an die Wahlurnen gerufen werden, sackt die NSDAP auf 33,1 Prozent und 196 Mandate. Die Erleichterung, die Thomas Mann und alle politisch Gleichgesinnten ergreift, ist nachvollziehbar. Ihre Hoffnung auf eine Stärkung der Demokratie durch die eindeutige Niederlage der faschistischen Hitler-Partei macht Reichspräsident Paul von Hindenburg jedoch am 30. Januar 1933 zunichte. Er ernennt kraft seiner Befugnisse Adolf Hitler, »Führer« der NSDAP, zum Kanzler des Deutschen Reiches, einer der wichtigsten Staaten mitten in Europa.

Am 2. Februar 1933 sagt Adolf Hitler an seinem neuen Arbeitsplatz in der Reichskanzlei einem seiner Gefolgsleute: »Hier gehe ich nie wieder raus.« Das ist kein Bluff. Seine öffentlichen Auftritte als Hauptredner der NSDAP seit 1920 beweisen eine langfristig durchdachte Planung, die Macht in Deutschland zu erobern, und lassen keinen Zweifel daran, welches der Antrieb und die Hauptmotivation seiner politischen Visionen ist.

Bevor Adolf Hitler als Redner im Münchner Hofbräukeller bejubelt wurde, hatte er als Gefreiter der deutschen Wehrmacht im August und September 1919 in Vorträgen für Kriegsheimkehrer keinen Hehl daraus gemacht, dass ihm der radikale Antisemitismus, der im Frühling 1919 in Bayern durch Pamphlete und Flugblätter gesellschaftsfähig wird, ein Herzensbedürfnis ist. Allerdings plädiert er für einen »Antisemitismus der Vernunft«, eine »planmäßige gesetzliche Bekämpfung der Vorrechte der Juden«.

Es folgen Auftritte im Hofbräukeller, 1920 einundzwanzig Mal als Hauptredner. Im Januar noch für die Deutsche Arbeiterpartei, DAP. Sie wurde im Februar in die NSDAP – Nationalsozialistische Arbeiterpartei – umbenannt, und Adolf Hitler wird 1921 Parteivorsitzender. Seiner Rede am 20. August 1920 im Hofbräuhaus stellt er die Frage voran: »Warum sind wir Antisemiten?« Weil Juden, so die Antwort, nur als »Parasiten am Körper anderer Völker« leben. Darum sei das »unverrückbare Ziel« die »Entfernung der Juden aus unserem Volke«. Diesen Programmpunkt des Redners und seiner Partei bekräftigen die über 2000 Menschen im Saal mit »stürmischem, lange anhaltenden Beifall und Händeklatschen«.

Im Juli 1925 erscheint der erste Band von Hitlers *Mein Kampf*, der ein Bestseller wird. Im Mittelpunkt steht das Thema »Volk und Rasse«. Die »jüdische Rasse«, so der Autor, »verkörpert das

Böse, muss total bekämpft werden«. Während die »Arier« die einzige »schöpferische Rasse« seien, denn sie hätten sich gemäß der »eisernen Logik der Natur« niemals mit anderen Rassen vermischt. Sie verkörperten das »beste Menschentum«, weshalb sie einst »die gesamte Erde besitzen« würden.

Ein zweites zentrales Motiv in Hitlers Reden betrifft die Erweiterung des »Lebensraumes« für das deutsche Volk »auf Kosten Russlands«, also im Osten. Damit verbinden sich zwei »eiserne Logiken«, denn im Sowjetstaat herrschen nach Hitler »jüdische Bolschewisten«. Und im Rahmen von Hitlers Weltanschauung muss diese Herrschaft beendet werden.

Als Adolf Hitler nach seiner Ernennung zum Reichskanzler am 30. Januar 1933 auf eine erneute Wahl zum Reichstag drängt, geht er davon aus, dass die Mehrheit der Wählerinnen und Wähler das von ihm beschworene doppelte Fundament seiner Politik – Antisemitismus und »Lebensraum« für die Deutschen im Osten – bestätigen werden. Bei der Wahl am 5. März stimmen 43,9 Prozent für die NSDAP. Auf den ersten Blick enttäuschend für Hitler und seine Getreuen. Aber es genügt, um Reichskanzler zu bleiben. Zudem Hitler überzeugt ist, dass dies, gemäß seinen Plänen, die letzte freie demokratische Wahl in Deutschland ist. Deshalb kein sentimentaler Blick zurück, sondern so schnell wie möglich mit Druck und Tempo die wichtigsten Pfeiler der nationalsozialistischen Politik durchziehen.

11. März

Ab sofort ist es verpflichtend, auf öffentlichen Gebäuden neben der Deutschlandfahne die Hakenkreuzfahne aufzuziehen.

20. März

Bei Dachau, rund 20 Kilometer nordwestlich von München, wird das erste Konzentrationslager von Heinrich Himmler, der zum engsten Kreis um Hitler gehört, Reichsführer SS und damals kommissarischer Polizeipräsident in München, für ca. 5000 Gefangene eingerichtet. Gedacht vor allem für »kommunistische und sozialdemokratische Funktionäre«. Im April übernimmt die SS von der Polizei die Leitung des Lagers. Die Presse berichtet ausführlich im Sinne der NS-Verantwortlichen. Bald wird von Bayern ausgehend im Land ein Spruch die Runde machen: »Lieber Gott, mach mich stumm, dass ich nicht nach Dachau kumm.«

23. *März*

Außer der SPD stimmen alle Parteien im Reichstag mit 441:94 für das »Ermächtigungsgesetz«. Ab sofort kann Reichskanzler Hitler eigenmächtig, ohne Einschränkung und ohne die Zustimmung des Reichstags Gesetze erlassen. Die Justiz verliert ihre Unabhängigkeit und kann nicht gegen illegale Erlasse vorgehen. Mit dieser Abstimmung hat die parlamentarische Demokratie von Weimar sich selbst abgeschafft. In seiner Rede vor der Abstimmung spricht Otto Wels, Parteivorsitzender der Sozialdemokraten, aus, was die Gegner dieses legalen Staatsstreiches erwartet und warum sie dennoch ihrer demokratischen Überzeugung treu bleiben: »Freiheit und Leben kann man uns nehmen, die Ehre nicht.«

9. Kapitel

BOYKOTT ALS WIDERSTAND

Die jüdischen Gemeinden in Antwerpen verteidigen die »Rechte der Juden« – Bei flämischen Nationalisten wächst der Judenhass in bürgerlichen Kreisen – Belgien wird Ziel jüdischer Flüchtlinge

1933-1934

Zu den Korrespondenten in Berlin, die über die Entwicklungen im deutschen Reich berichten, gehören auch belgische Journalisten. In der liberalen Zeitung *Le Matin* wird im Februar 1933 die Politik Adolf Hitlers und der Nationalsozialisten als »rassistisch« eingestuft. Von antijüdischen Überfällen und NS-Schlägertrupps ist die Rede: »Die Tatsachen lassen das Schlimmste für die Zukunft befürchten.« Das katholische Blatt *La Métropole* nennt die neue Regierung in Berlin eine »rassistische Diktatur«.

Die jüdischen Gemeinden Antwerpens, in die Mala Zimetbaum mit Eltern und Geschwistern eingebunden ist, sind alarmiert. Im März 1933 bilden unterschiedlichste Gruppierungen – Orthodoxe, Zionisten, Händler im Diamantgewerbe – das »Comité tot Verdediging de Rechten der Joden«, Komitee zur Verteidigung der Rechte der Juden. Es will die antisemitischen Maßnahmen der NS-Regierung in Deutschland mit ökonomischen Mitteln bekämpfen. Im Vordergrund stehen Boykott-Aufrufe gegen deutsche Produkte in Antwerpen: »Ist das Deutsch? Dann will ich es nicht haben.« Der jüdische Bäcker in der Terlisstraat 46, westlich vom Hauptbahnhof, plakatiert in seinem Laden: »Gebt Euren Kindern kein Hitler-Brot.« Er jedenfalls backe ohne deutsches Mehl.

Der Boykott gilt ebenso jüdischen Händlern im Diamantgewerbe, die mit Nazi-Deutschland Geschäfte machen. 1933 werden lange Listen mit Namen von jüdischen Boykott-Brechern vom Comité veröffentlicht. Diese Händler lassen weiterhin Rohdiamanten in Idar-Oberstein und Hanau schneiden, weil dort Bezahlung und Sozialabgaben wesentlich geringer sind als in Antwerpen.

Im März bringt das Comité ein sorgfältig dokumentiertes Buch heraus über das Dritte Reich und die Juden: *Het Derde Rijk en de Joden*. Fazit: »Wir müssen eine jüdische Antwort geben. Wir können uns nur auf uns selber verlassen.« Um noch besser wahrgenommen zu werden, wählt man einen neuen, übergreifend-plakativen Namen – VEVA: »Verbond voor Economisch Verweer Antwerpen«, Verband für ökonomischen Widerstand Antwerpen.

Am 1. April 1933 überflutet eine von der NSDAP gesteuerte antijüdische Aktion die deutschen Städte. SS- und SA-Männer beschmieren die Schaufenster jüdischer Geschäfte mit Parolen wie »›Jude‹ – hier kauft kein Deutscher«. Sie stellen sich mit Plakaten vor die Warenhäuser: »Deutsche! Wehrt Euch! Kauft nicht bei Juden ein!« Und es geht nicht nur um jüdische Geschäftsleute. An diesem 1. April schreibt die NSDAP-Zeitung *Ulmer Sturm*: »Gebrandmarkt soll derjenige Deutsche sein, der sich noch erlaubt, … zu einem jüdischen Rechtsanwalt zu gehen oder sich gar von einem jüdischen Arzt behandeln zu lassen.«

Am 5. April wird die Aktion reichsweit abgebrochen. So richtig »aufgestanden« war das »Volk« nicht, keine Massenproteste unterstützten den Boykott. Es wurden sogar einzelne Solidaritätsbekundungen für Juden gemeldet. Aber die öffentliche Distanz betrifft mehr das »Rabaukentum« dieser Form des Antisemitismus. Nirgendwo zeigt sich ein organisierter solidarischer Protest, der für die Juden eintritt. Die beiden großen christlichen Kirchen finden kein Wort des Bedauerns.

Wo das Herz der Mehrheit schlägt, zeigt die Statistik über den Eintritt der Deutschen in die NSDAP. Zwei Millionen neue

Mitglieder, vor allem aus der bürgerlichen Mitte, drängen bis April 1933 in die Partei. Deshalb gibt es zum 1. Mai erst einmal einen Stopp. Doch der Begeisterung der Massen für den »Führer« und seine Politik tut das keinen Abbruch. Wie ein Erlöser wird Hitler bejubelt, wo er auch auftritt.

Was im April in Deutschland geschieht, berührt das Nachbarland Belgien auf doppelte Weise. Zwar hofft die Mehrzahl der 537000 Juden in Deutschland, knapp ein Prozent der Bevölkerung, dass die antisemitischen Stürme vorüberziehen werden. Doch eine gewisse Anzahl beschließt, das Land zu verlassen, und da bietet sich der belgische Nachbar als schnell erreichbares Ziel an. Kein Zufall ist es, dass von den rund 4500 Juden, die bis zum Juli 1933 als Flüchtlinge von Deutschland nach Antwerpen und Brüssel gehen, 40 Prozent polnischer Abstammung sind. Sie haben die Pogrome und brutalen antijüdischen Angriffe der vergangenen 50 Jahre, die sie selbst oder ihre Eltern in der polnischen Heimat erlebten, nicht vergessen. Nur 15 Prozent der jüdischen Flüchtlinge in Richtung Belgien haben die deutsche Staatsbürgerschaft.

Im Juni signalisiert die Regierung in Brüssel, man wolle sich den deutschen jüdischen Flüchtlingen gegenüber nicht zu aufnahmebereit zeigen, und trennt Flüchtlinge im engeren von denen im weiteren Sinn. Ein politischer Flüchtling – das bedeutet der engere Sinn – bekommt ein Recht auf Asyl und Aufenthalt. Aber eine Diskriminierung auf Grund der Rasse, wie sie auf alle Juden in Deutschland zutrifft und damit eine Gefahr für Leib und Leben bedeutet, wird nicht als »politischer Fluchtgrund« anerkannt. Den erhalten von 1933 bis 1938 nur rund 1000 Flüchtlinge. Alle anderen bekommen offiziell eine vorübergehende Aufenthaltserlaubnis. In der Praxis allerdings sind die belgischen Behörden wesentlich toleranter als die in Frankreich und den Niederlanden, wo alle jüdischen Flüchtlinge rigoros zurückgewiesen und vor allem nach Belgien abgeschoben werden. Verkehrte Welt: In Belgien sahen gewisse Kreise in Adolf

Hitler und seiner völkisch-nationalistischen Politik ein Vorbild und fühlen sich ermutigt, den gleichen antijüdischen Weg einzuschlagen.

Seit der Gründung des Königreichs Belgien 1830, eines Bundesstaats, haben sich die Flamen mit ihrer Region Flandern auf ein eigenes flämisches Nationalgefühl berufen, im Gegensatz zu den französisch sprechenden Belgiern. Der Verdinaso – »Verbond van Dietsche Nationaal-Solidaristen«, Verband der großniederländischen Nationalsolidaristen –, 1931 gegründet, vertritt die flämischen Interessen auf der politischen Bühne. Er war ursprünglich vom italienischen Faschismus inspiriert. Dann aber gewinnt bei den Mitgliedern die NS-Ideologie die Oberhand, was besonders den harten Kern in Antwerpen betrifft. Dort wird erstmals innerhalb des flämischen Nationalismus offen für antijüdische Positionen geworben – und vor Gewalt nicht zurückgeschreckt.

Am 23. April 1933, einem Sonntag, ziehen fünf junge Männer zwischen 18 und 15 Jahren mit Knüppeln herausfordernd durch das jüdische Viertel, rempeln einzelne Passanten an. Ihre Uniform weist sie demonstrativ als Mitglieder der Verdinaso-Miliz aus. Doch es kommt anders, als sie gedacht haben. Wo sie auftauchen, beginnen Umstehende sie laut auszupfeifen. An der Ecke Vestingstraat, Pelikaanstraat, westlich der Gleise zum Centraal, greifen jüdische Männer beherzt zu, bringen die Provokateure in ihre Gewalt, aus der sie erst die Polizei befreit.

Juden wollen keine Opfer sein. Am 27. April organisiert der jüdische Verband für die ökonomische Verteidigung Antwerpen, VEVA, vor dem Rubenspalais im Zentrum der Stadt eine Massenveranstaltung gegen jede Art von Antisemitismus. Er ruft dazu auf, die antijüdischen Aktionen, die die neue deutsche Regierung vertritt, zu verurteilen und jüdisches Leben in Belgien zu stärken. Anwesend sind der sozialistische Bürgermeister von Antwerpen und sogar der Präsident der »Vlaams Front«. Die Partei wurde 1919 gegründet, um der nationalen flämischen Bewegung eine Stimme zu geben. Führende Mitglieder wollen sich in diesen Wochen nicht in die antijüdische Ecke drängen lassen.

Gar nicht so einfach, denn das katholische Milieu bildet eine starke Strömung innerhalb der Vlaams Front, und die katholische Kirche in Belgien nimmt eine zwiespältige Haltung zur »Judenfrage« ein. Offiziell verurteilt sie gewalttätige Aktionen gegenüber Juden. Aber was ein Jesuit am 21. Juni 1933 auf der Titelseite der katholischen Tageszeitung *Gazet van Antwerpen* schreibt, trifft die Einstellung der katholischen Elite Belgiens, ob geistlich oder weltlich. Wer die Zeitung an diesem Tag liest, erfährt, dass es für das »Judenproblem« nur eine Lösung gibt: »Die Juden müssen sich nach und nach dem Christentum annähern.«

Doch es melden sich Mitte 1933 auch Stimmen der liberalen Parteien, Vertreter von Gemeinderäten und katholische Prominente, die Deutschlands »Judenpolitik« verurteilen und ebenso jeden Rassismus in Flandern. Das konservative *Handelsblad van Antwerpen* nennt die rassistische Politik in Deutschland lächerlich und ruft zu Toleranz auf. Aber am Ende nicht weniger Artikel wird dennoch suggeriert, die Juden haben zu viel Einfluss, beherrschen die Presse, stehen für Obszönes in Literatur und Theater.

Eine gewisse Zwiespältigkeit zeichnet auch die neue politische Partei »Vlaamsch Nationaal Verbond« – VNV – aus, die im Oktober 1933 gegründet wird. Die »Neue Ordnung«, die der »Flämisch Nationale Verband« fordert, hat mit demokratischen Strukturen nichts gemein, wenn auch ihr Programm offiziell nicht gegen »Fremde« gerichtet ist. Die VNV-Sektion in Antwerpen allerdings ist anderer Meinung und protestiert ausdrücklich gegen die »jüdischen Parasiten«.

Am 14. Oktober verkündet Adolf Hitler, Deutschland werde aus dem Völkerbund austreten, was fünf Tage später formal geschieht. Am 12. November 1933 wird den wahlberechtigten

»deutschen Männern und deutschen Frauen« in einer Volksabstimmung die Frage vorgelegt, ob sie sich »feierlich zur Politik der Reichsregierung bekennen«. 40,5 Millionen Deutsche – das sind 95,1 Prozent der abgegebenen Stimmen – bekennen sich zu dieser Entscheidung. 2,1 Millionen – 4,9 Prozent – stimmen dagegen. Es gibt Unregelmäßigkeiten bei der Wahl, aber insgesamt besteht an der überwältigenden Zustimmung der Deutschen zur Politik des »Führers«, die entschieden gegen internationale Zusammenarbeit gerichtet ist, kein Zweifel.

Das neue Jahr beginnt in Antwerpen am 20. Januar 1934 nachts mit der Attacke auf zwei Deutsche im Bahnhofsviertel, die eine Gruppe flämischer junger Männer zwischen 20 und 25 Jahren für Juden hält. In derselben Nacht werden auf eine Mauer in der Lange Kievitstraat am südlichen Ende vom Centraal, einer Querachse durch das jüdische Viertel, antijüdische Parolen geschmiert.

Die belgische Regierung agiert auf einem anderen Niveau. Sie erhöht 1934 die Steuern für das ambulante Gewerbe um 50 Prozent; ein Gewerbe, auf das Juden mehr denn je angewiesen sind, um wenigstens einen kärglichen Lebensunterhalt zu verdienen. Zum einen ist die Lohnarbeit seit der Wirtschaftskrise dramatisch gesunken. Außerdem haben 90 Prozent der Juden nicht die belgische Staatsangehörigkeit und erhalten deshalb kein Arbeitslosengeld, auch Malas Eltern gehören dazu.

Mala Zimetbaum werden die vereinzelten antijüdischen Aggressionen in Antwerpen, der radikaler werdende flämische Nationalismus und die Entwicklungen im nationalsozialistischen Deutschland nicht entgangen sein. Wer sich in der zionistischen Jugend engagiert, lebt nicht im Elfenbeinturm. Diskussionen über die politische Lage gehören zum wöchentlichen Programm der Gruppen von Hanoar Hatzioni. Und wenn Mala von ihrer Arbeit im Modehaus »Lilian« an De Boerentoren, aus der Stadtbibliothek oder vom Gruppenabend nach Hause in die Marinisstraat 7 kommt, warten 1934 außer den Eltern noch Bruder Salamon Rubin und Schwester Jochka auf sie, um im Familienkreis Erfahrungen und Gedanken auszutauschen.

Ein sehr großer Teil der Juden in Belgien fühlt sich dennoch wohl und sicher in diesem Land. Sie haben alle Freiheiten, ihre Religion und ihre Kultur betreffend. Die lebendige Metropole Antwerpen ist ihr Zuhause. Mala geht zu ihren vielen Zielen selbstverständlich quer durch die Stadt. Und die Juden in Antwerpen erleben auch noch 1934, dass die nichtjüdische Mehrheit sie als Teil eines vielfältigen städtischen Kosmos schätzt.

In diesem Jahr wird für die Meisterbäcker ein Wettbewerb ausgeschrieben. Es gilt, eine besondere, leckere Spezialität zu erfinden, die für die Stadt werben soll. Den ersten Preis gewinnt Jos Hakker mit seinem Keks »Antwerpse Handjes«. Der Name bezieht sich auf den Brabobrunnen vor dem prächtigen Rathaus am Grote Markt, wo eine Bronzeskulptur des Brabo, des legendären Gründers der Stadt, triumphierend eine Hand in die Luft hält, die er einem feindlichen Riesen nebst Kopf abgehauen hat. Im Dezember 1934 werden die ersten »Handjes« – flämisch »Händchen« – verkauft. Nach dem Zweiten Weltkrieg kommen sie 1956 wieder auf den Markt; seit 1982 gibt es auch eine Version mit Schokolade.

Jos Hakker, ein Jude aus Amsterdam, hat eine typische Immigranten-Biografie. Er war vor dem Ersten Weltkrieg nach Antwerpen gezogen. Mit seiner Frau Rachel Simons, ebenfalls aus den Niederlanden, eröffnete er eine Bäckerei in der quirligen Provinciestraat. Die vier koscheren Bäckereien dort waren beliebt bei Juden und Nichtjuden. Als einzige von ihnen konnte die Bäckerei »Kleinblatt«, Provinciestraat 206, die Jahre 1940-1945 überleben. Sie wurde in den 1920er Jahren von polnischen Juden gegründet, die aus Krakau nach Antwerpen gekommen waren.

»Kleinblatt«, nur drei Minuten von der Plantin en Moretuslei entfernt, schließt auch im 21. Jahrhundert am Freitagabend, wenn der Schabbat beginnt, den ganzen folgenden Samstag und an allen jüdischen Feiertagen. Nur wenige Minuten entfernt liegt die Marinisstraat, weshalb die Vorstellung realistisch ist, dass Mala und ihre Familie bei »Kleinblatt« eingekauft haben.

Vielleicht auch für die fröhliche Feier, zu der im August 1935 die Familien zusammenkommen. Salamon Rubin heiratet Etel Herstein, eine Jüdin aus Ungarn. Es ist keine Frage, dass neben der juristischen Trauung das jüdische Hochzeitsritual im Mittelpunkt steht, bei dem Braut und Bräutigam unter der Chuppa, einem hohen Baldachin, stehen, wo der Ehevertrag vorgelesen wird. Ebenso selbstverständlich: Als 1936 und 1937 in dieser Ehe zwei Söhne geboren werden, Max und Bernard, trifft sich die Familie eine Woche nach der jeweiligen Geburt, wenn nach jüdischem Religionsgesetz die Beschneidung des männlichen Nachwuchses gefeiert wird.

10. Kapitel

ANTWERPEN: ZENTRUM ANTIJÜDISCHER ORGANISATIONEN

Eine Fluchtwelle löst neue antisemitische Krawalle aus – Vielfältige jüdische Kulturszene – Die Presse distanziert sich nicht – Hitler-Deutschlands Erfolge werden zum Vorbild – Das Lieblingschanson kommt aus Paris

1935-1938

Im Sommer 1935 unterstützt *Het Handelsblad van Antwerpen* die Empörung von nichtjüdischen Bewegungen über den Vorschlag der Stadt, im jüdischen Viertel eine weitere Polizeistelle einzurichten. Unter dem Titel »Die Juden von Antwerpen« argumentiert die Zeitung auf der Titelseite, es gäbe schon zu viele Juden in Antwerpen und die machten zu viel Ärger. Ihnen eine zusätzliche Polizeistelle anzubieten, sei wie eine Belohnung, die sie nicht verdienten. Wie andere Zeitungen erhebt das *Handelsblad* wiederholt den Vorwurf, »der Stadtpark ist ein Judenpark« geworden, wo die Einheimischen nicht mehr flanieren und sich erholen können.

In Berlin hat Adolf Hitler Anfang August 1935 ein Machtwort gesprochen. Das Jahr begann in Deutschland mit der starken Zunahme antijüdischer Ausschreitungen. In München demolierten NS-Anhänger im Frühjahr jüdische Geschäfte. Als im Juli in Berlin jüdische Kinobesucher auf dem Kurfürstendamm gegen einen antisemitischen Film protestierten, kam es zu schweren antijüdischen Krawallen in Cafés, auf den Straßen. Schnell gab es Nachahmer im ganzen Reich. Der ungezügelte Antisemitismus allerdings kommt im Ausland nicht gut an.

Dem »Führer« ist es sehr recht, sich in staatsmännischer Pose zu zeigen und der individuellen Gewalt ein Ende zu setzen. Hat er doch schon 1919 als Gefreiter für einen »vernünftigen Antisemitismus« plädiert. In kürzester Zeit wird die Grundlage für einen »legalen Antisemitismus« geschaffen, um die Juden »von der deutschen Volksgemeinschaft zu trennen« und ihrer Auswanderung einen kräftigen Schub zu verleihen. Am 15. September 1935 stimmt der Reichstag während einer Sitzung in Nürnberg, wo der jährliche Reichsparteitag der NSDAP mit Fahnen- und Menschenaufmärschen gefeiert wird, für die »Nürnberger Gesetze«. Hitler hatte die Parteigenossen mit einer kurzen Rede eingestimmt. Die Juden seien »Träger der Völkerverhetzung und Völkerzersetzung«. Und wieder eine Drohung: Sollte man auf gesetzlichem Wege »kein erträgliches Verhältnis zum jüdischen Volk finden«, werde das Problem »zur endgültigen Lösung der Nationalsozialistischen Partei übertragen«.

In den »Nürnberger Gesetzen« zeigt sich der totale Judenhass als Wegweiser aller nationalsozialistischen Politik. Mit ihnen werden den Juden die »vollen politischen Rechte« als Reichsbürger abgesprochen, denn der muss »deutsches und artverwandtes Blut« vorweisen und »dass er gewillt und geeignet ist, in Treue dem Deutschen Volk und Reich zu dienen«. Dass dies aus Sicht der Nationalsozialisten nicht möglich ist, muss mit keinem Wort bestätigt werden. Die »Nürnberger Gesetze« sind die endgültige legale Grundlage einer »Rassenpolitik«, so Hitlers Fazit am Ende seiner Rede vor den Abgeordneten in Nürnberg, deren Ziel die »Verdrängung alles Jüdischen im Sinne der Ausscheidung eines Fremdkörpers« ist. Der Führer weiß, er muss nichts verheimlichen. Der Jubel, der aufbraust, wenn er irgendwo in Deutschland unerwartet aus dem Auto steigt oder im Kino während einer Wochenschau auf der Leinwand auftaucht, ist spontan und kommt von Herzen.

Die »Nürnberger Gesetze« lösen in Deutschland eine neue Fluchtwelle aus. So manche jüdische Familie, die bisher davon ausging, die antijüdischen Ausschreitungen würden ein Ende finden, packt die Koffer, versucht, einen Weg über die Grenze zu finden. Und der führt für nicht wenige nach Belgien. Ein willkommener Anlass für jugendliche Krawallmacher, Ende September 1935 im jüdischen Viertel Borgerhout, heute der Gemeinde Antwerpen angeschlossen, am helllichten Tag Türen einzutreten, in jüdischen Geschäften Körbe und Stühle durcheinanderzuwerfen. Ein »kleiner Luftikus« wirft eine Rauchbombe in ein Geschäft, das sich schnell mit Rauch füllt, und der jüdische Inhaber verliert das Bewusstsein.

Die *Gazette van Antwerpen* berichtet mit scherzhaftem Unterton von dieser Aktion. Von Protest oder einer Distanzierung ist keine Rede. Das passt zur Berichterstattung der meistgelesenen katholischen Zeitungen in Antwerpen über die »Nürnberger Gesetze«. Ohne jeden kritischen Kommentar übernehmen sie die Veröffentlichungen der deutschen Regierung, wonach Juden in Deutschland nun sicher als nationale Minderheit leben können.

In Antwerpen leben 29500 Juden, 53,8 Prozent der jüdischen Bevölkerung in Belgien insgesamt, und sie sind stolz auf ihr kulturelles Programm. Regelmäßig kommen in den dreißiger Jahren bekannte jüdische Persönlichkeiten zu Vorträgen in die Stadt an der Schelde, darunter der Schriftsteller Sholem Aleichem und Professor Chaim Weizmann, seit 1921 Präsident der Zionistischen Weltorganisation. (1949 wird er Israels erster Staatspräsident.) Zur jüdischen Kultur gehört das Theater. Mindestens fünf Theatervereine gibt es in Antwerpen; regelmäßig treten jüdische Gasttruppen aus Moskau, New York, Polen auf. Auch an diesem Teil des vielfältigen jüdischen Lebens in Antwerpen wird Mala teilgenommen haben.

Als das neue Jahr beginnt, erfährt die jüdische Gemeinde, dass sie Verbündete hat. Am 25. Januar 1936, nicht zufällig am Schabbat, will die rassistische, nationalistisch-flämische »Légion Nationale« auf einer abendlichen »volkstümlichen Versammlung« über die »Nationale Revolution« informieren. Hauptthema: »Der Kampf Israels, um die westliche Zivilisation zu zerstören«. In den Tagen zuvor ziehen Mitglieder unter der Parole »Sturm über das Judentum« aggressiv durch das jüdische Viertel. Doch am 24. Januar verbietet Antwerpens sozialistischer Bürgermeister die »volkstümliche Versammlung«, um Unruhen in der Öffentlichkeit zu verhindern. Von der Versammlung seien vor allem Provokationen zu erwarten.

Andererseits nimmt die Führung vom »Verband für ökonomischen Widerstand Antwerpen« zur Kenntnis, dass ihre konzertierte Aktion vom Frühjahr 1933, deutsche Waren zu boykottieren, bei den Menschen nur auf geringe Resonanz gestoßen ist. Im Oktober 1936 bittet die VEVA deshalb alle jüdischen Organisationen eindringlich, bei Konferenzen und Festlichkeiten ihr Publikum zum Boykott zu ermutigen.

Jenseits der Grenze geht für Deutschland und seinen »Führer« ein triumphales Jahr seinem Ende entgegen. Am 7. März waren 30000 deutsche Soldaten auf Befehl Hitlers über die Rheinbrücken ins westliche Rheinland bis nach Saarbrücken, Trier und Aachen marschiert. Damit brach der deutsche Reichskanzler den Versailler Friedensvertrag von 1919, der das Rheinland zu einem entmilitarisierten Gebiet erklärt hatte. Die Begeisterung der Deutschen über diese »Befreiung« ist grenzenlos. Großbritannien und Frankreich, Garanten des Versailler Vertrags, belassen es bei empörten Worten. Hitler erfährt aufs Neue, dass seine entschiedene Verachtung der internationalen Ordnung von Erfolg gekrönt ist.

Im August 1936 versammelt sich die sportliche Elite von 49 Ländern in Berlin und macht die XI. Olympischen Sommerspiele – vom »Führer« und Reichskanzler im Olympiastadion eröffnet – zu einer Rekordveranstaltung. Eine ideale Propaganda-Gelegenheit, der Welt vorzuführen, was für ein kooperativer und kompetenter Mitspieler das nationalsozialistische Deutschland auf der internationalen Bühne ist.

Unübersehbar ist auch die wirtschaftliche Kapazität dieses »neuen Deutschlands«. 1936 herrscht Vollbeschäftigung, ein entscheidender Grund, dass Adolf Hitler von der deutschen Bevölkerung ohne jede Einschränkung weiterhin als »Retter und Erlöser« verehrt wird. Auch in der Arbeiterschaft. Warum soll sie hinterfragen, wozu Raketen und andere kriegswichtige Dinge hergestellt werden, wenn nach Jahren des Elends endlich wieder Geld in die Haushaltskassen kommt? Und in Belgien haben national-flämische Bewegungen beste Argumente, in Hitler-Deutschland, zu dessen politischen Grundsätzen ein völkisch-biologisch begründeter Antisemitismus gehört, ein Vorbild zu sehen.

Im Januar 1937 wird in Antwerpen die »Volksverweering Antwerpen« – Volksverteidigung Antwerpen – gegründet, die erste Organisation in Belgien, deren Programm ausschließlich vom Antisemitismus getragen wird. Gründer ist ein Katholik, der vehement den biologischen Rassismus vertritt, von dem die Politik des nationalsozialistischen Deutschlands geprägt ist.

Das Propagandablatt mit dem Untertitel »Ter Beveiliging van Bloed en Bodem« – »Zum Schutz von Blut und Boden« – verkündet gleich ab Januar, wofür die »Volksverweering« steht: Die Juden seien eine »durch Infamie, Niedertracht und Unsittlichkeit erblich beschmutzte Parasitengruppe. Sie müssen aus unserem Volk herausgeschnitten und ihre Weltherrschaft muss für alle Zeiten gebrochen werden«. Deshalb soll die Grenze für jüdische Flüchtlinge aus Deutschland geschlossen bleiben und bestehende Aufnahmeerlaubnisse in Belgien beendet werden. Die antijüdische Gesetzgebung in Deutschland wird ausdrücklich begrüßt.

Weitere kleine antisemitische Gruppierungen bilden sich 1937 in Antwerpen wie die »Vrienden van het Nieuwe Duitsland«. Als sich die Jugendorganisation von Verdinaso die Bezeichnung »Nederduitsche Hitlerjeugd« zulegt, um ihre Sympathien für Hitler-Deutschland zu bekunden, geht das dem deutschen Konsul in Antwerpen allerdings zu weit. Auf seinen Einwand hin wird sie sich »Nederduitsche Jeugd« – NJ – nennen. Kaum hat das Jahr 1938 begonnen, bildet sich im Februar in Antwerpen die »Zwarte Garde«. Der Titel ihrer Zeitschrift verkündet ihre politische Ausrichtung – *Het Anti-Joodsch Front*. Ihr Parteisymbol ist ein Totenkopf, der einen Davidstern umfasst.

1938 zählen die nationalistisch-antijüdischen Verbände in Antwerpen insgesamt ca. 300 bis 500 Mitglieder. Keine allzu große Zahl. Doch ihre Unterstützer gehören nicht zu extremen Randgruppen, sondern zur bürgerlichen Mitte. Sie sind sehr aktiv, um ihr zentrales politisches Anliegen in die Presse und an die Öffentlichkeit zu bringen. Auch in anderen belgischen Städten machen sich antisemitische Strömungen bemerkbar, aber nur in Antwerpen haben sich so viele Organisationen gebildet. In der Hauptstadt Brüssel findet der rassistisch-biologische Judenhass kein spürbares Echo. Alle überregionalen national-flämischen Verbände haben in der Stadt an der Schelde ihre zentralen Büros, ihre Hauptquartiere. Es ist der radikale Antisemitismus, der sie verbindet. Und ihr Vorbild, das nationalsozialistische Deutschland, liefert ständig neue »Erfolgserlebnisse« im Geiste dieser politischen Weltanschauung.

Am 12. März 1938 marschieren rund 65 000 Soldaten der Wehrmacht über die Grenze nach Österreich. Sie werden vielerorts mit Jubel empfangen. Am nächsten Tag wird die »Wiedervereinigung« Österreichs mit dem Deutschen Reich verkündet. Kein Schuss ist gefallen, nirgendwo erhebt sich Protest.

Fast 200 000 Juden leben in Österreich. Was sie unter den neuen Herren erwartet, spielt sich umgehend in Wien ab. Auf den Straßen und Plätzen der viel besungenen, liebenswerten Stadt tobt sich ein bisher nie erlebter Hass gegen jüdische Menschen aller sozialen Schichten aus. Sie werden gewaltsam aus ihren Wohnungen gezerrt, öffentlich misshandelt, gedemütigt. Und alles unter den schadenfrohen Augen der nichtjüdischen Bevölkerung, die zustimmend Spalier steht.

Als Hitler am 14. März am späten Nachmittag seinen Einzug in Wien zelebriert, läuten die Glocken der katholischen Kirchen eine Stunde lang. Alle Gotteshäuser sind mit Hakenkreuzfahnen geschmückt. Am 15. März kommt der Erzbischof von Wien, Theodor Kardinal Innitzer, ins »Hotel Imperial« am Kärntner Ring, um dem »Führer« die Ehre zu erweisen. Zurück im bischöflichen Palast, erlässt er eine pastorale Anweisung: »Seelsorger und Gläubige stellen sich restlos hinter den großen deutschen Staat und seinen Führer, dessen weltgeschichtlicher Kampf gegen den verbrecherischen Wahn des Bolschewismus ... offenkundig vom Segen der Vorsehung begleitet ist.«

Am 17. April feiern die Christen Ostern. In Antwerpen ist die katholische *Gazet van Antwerpen* nicht die einzige Zeitung, die daran erinnert, »dass die Juden mitschuldig sind am Kreuzestod Christi«. Der Hass kennt keine Grenzen. Am 28. Juni organisiert die antisemitische »Volksverteidigung Antwerpen« im Kathedral-Saal am Melkmarkt eine öffentliche Veranstaltung. Worum es geht, sagt das breite Band, das über dem Podium angebracht ist: »Die Juden sind unser Unglück.« Rund 250 Interessierte kommen. In Gruppen ziehen etliche von ihnen anschließend grölend durch die jüdischen Viertel, drücken Passanten gegen die Schaufenster von Geschäften.

Die ansteigenden, zuvor in Antwerpen nicht gekannten öffentlichen antijüdischen Ausschreitungen sind nichts Ungewohntes für Pinkas Zimetbaum und Chaja Schmalzer. Um 1881, ihrem Geburtsjahr, brach sich nach Jahrhunderten einer ungewöhnlich friedlichen Geschichte zwischen Juden und Christen in ihrer polnischen Heimat der Antisemitismus, von der katholischen Kirche befeuert, ungehemmt Bahn. Blutige Pogrome mit vielen Toten folgten bis weit in die 1920er Jahre. In der Marinisstraat wird Mala mit den Eltern über den staatstragenden Antisemitismus im nationalsozialistischen Deutschland und die stärker aufflackernden antisemitischen Vorkommnisse in Antwerpen gesprochen haben.

Die jüdische Geschichte ist ein zentrales Thema bei den politischen Schulungen im Hanoar Hatzioni. Verfolgungen und Diskriminierungen nicht länger hinzunehmen, ihnen eine selbstbewusste jüdische Identität entgegenzustellen, steht im Mittelpunkt der zionistischen Jugendarbeit. Auch für Mala gilt die Vision, eines Tages ein erfülltes jüdisches Leben im eigenen Staat in Palästina führen zu können.

Einen so radikalen Neuanfang hatten Malas Eltern nicht im Sinn. Aber ihr Aufbruch nach Antwerpen war sicherlich von der Hoffnung begleitet, dort ein gleichberechtigtes Leben führen zu können. Und so erschreckend die Entwicklungen in Deutschland sind, die offensichtlich den Antisemitismus in Antwerpen stärken: Antwerpen hat eine Tradition als weltoffene Metropole, in der verschiedenste Kulturen zu Hause sind. Belgien ist ein freies Land, in keinem staatlichen Dokument wird die Religionszugehörigkeit festgeschrieben. Gerade erst signalisiert ein politischer »Briefwechsel«, dass man sich als jüdische Familie in Antwerpen weiterhin sicher fühlen kann.

Am 13. Oktober 1937 schickt der Außenminister des Deutschen Reiches eine »Note« an den Königlich Belgischen Gesandten in Berlin und gibt »zur Internationalen Stellung Belgiens« die »folgende Erklärung« ab: »Die Deutsche Regierung stellt fest, dass die Unverletzlichkeit und die Integrität Belgiens für die Westmächte von gemeinsamem Interesse ist. Sie bestätigt ihren Entschluss, diese Unverletzlichkeit und Integrität unter keinen Umständen zu beeinträchtigen und jederzeit das belgische Gebiet zu bestätigen.«

Am 20. Januar 1938 feiert Mala, die weiterhin erfolgreich im Modehaus »Lilian« arbeitet, ihren zwanzigsten Geburtstag. Längst ist das Radio ein Massenmedium geworden, steht millionenfach in vielen Haushalten. Orthodoxe Juden lehnen Orgeln in der Synagoge strikt ab. Doch sie haben weltliche Musik zu einem Teil der jüdischen Kultur gemacht. Es war im orthodox-polnischen Judentum, wo eine fröhliche Begleitmusik zu jüdischen Festen entstand, die als »Klezmer« in die Musikgeschichte eingegangen ist. Der helle Klang von Streichinstrumenten bis Klarinette prägt die Instrumentalmusik, und unerschöpflich ist das Repertoire jiddischer Lieder.

Im Frühjahr 1938 verbreitet das belgische Radio ein Lied der französischen Chansonsängerin Rina Ketty, in Italien geboren, das umgehend ein Hit wird. Auch Mala ist begeistert. Sie summt und singt es mühelos, denn die französische Sprache gehört zu ihrem Alltag, vor allem an ihrem Arbeitsplatz im Modehaus. Schnell hat sie sich jedes Wort eingeprägt. Keine Zeile dieses Chansons, in dem ein verliebter Mensch sehnsüchtig und entschlossen auf die Rückkehr seiner großen Liebe wartet, wird sie vergessen: »*J'attendrai / Le Jour et la nuit / J'attendrai, toujours / Ton retour …*« – »Ich werde warten, / Tag und Nacht / werde ich warten, immer / auf deine Rückkehr …«

11. Kapitel

EINE FREUNDSCHAFT BEGINNT

Ab 1938 ist Charles Sand Malas ständiger Begleiter – Das Novemberpogrom in Deutschland bringt neue Flüchtlingsströme – Geschlossene Grenzen – Wer es ins Land schafft, darf bleiben

1938-1939

»Ich werde warten, / Tag und Nacht / werde ich warten, immer / auf deine Rückkehr … Ich werde warten, / wie der geflohene Vogel, der die Erinnerung / in seinem Nest sucht …« In Rina Kettys heller Stimme bilden Sehnsucht, Zärtlichkeit und Entschlossenheit eine magische Einheit. Das Chanson weckt romantische Gefühle, ohne jede Sentimentalität. Mala Zimetbaum kann es umso entspannter in ihrem Gedächtnis bewahren, als sie in diesem Jahr 1938 einem Mann begegnet, zu dem sich Gefühle entwickeln, die beide immer tiefer verbinden werden.

Karel Sand, aus jüdischer Familie, wurde am 23. November 1920 in Antwerpen geboren. Statt des flämischen »Karel« hat er sich für »Charles« entschieden. Vielleicht ein Zeichen, als weltoffener Flame bewusst die Kultur der französischen Minderheit zu schätzen, ohne die eigene jüdische Herkunft zu vernachlässigen. Charles engagiert sich in der zionistischen Jugendbewegung Betar, 1923 in Riga gegründet und im Vergleich zu Hanoar Hatzioni im politischen Spektrum mehr rechts positioniert. Doch das Ziel ist das gleiche: ein jüdischer Staat in Palästina, möglichst schon für diese Generation.

Weil dieses Ziel nur vereint zu erreichen ist und auf dem Hintergrund der immer aggressiver werdenden deutschen Politik schließen sich die zionistischen Jugendbewegungen Belgiens im November 1937 zusammen. Das Hauptquartier ist in Antwerpen und organisiert gemeinsame Aktivitäten. Gut möglich, dass Mala und Charles sich hier kennengelernt haben. Auf jeden Fall ist es im Jahr 1938.

Schnell stellt sich heraus, dass Charles, fast drei Jahr jünger als Mala, nur wenige Häuserblocks von der Marinisstraat entfernt wohnt. Er ist ein großer blonder, sportlicher Typ und arbeitet als Diamantschleifer, die diffizilere und besser bezahlte Kategorie im Vergleich zum Diamantschneider. Es dauert nicht lange, und sie besuchen sich gegenseitig in ihren Familien. Der Fotoapparat ist oft dabei, zeigt Mala und Charles Arm in Arm, mal beide zusammen im Schnee, mal sie allein auf einer Wiese und im Kornfeld.

Von Mala Zimetbaum und Charles Sand selbst ist nichts Direktes, Persönliches überliefert, was ihre Beziehung betrifft. Nicht, wie es begann, nicht, wie sie die ersten beiden sorgenfreien Jahre erlebten. Doch es gibt einen Menschen, der aufgrund engster familiärer Verknüpfung die genannten Fakten überliefert hat, auch wenn er zur nachfolgenden Generation gehört – Charles Sand junior. Malas Freund Charles hatte einen wesentlich jüngeren Bruder, der den Holocaust überlebte und seinen Sohn nach seinem Bruder nannte. Es ist das Verdienst der italienischen Journalistin Francesca Paci, diesen Neffen in Antwerpen entdeckt und befragt zu haben. (Francesca Paci, *Un Amore ad Auschwitz*. S. Literaturhinweise.)

Immer öfter verbringen Mala und Charles ihre freie Zeit zusammen. Sie machen Fahrradtouren nach Mechelen und Lier, gehen in Antwerpen ins Kino und ins Theater. Und zugleich gehört zu ihrem Lebensverständnis, die politischen Ereignisse im nationalsozialistischen Deutschland, die immer bedrückender werden, wahrzunehmen und gemeinsam zu deuten.

1. Oktober 1938
Die deutsche Wehrmacht marschiert ins Sudentenland ein, bis dahin ein Teil der Tschechoslowakei. In der Nacht vom 29. auf den 30. September hatten sich Großbritannien, Frankreich und Italien einer erneuten Mischung aus Lügen und Drohungen des deutschen Kanzlers gebeugt. Sie erklärten den Anschluss des Sudetenlandes an das Deutsche Reich für rechtens, und Adolf Hitler stimmte im »Münchner Abkommen« zu, auf seinen angekündigten Einmarsch in die gesamte Tschechoslowakei zu verzichten. Den hatte er angedroht, kaum dass im März 1938 Österreich an das Deutsche Reich angeschlossen war. Als der britische Premierminister Chamberlain – von München kommend – in London aus dem Flugzeug stieg, wedelte er mit dem Vertrag und verkündete freudig, der bedeute »*Peace for our time*«. Frieden erkauft mit Nachgeben, weil man um jeden Preis eine Konfrontation mit Deutschland verhindern wollte.

7. November 1938
In Paris schießt der 17-jährige polnische Jude Herschel Grynszpan in der deutschen Botschaft auf den Diplomaten Ernst vom Rath. Herschel hat mit seinen Eltern bis Ende Oktober in Hannover gelebt. Anfang November wurde die Familie ausgewiesen und nach Polen abgeschoben, wie alle rund 18000 polnischen Juden in Deutschland.

10. November 1938
Ernst vom Rath stirbt am 9. November in Paris. In München beginnend, organisiert die NSDAP in der Nacht vom 9. auf den 10. November an Orten mit jüdischer Bevölkerung Pogrome, wie sie Deutschland seit dem Mittelalter nicht mehr erlebt hat. Sie werden von SA- und SS-Männern in Zivil ausgeführt, um spontane Aktionen der Bevölkerung vorzutäuschen. Die Polizei schreitet nicht ein. Rund 30000 jüdische Männer werden aus

ihren Wohnungen geholt, mit Schlägen durch die Straßen getrieben und in Konzentrationslager verschleppt. Weit über 100 von ihnen sterben an den Verletzungen. Etwa 100 Synagogen und mehrere 100 Bethäuser werden in Brand gesteckt, an die 7500 Geschäfte und unzählige Wohnungen verwüstet. Die Bürgersteige sind mit den Glassplittern der eingeschlagenen Fenster übersät; daher die zynische Bezeichnung »Reichskristallnacht«.

Menschen, die sich spontan an den Gewaltexzessen beteiligen, bleiben eine Minderheit. »Es schien den meisten nicht recht«, notiert Walter Tausk, ein Breslauer Jude, über die nichtjüdische Bevölkerung. Die Mehrheit der Deutschen scheint solchen Gewaltexzessen abgeneigt. Aber es zeigt sich auch kein Protest gegen ein Ereignis, das aller Humanität, aller Kultur Hohn spricht. Wieder schweigen die beiden großen Kirchen, lassen einzelne Pfarrer, die die Gewalt öffentlich anprangern, im Stich. Für die herrschenden Nationalsozialisten insgesamt ein Erfolg, denn das Schweigen der Mehrheit bedeutet, die jüdische Bevölkerung kann nicht auf deren Solidarität hoffen. Und Adolf Hitler setzt umgehend den Kampf gegen das verhasste Judentum mit noch schärferen Maßnahmen auf dem Verwaltungsweg fort.

12. November

Unbemerkt von der Öffentlichkeit hat Hermann Göring, dessen Einfluss innerhalb der nationalsozialistischen Führungselite oft unterschätzt wird, auf Anweisung Hitlers in Berlin eine Konferenz mit über 100 Spitzenbeamten aus den unterschiedlichsten Ministerien einberufen. Göring gibt die Marschrichtung in Sachen Judenpolitik vor: »Jetzt wird tabula rasa gemacht – die radikale Meinung hat gesiegt.« Es folgt eine Drohung, über die er zweifellos zuvor mit dem »Führer« gesprochen hat. Wenn Deutschland in absehbarer Zeit in einen »außenpolitischen Konflikt« verwickelt werde, sei das die Gelegenheit »eine große Abrechnung an den Juden« zu vollziehen.

Sofort werden weitere antijüdische Gesetze erlassen.

Jüdische Schülerinnen und Schüler müssen umgehend deutsche Schulen verlassen. Juden wird der Führerschein entzogen. Sie haben keinen Zugang mehr zu Universitätsbibliotheken. Ab Februar 1939 dürfen sie sich nicht mehr in Schlaf- oder Speisewagen der Reichsbahn aufhalten.

Seit der Reichspogromnacht am 9. November 1938 berichten die Zeitungen in Antwerpen ausführlich über die Geschehnisse in Deutschland. Ob liberal, katholisch, flämisch-national oder sozialistisch ausgerichtet, erst einmal traf es alle wie ein Schock. Das katholische *Handelsblad van Antwerpen* schrieb auf der Titelseite über »Die verabscheuungswürdigen Verfolgungen in Deutschland«. Die sozialistische *Volksgazet* über »Die barbarischen Antisemiten im III. Reich, man hat weder Frauen noch Kinder verschont …« Aber dann liest man im *Handelsblad* auch, die Deutschen hätten es geschafft, dass die Welt Mitleid hat mit einer Rasse, sie sich normalerweise keiner großen Sympathien erfreue. Die katholische Presse insgesamt hält sich mit jedem Tag der Berichterstattung mehr an die Vorgaben des Vatikans und zitiert den *L'Osservatore Romano*: »Für den Christen ist das semitische Problem kein politisches, sondern ein religiöses. Der Christ will die Juden nicht von Land zu Land jagen, sondern bekehren.«

Die direkte Folge des Reichspogroms für Belgien ist eine weitere Welle von jüdischen Flüchtlingen, und wie bisher zieht es die meisten nach Antwerpen. Einer von ihnen ist der Wiener Philosoph Hans Mayer, der nach dem »Anschluss« Österreichs an das Deutsche Reich geblieben war, vielleicht, weil ihm seine jüdische Herkunft gar nichts bedeutete. Er ist später unter seinem Autornamen Jean Améry bekannt geworden. Auf den Rat eines guten Freundes, der Kontakte zu den Nationalsozialisten hat, verlässt Améry im Dezember 1938 dann doch mit seiner Frau Wien und reist nach Köln, bekannt als günstiger Ausgangspunkt für den illegalen Grenzübertritt nach Belgien.

Verwundert beobachtet Jean Améry in Köln, wie selbstverständlich die Menschen dort den Alltag im Nationalsozialismus akzeptieren. Das Ehepaar aus Wien wird von einem Menschenschmuggler erfolgreich über die Grenze geschleust. Das Ziel ist Antwerpen. Zwar vergibt Belgien seit 1938 keine Visa mehr an jüdische Flüchtlinge, aber im Gegensatz zu den Nachbarländern Frankreich und Niederlande kann im Lande bleiben, wer es geschafft hat.

Wie allen Flüchtlingen wird auch Jean Améry der Start in das Flüchtlingsdasein vom jüdischen Hilfskomitee in Antwerpen erleichtert. Viele Jahre später blickt er mit positiven Erinnerungen zurück: »Diese jüdische Kolonie, in der es sehr reiche Diamantaire gab, aber auch allerärmste Kleinhändler mit Altwaren, war von einer fast unglaublichen und ganz unerschöpflichen Generosität.« Antwerpen sei eine lebendige Stadt, sehr viel sympathischer als Köln; die Frauen elegant gekleidet, die Männer solide.

Eine Folge der Reichspogromnacht: Eine jüdische Kinderorganisation in Belgien erreicht, dass rund 250 jüdische Kinder auf der Flucht aus Deutschland in nächster Zeit aufgenommen werden. In den ersten Januartagen 1939 kommen jüdische Kinder ohne Begleitung in Aachen an und erhalten von den Deutschen freie Fahrt in Richtung Belgien. Doch weil das gegen einen Vertrag verstößt, den Deutschland und Belgien 1938 geschlossen haben, schickt die belgische Fremdenpolizei die 35 Kinder am 5. Januar 1939 mit dem Zug zurück nach Deutschland. Die Nachricht verbreitet sich in Belgien, ein Skandal! Nach lautstarkem Protest, verbunden mit landesweiter Hilfsbereitschaft, jüdische Kinder aufzunehmen, werden sie in Aachen wieder in einen Zug über die Grenze gesetzt. Und das Kontingent der unbegleiteten Kinder, die Belgien bereit ist aufzunehmen, wird auf 1000 erhöht.

Zur selben Zeit wird in Antwerpen die »Nationaal Volksche Beweging« gegründet, eine weitere Organisation, die die antisemitische Stimmung auf rassistischer Grundlage stärken will. Sie bringt die Zeitschrift *De Aanval* heraus. Der deutsche Propagandaminister Joseph Goebbels war für eine Berliner Zeitung gleichen Namens – *Der Angriff* – verantwortlich. Die antijüdischen Karikaturen bezieht *De Aanval* vor allem aus der antisemitischen Wochenzeitschrift *Der Stürmer*, die in Deutschland inzwischen eine Auflage von einer halben Million erreicht hat.

Am 30. April 1939 beschließt der Ministerrat in Brüssel, die Grenzen für jüdische Flüchtlinge definitiv zu schließen. Doch in den folgenden zwölf Monaten gelingt es weiterhin rund 400 jüdischen Flüchtlingen pro Monat, heimlich über die Grenze zu kommen. Ein Grund für den Flüchtlingshochkommissar vom Völkerbund, der nach Frankreich, Belgien und den Niederlanden gereist ist, Belgien dafür zu loben, dass es zwar seine Grenzen offiziell gesperrt hat, aber es werde »kein ernsthafter Versuch gemacht, dies durchzusetzen«, im Gegensatz zu Frankreich und den Niederlanden.

Exakte Statistiken über die Zahl der Flüchtlinge in Belgien gibt es nicht. Der deutschstämmige US-amerikanische Historiker Herbert A. Strauss, dem 1943 die Flucht in die Schweiz gelang, schätzt, dass von 1933 bis ins Jahr 1939 zwischen 26 400 und 28 000 Juden aus Deutschland und Österreich nach Belgien geflüchtet sind. Andere Experten vermuten, dass die Anzahl der Geflüchteten bei 25 000 liegt.

Am 30. Januar hat Adolf Hitler dem Jahr 1939 seinen Stempel aufgedrückt. In einer Rede im Reichstag zu Berlin aus Anlass des 6. Jahrestages seiner »Machtübernahme« ging er ausführlich auf die »Jüdische Frage« ein, mit dem Ziel, sie »muss ausgeräumt werden«, sonst käme Europa nicht zur Ruhe. Ohne konkret zu werden, sieht er zu diesem Zeitpunkt die Lösung darin, die Juden in einen »Siedlungsraum« abzuschieben, wo sie »nicht Nutznießer am Körper und an der Arbeit anderer Völker« seien.

Aber niemand soll denken, dies sei die einzige Möglichkeit,

die »Jüdische Frage« zu erledigen: »Wenn es dem internationalen Finanzjudentum in und außerhalb Europas gelingen sollte, die Völker noch einmal in einen Weltkrieg zu stürzen, dann wird das Ergebnis nicht die Bolschewisierung der Erde und damit der Sieg des Judentums sein, sondern die Vernichtung der jüdischen Rasse in Europa.« Diese brutale Drohung braucht keine weitere Erklärung. Ganz Deutschland hat sie an diesem Tag gehört, die Rede wurde im Radio übertragen. Und sie stand am nächsten Tag in allen Zeitungen, da es nur noch eine Presse gab, die dem Nationalsozialismus hörig war.

15. März

Um 6 Uhr morgens marschieren deutsche Soldaten in die Tschechoslowakei ein. Um 9 Uhr schon knallen ihre Stiefel über das Pflaster in Prag. Die Bewohner der Stadt stehen schweigend am Straßenrand, unterdrücken ihr Entsetzen, ihre Wut, denn natürlich hat das Land keine Chance gegenüber der aggressiven deutschen Politik. Es sei denn, die Verbündeten – Frankreich und Großbritannien – stehen zu ihrem Wort. Hitler hat sich bei seinem brutalen Bruch des »Münchner Abkommens«, vor sechs Monaten von ihm unterschrieben, auf die Feigheit der beiden Länder verlassen. Noch am Abend des 15. März erscheint er in Prag. Da ist die Tschechoslowakei schon zerschlagen, ohne dass ein Schuss fiel, und wird als »Protektorat Böhmen und Mähren« unter deutsche Herrschaft gestellt. Einzige Reaktion von Frankreich und Großbritannien: Sie geben ihrem Bündnispartner Polen die Garantie, bei einem Überfall des Landes militärischen Beistand zu leisten. Am 3. April weist Hitler die Reichswehr an, ab dem 1. September 1939 für einen Krieg gegen Polen vorbereitet zu sein, der mit der vollständigen Vernichtung des Landes enden soll. Die Militärs nehmen den Befehl mit Begeisterung auf.

12. Kapitel

BRUTALE GEWALTAKTION IN JÜDISCHEN VIERTELN

Antwerpens Hafen öffnet sich für jüdische Flüchtlinge – Hitler beginnt mit dem Überfall auf Polen den Zweiten Weltkrieg – Dänemark wird überfallen – Belgien ist überzeugt: Uns passiert nichts

1939-1940

Am 17. Juli 1939 wirft der Passagierdampfer »St. Louis« von der Hamburger Reederei HAPAG im Hafen von Antwerpen Anker. Am 13. Mai hat er mit 937 jüdischen Frauen, Kindern, Männern – einige von ihnen haben eine KZ-Haft hinter sich – den Hamburger Hafen mit dem Ziel Kuba verlassen. Die dortige Regierung hatte zugesagt, den Flüchtlingen Visa zu erteilen, so dass sie von Kuba aus versuchen können, in die USA einzureisen. Kaum ist das Schiff in Havanna gelandet, zieht die Regierung die Zusage für eine Landeerlaubnis zurück. Der Kapitän nimmt Kurs auf New York. Doch auch die US-Regierung verweigert die Einreise. Es beginnt eine verzweifelte Irrfahrt in Richtung Osten zurück über den Atlantik. Der deutsche Kapitän Gustav Schröder, seit 1933 Mitglied der NSDAP, unternimmt alles, um seine Passagiere nicht ins nationalsozialistische Deutschland bringen zu müssen, sondern einen Hafen zu finden, wo sie sicher sind. Belgien ist schließlich bereit, die Flüchtlinge als Transitland zu beherbergen und 255 Flüchtlinge aufzunehmen.

Während die Passagiere das Schiff verlassen, werden in Antwerpen von der faschistischen Légion Nationale Pamphlete verteilt. Die Juden seien »Raubvögel, sie plündern, stehlen und betrügen, verpesten unsere Stadt und ruinieren uns …« Ihnen wird empfohlen, in den Parteibüros »starke Schlingen« abzuholen. Eine indirekte Aufforderung, sich aufzuhängen.

Die sozialistische *Volksgazet* nennt diese Aktion »ekelhaft« und hält dagegen: »Hier ist das Land der Freiheit ... Ihr seid hier willkommen ... wo es keine Rassen gibt.« Die katholische *Gazet van Antwerpen* schildert hinterhältig die großen Koffer und Gepäckstücke, mit denen die Juden ihren Reichtum an Land bringen, und macht Andeutungen über den »ewigen Juden«, der eben nirgendwo auf der Welt seine Ruhe findet. Grund genug für das Deutsche Konsulat in Antwerpen, im Juli 1939 nach Berlin zu melden: »In der hiesigen Bevölkerung hört man immer mehr Stimmen, die ihrem Unwillen über die jüdische Überfremdung Antwerpens Ausdruck geben.«

Die Ankunft der »St. Louis« und ihre Geschichte wird vor allem die jüdischen Menschen in Antwerpen noch lange nach dem 17. Juni beschäftigt haben. Vielleicht auch am 1. August die Hochzeitsgesellschaft, als Mala Zimetbaums vier Jahre ältere Schwester Marjem Jochwet den in Polen geborenen Juden Efraim Schipper heiratet, der im Diamantgewerbe tätig ist. Und wieder gilt auch ohne Dokument: zweifellos ein Grund für die ganze Familie, zur religiösen Hochzeitszeremonie zusammenzukommen. Orthodoxe Juden wissen zu feiern, unabhängig von der schwierigen politischen Lage.

Gegen Ende des Monats gibt es neuen Stoff für intensive Diskussion, als zwei Gegenspieler auf Europas politischer Bühne für Überraschung in allen Lagern sorgen. Am 24. August 1939 besiegeln Josef Stalin, Regierungschef der Union der Vereinigten Sowjetrepubliken – UdSSR –, der in seiner Person alle Macht dieses Staates verkörpert, und Joachim von Ribbentrop, Deutschlands Außenminister, mit einem Handschlag in Moskau einen Nichtangriffsvertrag zwischen beiden Ländern. Die saloppe Bezeichnung Hitler-Stalin-Pakt entspricht den Realitäten, denn in der Nacht vom 23. auf den 24. musste sich der Außenminister per Telefon Adolf Hitlers Zustimmung zu jedem einzelnen Punkt des Vertrages holen.

Dass Hitler, der seit zwanzig Jahren unermüdlich die jüdisch-bolschewistische Verschwörung mit ihrem Hauptquartier in Moskau als größten Feind der Menschheit beschwört, mit Stalin einen Pakt schließt, stellt auf den ersten Blick die Welt auf den Kopf. Aber hat der »Führer« nicht immer wieder bewiesen, dass sein oberstes Ziel ist, den größtmöglichen Vorteil zu erschleichen und den eigenen Standpunkt durchzusetzen?

Der Hitler-Stalin-Pakt enthält ein »geheimes Zusatzprotokoll«, aus dem hervorgeht, dass die Sowjetunion über Hitlers baldigen Krieg gegen Polen informiert wird. Sie akzeptiert das »Geheimnis« und garantiert für diesen Fall Neutralität. Im Gegenzug offeriert Hitler dem Mann in Moskau Landgewinne im eroberten Polen und dem Baltikum. Russlands Diktator geht davon aus, dass Deutschlands Diktator Polen im Handumdrehen militärisch besiegen wird. Sollten Großbritannien und Frankreich wider Erwarten auf Seiten Polens in den Krieg eingreifen, wird die Sowjetunion sich keinesfalls auf deren Seite stellen. Auch das wird im Geheimen ausgemacht. Hitler hat den Rücken frei, die Welt mit seiner nächsten Eroberungsaktion zu konfrontieren, die aufs Ganze gehen soll.

Es ist eine unruhige, aufgewühlte Zeit. Für die einen liegen Ängste und dunkle Ahnungen in der Luft. Andere erhoffen sich endlich einen Durchbruch ihrer Weltsicht, die mit der des nationalsozialistischen Deutschlands übereinstimmt, das immer deutlicher zur bestimmenden Macht in Europa wird – mit Gewalt als legitimem Mittel.

In Brüssel ordnet die Regierung die Mobilisierung an, um auf alles vorbereitet zu sein. Auch in Antwerpen müssen die Bistros am Abend des 25. August 1939 schließen, um den Alkoholgenuss einzuschränken. Es ist viel los auf den Boulevards. Auf der Keyserlei, die vom Hauptbahnhof in die Innenstadt führt, verbreitet sich die Nachricht, ein Lokal sei noch offen, und gleich hinterher das Gerücht »Es sind Juden!«. Im Bahnhofsviertel wird es laut – »Nieder mit den Juden!«. Vorübergehende werden angegriffen. Es kommt zu Handgreiflichkeiten. Der Polizei gelingt es, die Ruhe wiederherzustellen.

Was sich an diesem Freitag vielleicht als spontane Erregung Luft macht, ist am 26. August, einem Samstag, eine organisierte Provokation. Rund 100 Männer und Frauen ziehen gegen Abend durch die jüdischen Viertel südlich und westlich vom Hauptbahnhof, brüllen »Juden raus! Nieder mit den Juden!« Die Polizei versucht vergeblich, für Ruhe und Ordnung zu sorgen. Die Randalierer bilden kleine Gruppen, die immer neue Zwischenfälle provozieren. In der Pelikaanstraat 118 werden die Scheiben eines Ladens mit Wurfgeschossen zertrümmert. Gegen Mitternacht flaut der Aufruhr ab. Aber noch schnell wird ein Stein in ein Fenster der Synagoge in der Oostenstraat geworfen.

Als die Zeitungen über die Vorkommnisse berichten, können sich die antijüdischen Kräfte Antwerpens bestätigt fühlen. Die *Gazet van Antwerpen* schreibt: »Der Ärger von braven Antwerpener Bürgern ist gerechtfertigt.« Es sei eine spontane Aktion gewesen. Alle anderen katholischen Zeitungen kommentieren in die gleiche Richtung: Die Juden hätten diese »Mini-Unruhen« selbst provoziert. Für *La Métropole* liegt die Ursache bei den »Unmengen von Ausländern, die sich seit Jahren viel zu großzügig bei uns niederlassen konnten«. Als einsame Stimme ist die sozialistische *Volksgazet* wütend auf die katholische Presse, die nichts tut, um die Gemüter zu beruhigen, und noch weniger sei bei ihr von christlichem Geist etwas zu spüren.

Diesmal ist es der deutsche Auslandsdienst in Brüssel, der stolz nach Berlin meldete, es habe »zahlreiche heftige Ausschreitungen gegen Juden und jüdische Geschäfte in Antwerpen« gegeben und jüdische Lokale seien »im Sturm« geräumt worden.

Noch keine Woche ist vergangen, als sich am 1. September 1939 in Antwerpen – wie in ganz Europa – verbreitet, was die deutschen Rundfunksender am Morgen melden: »Gewalt gegen Polens Gewalt.« Und das Oberkommando der Wehrmacht gibt bekannt: »Auf Befehl des Führers und obersten Befehlshabers hat die Wehrmacht den aktiven Schutz des Reiches übernommen. ... Truppen des deutschen Heeres heute früh über alle deutsch-polnischen Grenzen zum Gegenangriff angetreten.« Im Reichstag erklärte Adolf Hitler: »Seit 5.45 Uhr wird jetzt zurückgeschossen.«

Tatsächlich haben um drei Uhr nachts rund 1,5 Millionen Soldaten der Heeresgruppen Nord und Süd, seit Wochen in Bereitschaftsstellungen gebracht, von Ostpreußen, Pommern und Böhmen aus die Grenze zu Polen durchbrochen, ohne dass irgendeine Provokation von polnischer Seite ausgegangen war.

Als Reaktion auf den Hitler-Stalin-Pakt hatten Großbritannien und Frankreich eine Woche zuvor den bestehenden Beistandspakt mit Polen bekräftigt. Am 3. September 1939 erklären Großbritannien und Frankreich dem Deutschen Reich den Krieg. Deutschlands politische Führung hat – in tatkräftiger Zusammenarbeit mit den führenden Militärs der Wehrmacht – den Zweiten Weltkrieg entfesselt.

Am 22. September 1939 versammeln sich die orthodoxen Juden von Antwerpen in ihren Synagogen und Bethäusern. Es ist Jom Kippur, der »Versöhnungstag«, der höchste jüdische Feiertag. Zehn Stunden lang sind sie dort im Gebet vereint. Geloben ihrem Gott Reue, Buße und bitten um Versöhnung. Neun Tage zuvor hatten sie für drei Tage Rosch Haschana gefeiert, das jüdische Neujahrsfest. Nach dem jüdischen Kalender begann am 13. September 1939 das Jahr 5700.

Am 24. September beginnen deutsche Soldaten mit der Belagerung Warschaus; Luftwaffe und Artillerie nehmen zivile Objekte ins Visier. Am 27. September 1939 kapituliert die polnische Hauptstadt; rund 24000 Menschen sind während der Belagerung getötet worden. Damit ist der Krieg gegen Polen, mit einem Überfall am 1. September begonnen, von Hitler-Deutschland gewonnen. In Polen leben um diese Zeit ca. 3474000 Juden, die größte jüdische Gemeinschaft in Europa, allein in Warschau kommen rund 380000 in die Gewalt der Nationalsozialisten. In Krakau, wo eine Kusine Malas mit ihrer Familie zu Hause ist, leben ca. 64000 jüdische Frauen, Männer, Kinder. Familie Zimetbaum in Antwerpen wird sich ab September 1939 verzweifelt fragen, welches Schicksal ihre Verwandten im besetzten Polen – nicht zuletzt in Brzesko – erwartet.

Hat Adolf Hitler mit dem Sieg über Polen sein Ziel erreicht? Oder ist die Bloßstellung von Großbritannien und Frankreich, deren Armeen unfähig sind, dem Verbündeten Polen zu Hilfe zu kommen, geradezu eine Herausforderung, nun weitere freie Nationen in Europa dem nationalsozialistischen Deutschland zu unterwerfen?

Hinter verschlossenen Türen meldet die Führung der Wehrmacht dem deutschen Kanzler am 10. Oktober 1939, dass – wie er im Frühjahr vorgeschlagen hatte – ein Plan ausgearbeitet ist, Belgien und die Niederlande zu besetzen, um damit den Weg für die deutschen Soldaten nach Frankreich frei zu machen. Ein Blick auf die Veränderungen der politischen Landkarte in Europa, die Hitler seit 1938 erzwungen hat, legt diesen Gedanken auch ohne militärische Expertise nahe.

Doch nicht zum ersten Mal führt Adolf Hitler seine politischen Gegner in die Irre, kaum dass die Wintermonate 1939/40 vorüber sind. Die Schlagzeilen am 9. April 1940 melden nicht die Besetzung von Belgien und den Niederlanden, sondern den Überfall der Wehrmacht und Marine auf Dänemark und Norwegen kurz vor vier Uhr am frühen Morgen. Keine Kriegserklärung aus Berlin, sondern ein Ultimatum: Nur wenn beide Länder sich sofort ergeben, wird es keinen Krieg geben.

Für die jüdische Welt beginnt an diesem Tag – nach jüdischem Kalender der 15. Nissan 5700 – das mehrtägige Pessachfest. Es erinnert an den Auszug Israels aus Ägypten und damit an das Ende der Sklaverei. In Kopenhagen kommen die Minister sofort mit König Christian X. zusammen. Wenig später ergeht der Befehl an das dänische Heer, jeden Widerstand aufzugeben, da es keine Chance gegenüber diesem großmächtigen Feind gebe. Die dänische Bevölkerung wird aufgerufen, »Ruhe und Ordnung« als erste Bürgerpflicht einzuhalten. Die deutschen Truppen rücken unmittelbar auf der dänischen Halbinsel bis Jütland vor. Dänemark steht unter deutscher Besatzung.

Das norwegische Heer kämpft entschlossen weiter, kann sogar hoch im Norden mit Hilfe französischer, englischer und polnischer Soldaten die Eindringlinge wieder aus Narvik vertreiben. Doch die Übermacht der Deutschen an Soldaten und Waffen ist zu groß. Im Juni 1940 wird König Håkon X. – aus seinem Exil in London – die norwegische Armee anweisen zu kapitulieren.

Großbritannien und Frankreich sind alarmiert. Das Versagen in Polen soll nicht noch einmal passieren. Sie bieten Belgien umgehend an, Truppen zu schicken, damit das Land gegenüber einem deutschen Angriff gut gewappnet ist. Denn dafür spricht alle politische Logik: Die Niederlande und Belgien werden Adolf Hitlers nächste Ziele sein.

Aber nein, sagen die belgische Regierung und der König gemeinsam. Das würde doch nur Hitler herausfordern. Belgien ist ein neutrales Land und wird es bleiben. Es sind die gleichen Parolen, die die politisch Verantwortlichen der Bevölkerung seit Monaten einhämmern. Auch in den ersten Maitagen 1940: Wir vertrauen auf die Neutralität Belgiens. Keine Aufregung – obwohl belgische Diplomaten in Berlin seit Tagen an die Regierung in Brüssel melden: Der Überfall durch Deutschland steht unmittelbar bevor. Gleiches erfährt auch die Regierung in Amsterdam von ihren Diplomaten. Und sagt den Menschen in ihrem Land ebenfalls seit Wochen: Hier wird nichts passieren. In den Zeitungen sind keine alarmierenden Berichte zu lesen.

Der 9. Mai 1940, ein Donnerstag, ist ein strahlender warmer Tag, die Nacht sternenklar. Warum sollen die Menschen in Brüssel, Amsterdam und Antwerpen nicht beruhigt einschlafen?

13. Kapitel

KRIEG: BEGINN DER DEUTSCHEN BESATZUNG – DIE JÜDISCHE GEMEINSCHAFT SCHÄTZT DAS »KLEINERE ÜBEL«

Die deutsche Militärverwaltung gibt sich kompromissbereit – Das Leben im besetzten Antwerpen normalisiert sich – Die Jüdin Mala behält ihren Arbeitsplatz und genießt mit Charles ihre Freizeit – 1. »Judenverordnung« im Oktober 1940

1940

Am frühen Morgen des 10. Mai 1940 gegen halb fünf Uhr werden die Menschen in Antwerpen aus dem Schlaf gerissen, zweifellos auch Mala mit ihren Eltern in der Marinisstraat. Dröhnend ziehen die Bomber der deutschen Luftwaffe eine Schneise der Verwüstung durch den östlichen Stadtteil Deurne, wo der Flughafen liegt. Sechzehn Menschen werden hier die ersten Opfer des Krieges, mit dem Deutschland an diesem Tag Belgien, die Niederlande und Luxemburg überzieht. Auch das nahe gelegene Psychiatrie-Zentrum »Sint Amadeus« wird bombardiert. Die Bombardements, die den ganzen Tag andauern, haben bald auch den Hafen im Visier. In Panik werden alle Kirchentüren geschlossen. In Schockstarre bleiben die Menschen in ihren Wohnungen.

In Brüssel meldet sich um 8.30 Uhr der deutsche Botschafter im Außenministerium und zieht eine Note seiner Regierung aus der Tasche. Doch der belgische Außenminister ist schneller: »Pardon, Herr Botschafter, zuerst ich!« Und er verliest die Protestnote der belgischen Regierung: »Zum zweiten Mal in 25 Jahren überfällt Deutschland das neutrale und loyale Belgien auf kriminelle und aggressive Weise … Belgien ist entschlossen, sich zu verteidigen.« Der Botschafter aus Berlin kontert, dass Deutschland mit seinem Einsatz die Neutralität von Belgien, den Niederlanden und Luxemburg verteidige, um einer Invasion dieser Länder durch England und Frankreich, die gegen Deutschland gerichtet sei, zuvorzukommen.

Während in Belgien – ebenso wie in den Niederlanden – die Streitkräfte aufmarschieren, um den Feind aus dem Land zu treiben, geht noch am 10. Mai ein Telegramm an die Polizei in allen Gemeinden. Aus Angst vor Spionage und Kollaboration mit den Deutschen werden rund 10000 belgische Staatsbürger und Ausländer – flämische Nationalisten, Kommunisten und vor allem Juden – ohne konkrete Gründe verhaftet und mit Bus und Bahn ins verbündete Frankreich deportiert.

Ebenfalls am 10. Mai meldet sich das jüdische Wochenblatt *Hatikvah-L'Avenir Juif* in Antwerpen mit einem patriotischen Aufruf: »Die Juden in Belgien werden in diesem Land der Freiheit und Gerechtigkeit mit allen Bürgern ihre Pflicht erfüllen und alle Befehle der Obrigkeit ausführen … Es lebe das freie und unabhängige Belgien. Es lebe Israel.«

13. Mai 1940: Die niederländische Königin Wilhelmina geht auf dringenden Rat der Regierung ins Exil und wird schon am Mittag vom britischen König in London empfangen. Die Schlagzeilen der belgischen Zeitungen dagegen sind optimistisch: »Kein Rückzug vor dem Feind.« Zur selben Zeit haben in Belgien mindestens 2,5 Millionen Menschen ihre Wohnungen verlassen und flüchten, nach Frankreich und vor allem an die Küste. Bis auf einige Hundert sind auch die rund 25000 Juden Antwerpens auf der Flucht, viele zu Fuß. Die Folge: menschenleere Städte, verstopfte Straßen quer durchs Land, über die sich auch die belgischen und französischen Truppen fortbewegen müssen, am Himmel deutsche Sturzbomber.

Die Panik der Flüchtenden ist nicht unbegründet. Dahinter steht die Erinnerung an die deutsche Besetzung Belgiens während des Ersten Weltkriegs. In den ersten Monaten nach dem ebenfalls grundlosen Überfall töteten die deutschen Soldaten damals in blutigen Massakern Tausende Frauen, Männer, Kinder und Säuglinge. Blühende Orte wurden dem Erdboden gleichgemacht. Die Deutschen übernahmen die Zivilverwaltung des Landes, plünderten Geschäfte, zwangen Industrieunternehmen nach Deutschland. Noch keine Generation lag zwischen diesem und dem erneuten Überfall auf das neutrale Land.

Im dritten Stock der Marinisstraat 7 hat es nach dem ersten Schock vielleicht ein größeres Familientreffen gegeben, bei dem neben Mala und den Eltern auch der Bruder Salamon Rubin mit seiner Frau und Schwester Jochka mit ihrem Mann überlegen, ob sie sich dem Strom der Flüchtlinge anschließen sollen. Alle entscheiden, in Antwerpen zu bleiben. Die erwachsenen Kinder hätten die Eltern und vor allem den blinden Vater allein in der Stadt zurücklassen müssen.

Am frühen Morgen des 15. Mai 1940 kapitulieren die Niederlande vor den deutschen Angreifern. In Antwerpen fliehen der Sozialist Camille Huysmans, seit 1933 der Bürgermeister der Hafenmetropole, und etliche Gemeinderäte nach Frankreich. Wenig später werden sie in London Exil erhalten.

Am 16. Mai verlässt die belgische Regierung mit ihren Ministern Brüssel, flieht nach Oostende und erklärt, das Land müsse an der Seite von England und Frankreich den Krieg gegen Deutschland weiterführen. König Leopold III. ist anderer Meinung und setzt sich durch. Einen Tag später ergibt sich Brüssel mit königlicher Zustimmung kampflos den Deutschen.

Am 18. Mai rücken, ohne dass ein Schuss fällt, deutsche Truppen am frühen Morgen in Antwerpen ein. Am Turm der Liebfrauenkathedrale wird um 7.30 Uhr von drei deutschen Offizieren eine Hakenkreuzfahne gehisst. 130 Soldaten besetzen das historische Rathaus am Grote Markt; ihr Hauptquartier schlagen die deutschen Militärs im »Century Hotel« an der Ecke De Keyserlei / Frankrijklei auf. Der zweite Bürgermeister Léon Delwaide verbürgt sich mit seinem Leben für Ruhe und Ordnung in der Stadt und für die Sicherheit der deutschen Truppen. Bis Montag, 20. Mai, 9.15 Uhr, sollen alle Menschen in Antwerpen in ihren Wohnungen und Häusern bleiben.

Am 21. Mai gibt Delwaide im Namen der Besatzer bekannt: Von 7 Uhr bis 19 Uhr dürfen Betriebe und Geschäfte wieder öffnen und die Menschen auf den Straßen sein. Alle sollen an ihre Arbeit und an ihre Posten gehen »zum Wohl von Volk und Vaterland«. Verboten sind Versammlungen, das Verbreiten von Flugschriften, feindselige Äußerungen, das Abhören von nichtdeutschen Radiosendungen. Gewalt gegen die Wehrmacht wird mit dem Tode bestraft. Für die Nächte gibt es strenge Anweisungen zum Verdunkeln und bald eine Ausgangssperre zwischen 23 und 5 Uhr.

Elf Tage nachdem Mala und ihre Eltern durch den Lärm der deutschen Bomber aus dem Schlaf gerissen wurden und Stunden voller Verzweiflung folgten, scheint der Alptraum plötzlich ein Ende zu nehmen, auch wenn der dröhnende Alarm der Sirenen gewöhnungsbedürftig ist. Was sie nicht hatten ahnen können: wie klug die Entscheidung war, nicht ins Ungewisse zu flüchten. Mala Zimetbaum, inzwischen 22, wird sich sofort auf den Weg ins Zentrum von Antwerpen gemacht haben, Richtung De Boerentoren. Im Modegeschäft »Lilian« ist sie weiterhin an ihrem Arbeitsplatz willkommen.

Am 25. Mai flüchtet die belgische Regierung von Oostende nach Paris. Vergebens hat sie König Leopold III. aufgefordert, ebenfalls das Land zu verlassen und den Deutschen zu signalisieren, der Krieg geht weiter. Hinter der Weigerung des Königs steht mehr als eine Meinungsverschiedenheit. Leopold III. hat dem demokratisch-parlamentarischen System stets misstraut. Überzeugt, dass Hitler-Deutschland in Kürze Europa beherrschen wird, sieht er im Arrangement mit der neuen totalitären Supermacht eine Chance, in Belgien das alte autoritäre politische System von vor 1914 wiederherzustellen. In ihm hatte der König wesentlich mehr Mitsprache.

Ohne sich mit Parlament und Regierung abzustimmen, bietet Leopold III. den deutschen Angreifern am 27. Mai eigenmächtig einen Waffenstillstand an. Am 28. Mai 1940 kapituliert das belgische Heer mit Zustimmung des Königs. Damit ist der Bruch mit der demokratischen Regierung vollzogen. In Paris erklärt der belgische Premierminister, seine Regierung werde den Kampf an der Seite der Alliierten fortsetzen und der König habe gegen das Grundgesetz verstoßen, da er sich den Besatzern unterworfen habe.

Am 30. Mai zieht sich Leopold mit Zustimmung der Deutschen nach Schloss Laeken bei Brüssel zurück, offiziell als Kriegsgefangener. Einen Tag später erhält er die Unterstützung eines außerordentlich wichtigen Bundesgenossen. Der Erzbischof von Mechelen und Primas von Belgien, Jozef-Ernest Kardinal Van Roey, ruft in einem Hirtenbrief die Katholiken Belgiens – und das ist die überwiegende Mehrheit der Bevölkerung – auf, sich einmütig hinter dem König zu versammeln. Der Kardinal distanziert sich von der eigenen Regierung, aber kein Wort zum Überfall der Deutschen. Unausgesprochen bestätigt er die politische Linie des Königs auch für seinen Bereich: Anpassung an die übermächtigen Besatzer, Hauptsache, die katholische Kirche kann als Institution ungestört weiter existieren und ihren Einfluss auf die Gläubigen behaupten.

Erleichtert über das Ende der Gefechte, zeigen die Menschen in Antwerpen, wie sehr sie hinter der Entscheidung des Königs stehen. Sogleich nach der Kapitulation häufen sich vor dem mächtigen Königspalast am Boulevard Meir die Blumen. Und die Antwerpener machen voller Erstaunen die gleichen Erfahrungen wie Mala Zimetbaum, wenn sie durch die Stadt gehen: Das »Feldgrau« der deutschen Soldaten gehört nun zum Alltag, und die uniformierten Männer sind unerwartet höflich, freundlich und korrekt und genießen offensichtlich das Leben in der bunten Metropole.

Auch abseits der Öffentlichkeit sind die Verantwortlichen

auf beiden Seiten bemüht, sich pragmatisch und kompromissbereit zu arrangieren. Am 31. Mai setzen die Deutschen eine gemeinsame Militärverwaltung für Belgien und Nordfrankreich ein, Befehlshaber mit Sitz in Brüssel ist der General der Infanterie Alexander von Falkenhausen. Ihm untersteht der Militärverwaltungsstab, der sich um die sozialen, kulturellen und ökonomischen Bereiche des besetzten Landes kümmert. Dessen Vorgesetzter, General Eggert Reeder, ist dafür bestens geeignet, denn er hat langjährige Erfahrungen als Regierungspräsident in Aachen, Köln und Düsseldorf. Sein Ziel ist es, mit geschmeidigem Auftreten »Ruhe und Ordnung« im überfallenen Land zu bewahren und gerade damit der Bevölkerung den Kern nationalsozialistischer Politik und Weltanschauung schmackhaft zu machen.

Ebenso entschlossen sind der General und sein Verwaltungschef, sich von der nationalsozialistischen Führung in Berlin ihre Kompetenzen nicht untergraben zu lassen. Im Gegensatz zu allen anderen von Deutschland besetzten Gebieten beruft Heinrich Himmler, der oberste Chef aller Polizeibereiche, keine höheren SS- und Polizeiführer für Belgien, die ihm unterstellt sind. Zwar kann Reinhard Heydrich, Himmlers rechte Hand, am 27. Juli 1940 in Brüssel eine Dienststelle für die Sicherheitspolizei – Sipo – und den Sicherheitsdienst – SD – eröffnen. In der Sipo ist die traditionelle Kriminalpolizei mit der politischen Gestapo vermischt. Der SD ist als Geheimdienst Bestandteil der SS. Die Militärverwaltung wird beide Institutionen, die an keinerlei rechtliche Grundsätze gebunden sind, nutzen, um die brutale Politik der Besatzer durchzusetzen. Aber sie hat in allem das letzte Wort. Dazu passt, dass Adolf Hitler und seine nationalsozialistische Führungsriege entschlossen sind, aus den abschreckenden Erfahrungen während des Ersten Weltkrieges zu lernen, um sich die belgische Bevölkerung für ihre geheimen Ziele gefügig zu machen.

Den Deutschen kommt entgegen, dass die belgische Politik

sich schon vor 1940 auf den Ernstfall vorbereitet hat. Als die Minister flüchten, übernehmen die Spitzenbeamten in den Brüsseler Ministerien – die Generalsekretäre – deren Aufgaben. Die Generalsekretäre haben per Gesetz den ausdrücklichen Auftrag, mit den Besatzern zusammenzuarbeiten, so dass die zivile Verwaltung weiter in belgischen Händen bleibt und nicht wie 1914-1918 von den Deutschen übernommen wird. Außerdem wollen sie verhindern, dass die radikal nationalistischen Ideologen in Flandern sich den deutschen Besatzern aufdrängen, um in Belgien eine faschistische Gesellschaftsordnung durchzusetzen.

Selbstverständlich wird es Kompromisse geben, auch schmerzhafte, denn die Macht liegt bei den Besatzern. Doch eine solche Politik des »kleineren Übels« ist für die Generalsekretäre gerechtfertigt, da die Kontinuität des nationalen Lebens Vorrang hat. Weil auch der deutschen Militärverwaltung an einem konfliktfreien Miteinander gelegen ist, führen intensive Gespräche schon am 12. Juni 1940 zu einem Übereinkommen mit dem Komitee der Generalsekretäre. Die Vertreter der Minister werden die Gesetze, die die Deutschen nach internationalem Recht erlassen, als belgische Gesetze landesweit ausführen. Die Besatzer ihrerseits respektieren die Haager Landkriegsordnung und versprechen, die nationalen Gefühle des Landes zu achten. Belgien wird bis in die kleinsten Gemeinden seine zivile Verwaltung beibehalten.

Gewerkschaften und führende belgische Unternehmer sind ebenfalls bereit, diese Politik des »kleineren Übels« mitzutragen. Sie hoffen, dass mit diesem Kompromiss die belgische Wirtschaft umgehend wieder in Gang kommt und ihre Autonomie behält. Auch wenn sie sich in den Dienst der deutschen Kriegswirtschaft stellen muss. Hauptsache, die belgische Industrie wird nicht, wie im Ersten Weltkrieg, nach Deutschland abgezogen.

Nicht nur die sachlichen Gespräche haben die belgische Seite überzeugt, dass eine verantwortliche Zusammenarbeit mit den Besatzern möglich ist. Erstaunt nehmen die Besiegten – vor allem die jüdischen Bewohner – zur Kenntnis, dass für die nationalsozialistischen Sieger »Judenpolitik« kein Thema ist. Was Unzählige von ihnen jetzt erleben, passt nicht zur antisemitischen Politik, die die Nationalsozialisten in Deutschland und in den eroberten Gebieten in Osteuropa verfolgen.

Als die Gespräche zwischen der deutschen Militärverwaltung und den belgischen Generalsekretären Anfang Mai beginnen, sitzen Tausende Juden aus Antwerpen noch an der belgischen Küste fest, wohin sie vor den deutschen Angreifern geflohen sind. Am 2. und 3. Juni 1940 bombardieren die Alliierten den Badeort De Panne, und den Geflüchteten wird endgültig klar, hier sind sie inzwischen weniger sicher als in Antwerpen. Fast 25 000 machen sich auf den Rückweg, viele wieder zu Fuß.

Den Besatzern an der Küste entgeht nicht, wie mühsam und beschwerlich dieser Rückzug für viele Familien ist – und sie bieten ihre Hilfe an. Freundliche deutsche Soldaten stellen ihnen, den geflüchteten Juden, ohne jeden Vorbehalt kostenlos beschlagnahmte Frachtwagen zur Verfügung und bitten sie nur, diese in Antwerpen bei der deutschen Kommandantur wieder abzugeben. Zurück in der Stadt an der Schelde hören die Betroffenen von Mitgliedern der jüdischen Gemeinschaft, was unglaublich klingt angesichts der judenfeindlichen Politik Deutschlands: In Belgien werden die jüdische und die nichtjüdische Bevölkerung von den Besatzern gleich behandelt. Es gibt keine besonderen Verordnungen für Juden, keine Einschränkungen ihres religiösen Lebens.

Gestützt von der verhältnismäßig schnellen »Normalisierung«, seit die Welt am 10. Mai total aus den Fugen zu geraten schien, stellt sich auch bei den Juden bald ein positives Gefühl ein. Immer fester wird die Überzeugung, dass die Deutschen die Juden im Westen wesentlich zivilisierter behandeln als im Osten. Dass dies so bleiben wird, wenn die Juden in Belgien zurückhaltend auftreten und sich an die Gesetze der Besatzer halten. Und sie sind mit dieser Überzeugung nicht allein. Jenseits der Grenze in den Niederlanden haben die deutschen Besatzer ähnliche Gefühle ausgelöst. Am 5. Juni 1940 schreibt der Amsterdamer Geschichtslehrer Hendrik Jan Smeding in sein Tagebuch: »Wir erwachen ein bisschen aus einem bösen Traum: noch keine Juden-Verfolgungen; keine Razzien; keine Säuberungen an den Universitäten.«

Ein Problem allerdings wird immer bedrängender. Es betrifft – von der schmalen Schicht der Wohlhabenden abgesehen – die meisten Belgier, je ärmer, desto mehr: Rund 25 Prozent der Bevölkerung sind arbeitslos; auch die Lebensmittelrationierung funktioniert nicht. Schon vor dem deutschen Überfall wurden Lebensmittelkarten ausgegeben, denn Belgien produziert nur 50 Prozent seiner Nahrungsmittel. Bei Weizen ist es auf 75 Prozent Import angewiesen, und der kam bisher aus Großbritannien.

Sofort am 10. Mai 1940 wurde die tägliche Brotration pro Person auf 450 Gramm beschränkt, nach der Kapitulation auf 300 Gramm. An Kartoffeln gibt es pro Person 500 Gramm pro Tag, ungefähr 3 mittelgroße Knollen. Als die Brotration im Juni wegen fehlender Zutaten auf 225 Gramm sinkt, werden Unruhe und Aggression in der Bevölkerung spürbar. Der Mehrheit fehlt das Geld, sich auf dem Schwarzmarkt zu gewaltig überhöhten Preisen das Nötigste zu besorgen. Der Mangel trifft vor allem die großen Städte wie Antwerpen. Die deutsche Militärverwaltung, der an »Ruhe und Ordnung« gelegen ist, reagiert. Sie importiert Weizen, Roggen und Kartoffeln aus Frankreich und Deutschland, und verschweigt die gute Tat nicht. Die Rationierung für Kartoffeln wird aufgehoben.

Die Besatzer gewinnen weitere Sympathiepunkte. Die optimistische Stimmung wächst: »Es hätte doch viel schlimmer kommen können.« Irgendwann im Lauf des Sommers verbreitet sich in Antwerpen eine Stimmungs-Vokabel, die den positiven Gefühlen der allermeisten Menschen entspricht. Ja, es ist ein »Wunder-Sommer«, allen katastrophalen Geschehnissen zum Trotz.

Warum sollen Mala und ihre Eltern von dieser Stimmung ausgenommen sein? Zumal die 22-Jährige auf ihrem Weg zur Arbeit beobachten kann, wie sich das Leben in der Stadt normalisiert. Die Straßenbahnen fahren, die Kinder gehen zur Schule, die Kirchen sind wieder geöffnet. Unübersehbar ist, dass sich die deutschen Soldaten in Antwerpen immer heimischer fühlen. Sie kaufen in jüdischen Geschäften ein, sitzen in den Cafés und sind weithin sichtbar, wenn sie für zwei Franken wie Touristen mit dem Lift auf die höchste Plattform von De Boerentoren fahren und das Panorama genießen.

Im engeren Umkreis bleibt Mala der Gedankenaustausch mit den Gleichgesinnten der zionistischen Jugendbewegung Hanoar Hatzioni. Allerdings ist der internationale Horizont mit engen Kontakten zu den Ursprungszentren der Bewegung, die regelmäßig gedrucktes Info-Material nach Antwerpen geschickt hatten, seit dem Überfall Deutschlands auf Polen abgebrochen. Umso mehr Zeit bleibt für private Unternehmungen. Mala und Charles können sich zwischen 7 und 19 Uhr frei im Land bewegen. Ein Foto, wohl aus dem Sommer 1940, zeigt sie strahlend nebeneinander auf ihren Fahrrädern. Auch wenn wir weiterhin aushalten müssen, dass es keine »Beweise« gibt, keine dokumentierten persönlichen Aussagen, nur die Erinnerungen von wenigen Verwandten und Bekannten viele Jahrzehnte später: 1940 ist das Jahr, ab dem Mala und Charles als Verlobte gelten. Das Leben geht weiter, und es könnte schlechter sein.

Die politischen Schlagzeilen vom 14. Juni 1940 überraschen alle: Deutsche Soldaten haben Paris erobert und marschieren die Champs-Élysées entlang. Selbst Adolf Hitler hat nicht damit gerechnet, dass der Vorstoß der Wehrmacht ins Herz von Frankreich, der am 5. Juni begann, mit einem weiteren raschen Sieg enden würde. Am 17. Juni bittet die französische Regierung des 84-jährigen Marschalls Henri Philippe Pétain um Waffenstillstand und ist bereit, mit den Eroberern zusammenzuarbeiten. General Charles de Gaulle, der das freie demokratische Frankreich verkörpert, hat sich nach London abgesetzt. Dort hat inzwischen auch die belgische Regierung Exil gefunden. In Belgien fühlen sich alle bestätigt, die davon ausgehen, dem nationalsozialistischen Deutschland gehört die Zukunft, und es ist das Klügste, sich mit den Besatzern gut zu stellen.

Als im September die »SS-Flandern« gegründet wird, kommt der größte Teil der Männer, die ihre Unterstützung für die »Neue Ordnung« in Europa zeigen wollen, aus Antwerpen. Bald werden sie öffentlich auf den Boulevards der Stadt marschieren. Viele Antwerpener stehen am Straßenrand, begrüßen sie mit ausgestrecktem rechten Arm. Wer diesen Gruß unterlässt, wird bald dazu aufgefordert, bis zu den kleinsten Kindern, wie auf Fotos zu sehen ist.

In Berlin prahlt Hermann Göring, Chef der Luftwaffe, nach dem Sieg über Frankreich: Wir vernichten die Royal Air Force in vier Tagen. Zwischen dem 12. August und dem 15. September 1940 starten die deutschen Bomber von Flughäfen in Belgien und den Niederlanden gen England. Doch die Insel jenseits des Ärmelkanals lässt sich nicht in die Knie zwingen. Dieser Eroberungszug wird erfolglos abgeblasen. Keineswegs aufgegeben wird das innerste Ziel der neuen nationalsozialistischen Ordnung für Europa, von dem die deutschen Besatzer in Belgien bis in den Herbst erfolgreich ablenken konnten.

Am 22. Oktober hebt sich der Schleier der Täuschungen erstmals. Das Stichwort »Jude« taucht in der Verordnung der Militärverwaltung, mit der rituelles Schlachten von Tieren – ohne Betäubung – verboten wird, nicht auf. Aber die Allermeisten wissen, wer gemeint ist. In ihrem internen »Tätigkeitsbericht« spricht die Militärverwaltung Klartext: »Dadurch wird auch in Belgien die Tierquälerei vermieden, die beim Schlachten von Vieh nach jüdischem Ritus bisher üblich war.«

Nur sechs Tage später, am 28. Oktober 1940, kommen die Besatzer ohne Umschweife zur Sache. Im »Verordnungsblatt des Militärbefehlshabers in Belgien und Nordfrankreich« erscheint die »1. Verordnung über Maßnahmen gegen Juden (Judenverordnung)«. Alle Juden über 15 Jahre müssen sich in ihrer Gemeinde bis zum 30. November in ein »Judenregister« eintragen. Auch jüdische Unternehmen müssen registriert und ihr Vermögen in Brüssel gemeldet werden. Jüdische Besitzer von Hotels, Restaurants und Cafés müssen diese bis Ende November dreisprachig kennzeichnen als »Jüdisches Unternehmen – Joodsche Onderneming – Entreprise juive«. Noch am selben Tag erscheint die »2. Judenverordnung: Über das Ausscheiden von Juden aus Aemtern und Stellung«. Es betrifft Berufstätige in Universitäten, Gerichten, Schulen und der Presse.

Ein erster Blick auf die organisatorische Seite irritiert. Wäre es nicht Sache der belgischen Generalsekretäre, diese Verordnungen publik zu machen?

Tatsächlich hat die Militärverwaltung die Generalsekretäre dazu aufgefordert. Doch die weigern sich mit dem Hinweis, die Verordnungen verstießen gegen die belgische Verfassung, nach der alle Bewohner gleich seien. Und gemäß der Abmachung vom 12. Juni habe die Militärverwaltung zugesagt, sich an die belgischen Gesetze zu halten. Zugleich bitten die Generalsekretäre den »Gesetzgebungsrat« des Landes um ein Gutachten. Der entscheidet: Diese »Politik des Feindes« sei unvereinbar mit der Verfassung, und die Generalsekretäre müssen sie nicht anordnen. Aber wenn sie nur für die praktische Verwaltungs-Umsetzung zuständig seien, wäre dies eine »collaboration passive« und rechtlich unangreifbar.

Da beide Seiten auf »Ruhe und Ordnung« bedacht sind, willigt die deutsche Militärverwaltung ein, alle antijüdischen Maßnahmen in ihrem Verordnungsblatt zu verkünden. Und die belgischen Stellen sind bereit, sie im ganzen Land innerhalb ihrer Verwaltungsinstanzen auszuführen.

Die beiden ersten »Judenverordnungen« vom 28. Oktober 1940 ziehen eine klare Trennungslinie zwischen Belgiern und Juden. Die flämisch-radikale Zeitung *Volk en Staat* jubelt über die »eingreifenden Maßnahmen der militärischen Befehlshaber« gegen die »Vergiftungen unseres öffentlichen Lebens durch die Juden«. Die jüdische Bevölkerung in Antwerpen ist solche Hetztiraden gewöhnt und setzt weiter auf Optimismus.

14. Kapitel

DER OPTIMISMUS BLEIBT

Berufsverbote nicht entscheidend – Das kulturelle Leben blüht – Organisierter Gewaltausbruch im jüdischen Viertel – Ist Mala im belgischen Widerstand aktiv? – Schulausschluss für jüdische Kinder

1940-1941

Wie die jüdischen Familien in aller Welt haben sie auch in Antwerpen vom 3. bis 10. Oktober 1940 das »Laubhüttenfest« – hebräisch »Sukkot« – gefeiert. Es ist der 15. bis 21. Tischri im Jahr 5701 nach dem jüdischen Kalender. Einerseits wird es als eine Art Erntedankfest interpretiert. Zugleich ziehen sich die jüdischen Familien, soweit es die wohnlichen Verhältnisse möglich machen, in diesen sieben Tagen in provisorische Hütten zurück: um an den Auszug des jüdischen Volkes unter der Leitung von Mose aus Ägypten und die anschließende Wanderung durch die Wüste ins Gelobte Land Israel zu erinnern. Nach der hebräischen Bibel lebten die Juden vierzig Jahre unbehaust unter schwierigsten Verhältnissen und vertrauten dennoch auf Gottes Zusage für eine gute Zukunft. Ein ermutigendes Zeugnis für alle nachfolgenden Generationen.

Das Berufsverbot der deutschen Besatzer betrifft nur eine sehr geringe Anzahl von Juden. In Antwerpen sind ungefähr 14 von ca. 340 Rechtsanwälten jüdischer Herkunft. Unter den 400 Börsenmaklern gibt es 5 Juden und unter den rund 1200 Universitätsprofessoren im ganzen Land gerade einmal 40 jüdischen Glaubens.

Und der Zwang, sich registrieren zu lassen, löst bei den Juden im Herbst 1940 keine Unruhen aus. Die bisherigen angenehmen Erfahrungen mit den deutschen Besatzern nähren die Hoffnung, ihr Leben werde erträglich weitergehen, wenn sie sich an die Gesetze und Vorschriften halten. Außerdem: Wohin sollen sie denn fliehen? Die Deutschen sind die Herren Europas. Und in Belgien schweigt die größte nichtjüdische Institution, die katholische Kirche, zu den ersten deutlichen Maßnahmen der Besatzer, mit denen die jüdischen Menschen innerhalb der Gesamtgesellschaft isoliert und abgesondert werden.

Mit dem Schlussdatum 30. November für die Registrierung nehmen es die jeweiligen Verwaltungsstellen offensichtlich nicht so genau. Am 5. Dezember 1940 trägt sich »Malka Zimetbaum, staatenlos, wohnhaft Marinisstraat 7« in Borgerhout, damals eine selbständige Gemeinde, seit 1983 ein Bezirk von Antwerpen, in das »Judenregister« ein. Sicher ist es ein Thema zwischen Charles und ihr, auch mit den Eltern wird sie darüber gesprochen haben. Hat sie gezögert? Wieder eine Frage, die offen bleiben muss. Auf jeden Fall gehört Mala Zimetbaum zu den 42 632 Juden in Belgien, die sich bis zum Jahresende 1940 registrieren.

Im Dezember bleibt es nicht mehr bei papierenen antijüdischen Maßnahmen. Nach einer Verordnung der Besatzer für bestimmte Gebiete in Belgien fordert der Gouverneur der Provinz Antwerpen vor allem die Juden über 15 Jahre auf, sich vom 11. bis 20. Dezember 1940 im Büro »Judenregister« in Antwerpen zu melden. Sie sollen einen Essensvorrat für drei Tage mitbringen, pro Person sind maximal 25 kg Reisegepäck erlaubt. Einen Tag vor Weihnachten, am 23. Dezember 1940, verlässt ein erster Transport Antwerpen-Centraal. Unter der Begleitung Antwerpener Polizisten fahren 234 Personen – Männer, Frauen und 22 Kinder – in die Provinz Limburg. Bis Ende Januar 1941 sind es insgesamt 2656 Juden, davon 617 Kinder, die in 40 Gemeinden der Provinz untergebracht werden.

Gründe oder Erklärungen gibt es nicht. Die städtischen Verwaltungen bemühen sich um Unterkünfte und Arbeit. Ein »Komitee junger Juden Antwerpen« und das Rote Kreuz sammeln Kleidungsstücke und Gelder zur Unterstützung. Wer sich der Aufforderung verweigert, wird zu Hause aufgespürt. »Festnehmen« lautet der Befehl der deutschen Feldkommandantur. Doch bei allem Entgegenkommen führt der Bürgermeister von Antwerpen diese Anweisung der Besatzer nicht aus. Eine strenge Ermahnung reicht, Gewalt wird keine angewendet. Vielen wieder ein Beweis, dass alles halb so schlimm ist.

Ab März 1941 dürfen die ersten Ausgewiesenen von der Provinz Limburg nach Antwerpen zurückkehren. Aber einigen Männern wird der Aufenthalt in der Stadt an der Schelde verboten. Sie müssen sich in Brüssel niederlassen, ihre Familien werden auseinandergerissen. Gewiss ist, dass Mala und ihre Familie von der Limburg-Aktion nicht betroffen sind. Ob ihre Weigerung, sich zu melden, unbemerkt blieb oder ob sie – ebenso wie Bruder und Schwester, Schwager und Schwägerin – mit einem Verweis davonkam?

Die überraschenden Eingriffe der Besatzer stehen ohnehin bei den Zimetbaums im Schatten einer persönlichen Tragödie. 1940 hat sich Mala mit der Familie auf das dritte Kind ihrer Schwägerin Etel Herstein gefreut. Doch einen Tag nach seiner Geburt wird Hermanns Mutter zu Grabe getragen; »Etusch« ist mit dreißig Jahren bei seiner Geburt gestorben.

An alltäglichen Sorgen bleiben die viel zu knappen und überteuerten Lebensmittelrationen. In den Wintermonaten, kurz vor Jahresende, betteln Kinder an den Türen um ein Butterbrot. Es ist extrem kalt, und Kohlen sind für die meisten jüdischen Haushalte unerschwinglich. Doch die Hauptsache: Das erste Quartal des Jahres 1941 vergeht, ohne dass im Verordnungsblatt der Militärregierung die jüdische Bevölkerung erwähnt wird. Und je mehr die Menschen sich auf die gegebene Situation einrichten, desto stärker nehmen sie in der Metropole Antwerpen wieder Anteil am kulturellen Leben.

Besonders gefragt ist in diesen schweren Zeiten leichtes Amüsement. Kabarett, Varietés und lockere Revuen haben Hochkonjunktur, Amateurgruppen freuen sich über ungewohnten Zulauf. Einheimische und deutsche Soldaten amüsieren sich gemeinsam. Eine köstliche Imitation der berühmten Zarah Leander geht mit dröhnendem Applaus über eine Antwerpener Bühne. Die Besatzung enthält sich engstirniger Zensur.

Auch im Theater sind die Reihen dicht gefüllt. Dass Stücke von Juden verboten und solche von englischen, amerikanischen Autoren nicht erwünscht sind – Diskussion überflüssig. Aber deutsche Klassiker waren auch vor der Besatzung beliebt. Und da spielt man eben noch ein bisschen mehr davon.

Bei der Königlich-Flämischen Oper verschwindet der jüdische Dirigent über Nacht und Stücke von jüdischen Komponisten werden nicht mehr gespielt – kein Wort darüber in der Öffentlichkeit. Nun stehen eben mehr Opern von Richard Wagner auf dem Plan, und statt französischer werden italienische Opern bevorzugt. Dem internationalen Ruf der Antwerpener Oper tut das keinerlei Abbruch. Auch hier sind die »Feldgrauen« ständige Gäste.

Zwar gibt es offiziell Verbote, was »anglo-amerikanischen« und »jüdischen Neger-Jazz« betrifft. Aber Bigbands und Unterhaltungsorchester spielen ungestört und umjubelt, was dem jungen Publikum gefällt. Auch die »Swingjugend« ist sichtbar in ihrem Element. Die Kinosäle sind überfüllt, wenngleich nicht verborgen bleibt, dass jüdische Kinobesitzer nicht mehr geduldet werden. Das ohne Murren zu akzeptieren, gehört ebenfalls zur Politik des kleineren Übels. Gibt es doch für jüdische Menschen keinerlei Beschränkungen, am kulturellen Leben – von Oper bis Swing – teilzunehmen. Warum sollen Mala und Charles, zwei junge weltoffene Menschen, nicht ins Kino oder Konzert gehen?

Eines der größten Kinos ist das »Rex« am Beginn vom Boulevard De Keyserlei. Am 14. April 1941, Ostermontag, hat die rechtsradikale Antwerpener »Volksverwering« für 11 Uhr eine zweite Vorführung des antijüdischen deutschen Films *Der ewige Jude* organisiert. Wieder ist das Kino rappelvoll. Was die Menschen im Saal nicht wissen: Der Film wurde im Oktober 1939 als erster »Judenfilm« von Propagandaminister Joseph Goebbels in Auftrag gegeben und im eroberten Polen gedreht. Die Vorgabe des Ministers: »die schneidendste antisemitische Propaganda, die man sich denken kann«, ins Bild zu setzen. Als Adolf Hitler die Rohfassung vorgeführt wird, verlangt der deutsche Reichskanzler mehrfach verschärfende Änderungen. Im Oktober 1940 gibt es endlich die Erlaubnis für die Kinofassung. Da läuft schon seit einem Monat mit Riesenerfolg der zweite antijüdische Filmauftrag *Jud Süß*.

Aber auch *Der ewige Jude*, der die Juden als Untermenschen und Bazillen verbreitende Ratten vorführt, heizt die Stimmung im Antwerpener »Rex« heftig an. Als der Film gegen 12.30 Uhr endet, drängen sich zwischen 200 und 400 mit Stöcken und Eisenstangen bewaffnete Menschen aus dem Kino und stürmen von De Keyserlei durch die Pelikaanstraat in Richtung des jüdischen Wohnviertels süd-östlich vom Centraal. Ein spontaner emotionaler Aufruhr? Berufsfotografen und ein deutsches Filmteam, die die Geschehnisse im Bild festhalten, deuten auf eine sorgfältig vorbereitete Aktion.

Während die lärmende Meute, vor allem Männer, aber auch einige Frauen, Fenster an Wohnhäusern mit Steinen bewirft, teilt sie sich in zwei Gruppen. Als die erste an der 1929 erbauten Synagoge in der Van den Nestlei eintrifft, nur wenige Schritte von der Bahnunterführung zur Belgiëlei entfernt, wird sofort die Eingangstür eingedrückt. Dann setzt sich die Gewalt im Inneren fort: Das Mobiliar wird zerstört, Fenster werden eingeschlagen, heilige Schriften, Gebetbücher und Torarollen zerrissen, in Teilen auf die Straße geworfen und dort wie auch in der Synagoge in Brand gesteckt.

Das Gleiche geschieht etwas weiter südlich in der Synagoge in der Oostenstraat. Dort dringen die Aggressoren auch in das

Haus des Rabbiners ein, der sich zuvor mit seiner Familie in Sicherheit bringen konnte. Die Meute hat noch nicht genug. Auf dem weiteren Weg in die Provinciestraat werden jüdische Geschäfte aufgebrochen, Mobiliar und Waren zerstört. Nirgendwo taucht Polizei auf, um Einhalt zu gebieten. Zwar kommt die Feuerwehr zu den Synagogen, aber sie hat es nicht eilig. Die Fotos zeigen, dass viele Neugierige von der Zerstörungsorgie angelockt werden, darunter Kinder und deutsche Soldaten. In Gruppen stehen sie auf der Straße um die Feuer, in denen verbrannt wird, was jüdischen Menschen heilig ist. Sicherlich befinden sich etliche von ihnen zwischen den Gaffern. Erstarrt und wohl wissend, dass der kleinste Protest mörderische Folgen hätte.

Was den Schmerz der Juden ins Unendliche treibt: Seit dem 11. April feiern sie Pessach, eines der wichtigsten religiösen Feste im Jahr – Orthodoxe acht, Reformjuden sieben Tage lang. Geschäfte haben geschlossen, niemand arbeitet, denn es ist eine Zeit, die allein Gott gehört und der Erinnerung an seine Allmacht. Er erlöste sie aus der Sklaverei, als er Mose befahl, das jüdische Volk aus Ägypten ins Heilige Land zu führen. Für fromme Juden ist die Erinnerung an die Befreiung ihres Volkes auch unter größten Schmerzen kein Grund zum Verzweifeln, sondern im Gegenteil ein gewaltiger Trost. Der Gott Israels vergisst die Seinen nicht, niemals.

Jüdische Geschäftsleute und die Gemeinden werden nach dem Pogrom Anträge auf Entschädigung stellen. Die Verwaltung Antwerpens wiegelt ab, gibt aber zu, dass die Verantwortung für die maßlose Zerstörung bei ihr liegt. Doch bevor es zu Vereinbarungen kommt, verbieten die deutschen Besatzer jede Entschädigung.

Könnte es sein, dass der antijüdische Gewaltausbruch, den es in diesem Ausmaß noch in keiner belgischen Stadt gegeben hat, Mala Zimetbaum dazu bringt, sich der Widerstandbewegung »Witte Brigade« anzuschließen? Der Lehrer und Reserveoffizier

Marcel Louette, in der liberalen Jugendbewegung engagiert, hat die »Weiße Brigade« im Juli 1940 in Antwerpen gegründet. Er findet Gleichgesinnte in der Stadtverwaltung, und 1941 breitet sie sich in kleinen Gruppen im übrigen Flandern aus. Die Erinnerungen, ob Mala Kontakt zur »Weißen Brigade« hatte, sind widersprüchlich und tauchen erst Jahrzehnte später auf. Nein, sagen die einen, während andere davon überzeugt sind. Belege gibt es weder für die eine noch die andere Aussage.

Am 21. Mai 1941 ziehen Arbeiterfrauen mit schwarzen Fahnen protestierend zum Grote Markt: »Wir fordern mehr Brot.« Auf den Frauen liegt die Last, genug Nahrungsmittel aufzutreiben. Selbst die ohnehin kargen Rationen sind meist nicht erhältlich. Der Protest dehnt sich aus, am Stadtrand werden Bäckereien geplündert.

Am 31. Mai erfahren die jüdischen Mitbürger, dass die deutsche Besatzung ihre antijüdischen Planungen von langer Hand und geschickt mit Ruhepausen durchsetzt. Die Militärverwaltung macht die »3. Judenverordnung« publik und die bestimmt, dass nicht nur Hotels, Cafés und Restaurants, sondern alle jüdischen Geschäfte und Einrichtungen mit der Aufschrift »Jüdisches Unternehmen – Joodse onderneming – Entreprise juive« deutlich markiert sein müssen. Noch am selben Tag folgt die »4. Judenverordnung«: Juden dürfen ohne Zustimmung der Besatzer keine Geschäfte mehr gründen, jeder Jude muss seine Immobilien angeben. Und ab dem 1. Juli darf es in keinem jüdischen Haushalt mehr ein Radio geben; sie müssen ohne Ausnahme bei den Kreiskommandanturen abgeliefert werden.

Noch bevor alle Geräte abgeliefert sind – wieder kein Protest, wieder das kleinere Übel –, verkündet Adolf Hitler am Morgen des 22. Juni 1941 im Radio »den größten Aufmarsch, den die Welt je gesehen hat«. In der Nacht überfielen 3 Millionen deutscher Soldaten mit 600 000 Kraftfahrzeugen, 500 000 Pferden und 3350 Panzerwagen die Sowjetunion, mit der Deutschland am 24. August 1939 einen Nichtangriffspakt geschlossen hatte.

Wieder marschieren die deutschen Soldaten von Sieg zu Sieg – Minsk, Smolensk, Kiew werden erobert. Hitlers Ziel, die Sowjetunion – die endlich wieder als jüdisch-bolschewistischer Staat gegeißelt werden kann – in einem Raub- und Vernichtungskrieg bis Weihnachten 1940 von der Landkarte zu fegen, scheint außer Frage.

In den folgenden Wochen und Monaten melden sich Hunderte junger Männer aus Flandern im Werbebüro der Waffen-SS in Antwerpen freiwillig für den Dienst an der Ostfront. Sie werden mit Blumen überhäuft und mit dem Hitler-Gruß verabschiedet, wenn sie vom Centraal in Richtung Deutschland fahren.

Die Besatzer lassen nun kaum einen Monat verstreichen, um die jüdische Bevölkerung mit weiteren Maßnahmen aus der Gesellschaft auszugrenzen. Nach einer Anweisung vom 29. Juli 1941 wird über das Foto auf den Identitätskarten jüdischer Menschen in roten Großbuchstaben »JOOD – JUIF« gestempelt. Genau einen Monat später, am 29. August, verfügt die »5. Judenverordnung«, dass es Juden verboten ist, die Ausgangssperre zwischen 20 und 7 Uhr in einer anderen als der eigenen Wohnung zu verbringen. Außerdem dürfen sie nur noch in den Städten Brüssel, Antwerpen, Lüttich und Charleroi wohnen.

Knapp zwei Wochen zuvor haben deutsche Feldgendarme, von der deutschen Gestapo geschützt, Raubzüge durch die traditionsreichen jüdischen Diamantgeschäfte und -unternehmen in der Pelikaan- und Hoveniersstraat, wenige Minuten westlich vom Hauptbahnhof, organisiert. Während Besitzer und Mitarbeiter starr vor Schrecken zusehen, durchwühlen die Deutschen Schränke und Schubladen, werfen den Inhalt auf den Boden, um dann gezielt Diamantbeute in die eigenen Taschen zu stecken.

Am 25. September 1941 kommt aus dem Rathaus am Grote Markt eine »Polizeiverordnung über Aufenthaltsbeschränkungen für Juden in der Agglomeration Antwerpen«, womit das von der Besatzung erzwungene städtische Gebilde Groß-Antwerpen gemeint ist. Diesmal gehen die Einschränkungen weit über den persönlichen Bereich hinaus: »Juden ist das müßige Stehen auf öffentlichen Straßen und Plätzen sowie der Aufenthalt in den nachstehend aufgeführten öffentlichen Parkanlangen verboten …« Dazu gehören der Stadtpark, der Nachtigallenpark, der König Albertpark. Ab sofort dürfen jüdische Kinder nicht mehr mit ihren Eltern den berühmten Antwerpener Zoo direkt neben dem Hauptausgang am Centraal besuchen. Auch öffentliche Bäder sind Juden nun verboten.

Dass die einschneidenden Maßnahmen gegen die jüdische Bevölkerung noch tiefer gehen können, zeigt die »7. Judenverordnung … über das jüdische Schulwesen« vom 1. Dezember 1941. Nach dem Ende des Jahres am 31. Dezember darf kein jüdisches Kind mehr eine nichtjüdische Schule besuchen. Die Schulpflicht bleibt bestehen, doch sie ist ab Januar 1942 ausschließlich mit einem jüdischen Schulsystem verbunden. Verantwortlich für diese Neuorganisation ist die »Vereinigung der Juden in Belgien« – Association Des Juifs En Belgique (AJB), Vereniging der Joden in België. Sie wurde von der Militärverwaltung mit der »6. Judenverordnung« am 25. November »im Interesse der jüdischen Bevölkerung« gegründet.

Im internen »Tätigkeitsbericht Nr. 18 der Militärverwaltung für die Zeit vom 1. September – 1. Dezember 1941« wird die erfolgreiche Abfolge der bisherigen antijüdischen Maßnahmen im besetzten Belgien aufgezählt: die Ausschaltung aus dem öffentlichen Leben – die wirtschaftliche Beschränkung – polizeiliche Einschränkungen. Die Gründung der neuen Organisation ist der nächste wichtigen Schritt: »Die Vereinigung hat den Zweck, die Auswanderung der Juden zu fördern, und soll Trägerin des jüdischen Schulwesens und der Wohlfahrtspflege werden.« Alle Juden in Belgien sind automatisch Mitglied und müssen einen Beitrag zahlen.

Die Militärverwaltung ernennt den Vorstand. Vorsitzender der Vereinigung der Juden in Belgien wird der Großrabbiner von Belgien, Dr. Salomon Ullmann. Neben ihm sitzen im Vorstand fast nur Juden mit belgischer Staatsangehörigkeit, die beruflich und finanziell gefestigt sind, ein Ingenieur, ein Möbelgroßhändler, ein Zigarettenfabrikant. Beschlüsse können nur mit Zustimmung der Besatzer erlassen werden. Nach außen ist die Vereinigung eine »Körperschaft des öffentlichen Rechts« und untersteht dem Innenministerium. Geschickt suggeriert diese Konstruktion der Deutschen, dass der jüdische Vorstand mit den Besatzern über die Belange der Juden verhandeln und Einfluss nehmen kann.

Dieser Verantwortung darf sich kein Jude entziehen, zumal, wenn die Besatzer erklären, die Vereinigung solle eine »Auswanderung der Juden« fördern. Auf den ersten Blick ein verwirrendes Angebot. Hat doch Heinrich Himmler, Chef der Polizei und nach Adolf Hitler der mächtigste Mann im nationalsozialistischen Staat, gerade erst im Oktober 1941 ein generelles Emigrationsverbot für alle Juden unter deutscher Herrschaft erlassen. Aber gehören Widersprüche nicht zur neuen deutschen Politik seit 1933? Die führenden Männer in der Vereinigung der Juden in Belgien sehen in ihrer Ernennung eine Chance, Spielräume zu nutzen und für das Schicksal der jüdischen Bevölkerung Verantwortung zu übernehmen. Aus ihrer Sicht ist die Lage nicht hoffnungslos. Wer hinter allem nur Täuschung und Irreführung vermutet, hat schon verloren.

Auch der Winter 1941/42 ist wieder eiskalt, teils sinken die Temperaturen auf minus 18 Grad. Die Menschen sitzen frierend in den Wohnungen, wenn sie nicht einen freien Platz in den öffentlichen Wärmehallen finden. Viele haben wegen der Lebensmittelknappheit und Verteuerung zu wenig zu essen. Vor allem die ärmeren Menschen sind geschwächt, erschöpft. Es steigen die Krankheiten – Tuberkulose und Lungenentzündung bei den Erwachsenen, Masern, Meningitis und Keuchhusten bei den Kindern. Ein Ende des Krieges ist nicht in Sicht. Das positive Gefühl des »Wunder-Sommers« 1940 hat sich verflüchtigt.

Aber noch herrscht in Antwerpen ein einträgliches Miteinander zwischen Einheimischen und den einfachen deutschen Soldaten, die sich beim Gang durch die Stadt nicht als Fremde, sondern als Gäste einer vertrauten Kultur sehen. Zwar sind die deutschen Wegweiser für die Besatzung unübersehbar, die zum »Soldatenheim« an der Meir oder zur »Feldpost« am Centraal führen. Doch die »Feldgrauen« bewegen sich am Sonntag weiterhin freundlich über den Vogelmarkt und genießen unbehelligt die gemütliche Welt der Cafés und Lokale.

Am 14. Dezember 1941, einem Sonntag, treffen sich Mala und die Familie im dritten Stock in der Marinisstraat, und am achtarmigen Leuchter wird die erste Kerze angezündet. Chanukka – das Lichterfest – hat begonnen. Jeden Tag bis zum 22. Dezember kommt eine weitere Kerze hinzu, vom 25. Kislew bis 2. Tewet im Jahre 5702 nach jüdischem Kalender. Charles wird nicht weit entfernt mit seiner Familie die Kerzen entzündet haben. Auch junge jüdische Frauen und Männer, die sich im 20. Jahrhundert zu Hause fühlen, sind stolz darauf, die Geschichte ihres Volkes zu bewahren, und ziehen daraus Kraft für die Gegenwart. Das Chanukka-Fest beschwört den Geist der Freiheit, denn es feiert die Wiedereinweihung des zweiten Jerusalemer Tempels im Jahr 164 v. Chr., als der jüdische Hohepriester mit einem Aufstand die hellenistischen Besatzer vertrieben hat.

An jüdischen Feiertagen bleibt die Welt draußen. Gedanken und Gefühle sollen frei sein für den einzigen Gott, den Gott Israels. Vielleicht ist diese Vorgabe tatsächlich eine Erleichterung für die Menschen in der Marinisstraat, die sich um den Chanukka-Leuchter versammeln. Sieben Tage vor dem Entzünden der ersten Kerze haben japanische Bomber ohne Vorwarnung die Flotte der USA im pazifischen Pearl Harbor zerstört und damit eine Kriegserklärung der Vereinigten Staaten provoziert. Am 11. Dezember 1941 erklärt Adolf Hitler den USA den Krieg, um zu demonstrieren, dass er die Eroberungspläne seines japanischen Verbündeten unterstützt. Welche Auswirkungen wird der Krieg im fernen Osten auf Hitlers Pläne haben? Könnte es sein, dass der Krieg in Europa und damit auch die antijüdischen Maßnahmen etwas in den Hintergrund treten? Mit Beginn von Chanukka keimt diese Hoffnung vielleicht bei denen auf, die unter dem deutschen Besatzungsregime in Belgien am meisten gefährdet sind.

Am ersten Tag von Chanukka, dem 14. Dezember, sitzt der 12-jährige Jakob in der Lange Altaarstraat, nur wenige Minuten vom lebendigen Dageraadplaats entfernt, über dem Poesiealbum, das er seiner 14-jährigen Schwester Karola zum Fest schenken wird. In feiner Schönschrift malt er ein Gedicht auf die erste Seite. Seine deutsch-jüdische Familie ist nach dem Pogrom am 9. November 1938 Hals über Kopf von Düsseldorf nach Antwerpen geflüchtet. Der Vater Israel Jalowiec gehörte zu den Juden, die im Dezember 1940 in die Provinz Limburg deportiert wurden. Im Lauf des Jahrs 1941 wird er zwar freigelassen, aber nach Brüssel ausgewiesen. Seitdem lebt seine Frau Chaja Schonwetter allein mit den Kindern. Vielleicht hat sie das Gedicht entworfen:

»Liebste Karola: Nie mögen dunkle Wolken trüben Dein lachend frohes Kinderglück / … Daß nie vom hellen Kinderauge Dir herb des Schmerzes Träne fließt. / Bis G-tt am fernen Lebesende Dich selbst in seine Arme schließt. Dein Bruder Jakob.« Der Junge hat gelernt, dass der Gott Israels sich nicht mit einem Wort umfassen lässt, was sich bei jedem frommen Juden in der bewusst gebrochenen Schreibweise spiegelt. Die Zuversicht, die diese Zeilen ausdrücken, entsprechen, trotz aller Sorgen und Einschränkungen, dem Lebensgefühl vieler jüdischer Menschen in Antwerpen am Ende des Jahres 1941. Wahrscheinlich wird das neue Jahr neue Judenverordnungen bringen. Dennoch: Nicht klagen, nicht aufgeben, das Beste daraus machen.

15. Kapitel

ERSTE ÖFFENTLICHE RAZZIA, ANTWERPEN, JULI 1942

Auch Mala trägt den gelben Stern – Sie könnte in die USA auswandern – Schild im Eiscafé: »Verboten für Hunde und Juden« – Am Hauptbahnhof verhaftet

1941-1942

Zu Beginn des neuen Jahres verliert Mala Zimetbaum nach über einem halben Dutzend Jahren ihre Anstellung im »Maison Lilian«. Das Modegeschäft gibt auf. Am 16. Januar 1942 ist Malas 24. Geburtstag, und es gibt Grund zum Feiern. Sie hat sofort einen neuen Job im Sekretariat der »American Diamond Company« gefunden; ihre vielfältigen Sprachkenntnisse – Deutsch, Flämisch, Französisch, Englisch – sind gefragt. Auch ein Grund, einen Monat später am 17. Februar 1942 – nach dem jüdischen Kalender der 14. Adar 5702 – das fröhliche Purimfest entspannt zu feiern. Seit dem Jahr 356 v. Chr. gedenken die Juden ihrer Glaubenszeugin Königin Esther, die das jüdische Volk in Persien vor der Vernichtung bewahrte, mit einem leckeren Mahl, Tanz und Verkleidungen.

Jedes der zahlreichen jüdischen Feste ist eine Gelegenheit, die Familie in der Marinisstraat zusammenzuführen. Geht es nach der Purim-Tradition, werden Maxi – Max –, geboren 1936, und Bubi – Bernard –, geboren 1937, die zwei älteren Söhne von Malas Bruders Salamon Rubin, verkleidet. Und wer weiß, vielleicht erhält ihr Bruder Herschel – Hermann –, noch keine 2 Jahre alt, ein buntes Baby-Outfit. Bei allem Frohsinn gehört zu diesem Zusammensein aber auch das schmerzliche Gedenken an »Etusch«, die 1940 verstorbene Ehefrau und Mutter.

Am 6. März 1942 bekommt die nichtjüdische Mehrheit der Belgier zu spüren, dass die Besatzer sie immer direkter für ihre Kriegswirtschaft ausnutzen. Ab sofort können alle Einwohner im belgischen Amtsgebiet der deutschen Militärverwaltung umgehend zur Zwangsarbeit verpflichtet werden.

Im April wird im Amtsblatt der Militärverwaltung die erste Judenverordnung für 1942 verkündet, die 9. insgesamt: Die Diamanten von 1105 jüdischen Händlern und Betrieben werden beschlagnahmt, ein wichtiger Rohstoff zur Stahlherstellung in der Rüstungsindustrie. Die räuberische Zwangsmaßnahme der Deutschen bedeutet das Ende für die »American Diamond Company«. Ihre Unternehmer werden in die USA auswandern und machen Mala Zimetbaum das gleiche Angebot. Mala entscheidet sich gegen die Auswanderung – und für ihre Eltern. Wieder gibt es keinerlei persönliche Aussagen von ihr. Doch den blinden Vater mit der Mutter allein im besetzten Belgien zurückzulassen – undenkbar.

Die 10. Judenverordnung am 8. Mai 1942 ist keine Überraschung: Alle jüdischen Männer sind zu Zwangsarbeit verpflichtet, egal welcher Art. Sie sollen vor allem für die Arbeiten am Atlantikwall in Nordfrankreich eingesetzt werden. Die Bürgermeister in Brüssel und Lüttich jedoch widersetzen sich der Verordnung. Die dortige Polizei wird die Gestellungsbefehle an die jüdischen Männer nicht abliefern. Für die Verwaltung in Antwerpen hingegen ist das eine Selbstverständlichkeit. Dort begleitet die Polizei die Männer bis in die Züge. Insgesamt deportieren die Besatzer 1942 zwischen Juni und September 2252 jüdische Männer nach Frankreich. Mehr als zwei Drittel von ihnen kommen aus Antwerpen, aus Brüssel maximal 86.

Unter den aus Antwerpen Deportierten sind Malas Bruder Salamon Rubin und der Mann ihrer Schwester Jochka. Malas Eltern wären mit den drei Kindern ihres Sohnes überfordert. Mit Malas Hilfe reichen die Kräfte, sich um den kleinen Herschel zu kümmern. Maxi und Bubi kommen ins jüdische Waisenhaus.

Am 13. Mai 1942, einem Mittwoch, schlendern zwei Juden über den Gemüsemarkt am Sint-Jansplein, nördlich vom Centraal. Ein deutscher Feldgendarm fragt, ob sie Juden seien. Während der eine erstarrt, sagt der andere: »Ja.« Im nächsten Augenblick fliegen ihnen die Fäuste des Gendarmen ins Gesicht. Er nimmt ihnen die Identitätskarten ab. Sie sollen sich auf der Feldkommandantur melden, da sie sich auf der Straße unterhalten haben. Nach der Anordnung vom 25. September 1941 ist solcher Müßiggang für Juden verboten. Jeder von ihnen muss 1500 Franken Strafe zahlen. Doch keiner der beiden hat ein Einkommen; sie leben von weniger als 100 Franken Unterstützung durch eine jüdische Organisation. So müssen sie für 30 Tage ins Gefängnis.

Eine alltägliche Kleinigkeit im Vergleich zu dem, was die Militärverwaltung am 27. Mai 1942 in der »13. Judenverordnung über die Kennzeichnung der Juden« verkündet: Alle Juden, die älter sind als 6 Jahre, müssen in der Öffentlichkeit auf der Kleidung, linke Brustseite, deutlich sichtbar einen gelben Stern tragen – groß wie ein Handteller, sechszackig, ein schwarzes J in der Mitte. In einer weiteren Verordnung wird angeordnet, dass die »gelben Sterne« von den jeweiligen belgischen Gemeinden verteilt werden.

Ob Juden, Christen oder Atheisten: Die meisten Menschen in Belgien sind geschockt. Als sich im September 1941 herumsprach, dass die Juden in Deutschland in der Öffentlichkeit einen »gelben Stern« tragen müssen, schien es unvorstellbar, dass es in Belgien auch so weit kommen würde.

Aber nun fügen sich alle Gemeindeverwaltungen der Anordnung der Besatzer – bis auf Lüttich und Brüssel. In einem Brief vom 6. Juni teilt der Bürgermeister von Brüssel den deutschen Besatzern im Namen der 19 Bürgermeister der einzelnen Gemeinden mit, sie könnten »nicht verlangen, dass wir bei den gegen die Juden getroffenen Maßnahmen mitwirken«, da viele Juden Belgier seien. Doch die Weigerung soll nicht nur diese schützen, denn, so der Bürgermeister, die Anordnung »richtet sich gegen die Würde eines jeden Menschen, egal, wer er auch sein mag«. Erstaunlich ist, dass die Besatzung den Protest aus Brüssel schweigend akzeptiert und in der Hauptstadt am 9. und 10. Juni 1940 selber die gelben Sterne ausgibt. »Ruhe und Ordnung« ist weiterhin oberste Devise der Militärverwaltung, zumal alle anderen Gemeinden im Land der Anweisung folgen.

In Antwerpen verteilt die Verwaltung ohne Murren vom 11. bis 15. Juni die »Judensterne« in drei Schulen der jüdischen Wohnviertel südlich vom Hauptbahnhof – Provinciestraat, Grote Hondstraat und Belgiëlei. In eine davon wird Mala Zimetbaum gegangen sein, und sie hat auch für die Eltern zwei »Sterne« gekauft. Sie kosten einen Franken pro Stück und auf der Rationierungskarte wird in der Sparte »Textilien« ein Punkt abgebucht. Als einzige in Belgien setzt die Antwerpener Verwaltung noch eins drauf. Nur hier wird denen, die einen »Stern« aus Stoff abholen, zugleich ein sternförmiger Stempel oberhalb des Schriftzugs »JOOD-JUIF« in die Identitätskarte gesetzt.

Viele, die den »Judenstern« tragen müssen, fühlen sich gedemütigt. Andere geben ihre optimistische Sicht nicht auf: »Wer die Regeln einhält, ist sicher.« Und die meisten der nichtjüdischen Menschen tun so, als gebe es dieses Schandmal nicht. Nur manchmal wird einer in der Straßenbahn einer Mitbürgerin mit »gelbem Stern« demonstrativ seinen Platz anbieten. Zugleich fühlen sich die Antisemiten bestätigt. Im Juli 1942 taucht im Eissalon »Coupe Glacée« auf der Keyserlei ein neues Schildchen auf: »Verboten für Hunde und Juden.«

Nach der Markierung mit dem »gelben Stern« erscheint manchem Mitglied der jüdischen Gemeinde in Antwerpen die nächste städtische Ausgrenzung vom 12. Juli wieder als das »kleinere Übel«. Sie dürfen die Straßenbahnen nur auf der vorderen Plattform des Anhängers nutzen. Fast wie nebenbei wird ein weiteres Verbot angehängt: Juden dürfen in Antwerpen nicht mehr ins Theater oder Kino gehen, keine Sportplätze oder andere öffentliche Einrichtungen mehr nutzen.

Dieses Verbot wird Mala Zimetbaum und Charles drastisch aufgezeigt haben, wie eng der jüdische Lebensradius inzwischen geworden ist. Der letzte Anstoß für Mala, in Brüssel ein neues Zuhause zu suchen, was etliche Familien aus Antwerpen seit Monaten realisieren? Wer weiß, wie lange ein solcher Rückzug an einen offensichtlich judenfreundlicheren Ort noch möglich ist. Zusammen mit Charles sucht sie in Brüssel nach einer unauffälligen Wohnung, findet eine in der Nähe vom Botanischen Garten und beantragt eine Anmeldung. Es soll kein illegaler Vorgang sein.

Am 22. Juli 1942, einem Mittwoch, befindet sich Mala Zimetbaum im Zug Brüssel–Antwerpen und steigt gegen 19 Uhr am Centraal aus. Ihre Schritte werden durch eine Absperrung in Richtung eines Lokals gelenkt, wo die deutsche Polizei die Papiere aller Reisenden kontrolliert. Wer keine hat oder den »Stern« trägt, was sicherlich für Mala Zimetbaum zutrifft, wird umgehend zu Lastwagen geführt, die vor dem Bahnhof warten. Dorthin bringt die Polizei auch Juden, die zeitgleich willkürlich in der anliegenden Pelikaanstraat verhaftet werden. Es ist die erste Razzia auf jüdische Menschen in Antwerpen und damit in Belgien, ganz bewusst vor den Augen der Öffentlichkeit. Als die Lastwagen starten, sind ca. 160 jüdische Frauen und Männer ihrer Freiheit beraubt – und verschwinden spurlos in der Nacht.

Wie lange sind Malas Eltern im dritten Stock in der Marisstraat an diesem Mittwochabend ahnungslos mit ihrem kleinen Enkel Herschel beschäftigt? Bringen ihn vielleicht ins Bett, weil Mala, die es sonst tut, sich offensichtlich mit dem Zug verspätet hat. Die Unruhe, dass sie nicht erscheint, wird mit jeder Stunde größer geworden sein. Vielleicht kommt Charles noch am Abend vorbei, als er von der Razzia hört? Oder jemand aus der Nachbarschaft, um die schreckliche Botschaft von der Razzia mitzuteilen? Was am Bahnhof geschehen ist, spricht sich schnell herum. Der Schock in der jüdischen Gemeinde ist groß.

Keine Nachricht von Mala am Donnerstag und auch nicht während des Freitags. Vor Sonnenuntergang zündet ihre Mutter Chaja Schmalzer die zwei Schabbat-Kerzen an und spricht den traditionellen Segen. Der Schabbat hat begonnen. Eine friedliche Insel, wo jede Arbeit ruht und es nur um Gott geht, dessen Liebe zu den Menschen unerschütterlich ist. In einem der vielen Gebete bis zum Ende des Schabbats am Samstagabend werden Malas Eltern aussprechen, woran sie auch in diesen Zeiten glauben und worauf sie ihre Hoffnung setzen: »Der Herr mein Gott ist meine Stärke.«

16. Kapitel

VON FORT BREENDONK NACH MECHELEN

»Spricht jemand Deutsch?« – Arbeit im neuen Sammellager – »Mir geht es gut« – 10 000 Befehle zum Arbeitseinsatz – Transport I ins Ungewisse

1942

Lange müssen es die Festgenommenen in den Lastwagen nicht aushalten. Nach knapp 30 Kilometern Fahrt ist das Ziel südöstlich von Antwerpen erreicht: Fort Breendonk, von einem breiten Wassergraben umgeben. Die militärische Festung aus dem Ersten Weltkrieg dient ab September 1940 der deutschen Polizei im besetzten Belgien als »Auffanglager« für politische Gefangene. Ein bewusst ausgebautes Lager ist es nicht. Aber unter der Leitung von SS-Sturmbannführer Philipp Schmitt erwirbt Breendonk sich bald einen Ruf als berüchtigte Folterstätte.

Ein ständiges Kommen und Gehen der Gefangenen, darunter viele Juden, aber auch viele Kommunisten, prägt den Alltag. Bis zu 500 Gefangene passen in die unterirdischen Kasematten. Sie bekommen alte belgische Armeeuniformen, in die eine Nummer eingenäht wird. Nur mit der werden sie von nun an angeschrien. Bei der Zwangsarbeit, die um 7.30 Uhr beginnt, müssen die Gefangenen vor allem die gewaltigen Erdmassen abtragen, die das Fort bedecken. Es herrscht eine Atmosphäre von Gewalt und Einschüchterung. Abends dringen die Schreie durch die fensterlosen Gewölbe aus der eigens eingerichteten Folterkammer. Es gibt Hinrichtungsstätten und Galgen. Rund die Hälfte der Gefangenen überlebt nicht.

Dass Mala Zimetbaum und den anderen, kaum sind sie im

Innern der Festung, sämtliche Papiere abgenommen werden, ist Routine. Wie es weitergeht, hat Jahrzehnte später Ewa Fastag bezeugt, die in Brüssel als Sekretärin arbeitete und im selben Zug wie Mala an diesem Abend zu ihrer Familie in Antwerpen fuhr. Ewa Fastag ist ein Jahr älter als Mala, 1917 in Warschau geboren. Schon 1919 ist ihre jüdische Familie nach Antwerpen ausgewandert. Schnell finden die beiden jungen Frauen in der Zwangslage in Breendonk zusammen.

Mit rund hundert anderen Frauen und Mädchen müssen sie sich in einem Saal der Festung auf den dreistöckigen Pritschen einen Platz suchen. Waschgelegenheiten oder Toiletten gibt es keine, dafür einen Kübel. Am nächsten Tag erfahren sie, was die tägliche Essensration pro Person ist: 225 Gramm Brot, eine dünne Suppe und etwas Ersatzkaffee, der fast nur aus Wasser besteht. Niemand darf Eltern oder Bekannte über den Aufenthaltsort benachrichtigen.

Donnerstag und Freitag vergehen ohne Arbeitseinsatz in der Festung. Nur einige Frauen werden von den SS-Männern aufgefordert, in die Küche mitzukommen. Bei ihrer Rückkehr haben sie ein wenig Essen für die anderen. Am Samstag dann werden nicht nur Frauen zur Küche beordert, sondern überraschende Fragen gestellt: »Spricht jemand Deutsch? Wer kann Schreibmaschine schreiben?« Elf Frauen im Saal melden sich, darunter Mala Zimetbaum und Ewa Fastag. Ihre Namen werden notiert. Der Sonntag vergeht, nichts Besonderes. Was haben die Deutschen bloß vor?

Am Montag kommt die SS in den Saal und ruft die Namen der elf Frauen. Sie müssen einen Lastwagen besteigen. Das Ziel liegt rund 15 Kilometer südöstlich von Breendonk, auf halbem Wege zwischen Antwerpen und Brüssel – die historische Stadt Mechelen. Am nördlichen Stadtrand, in Sichtweite der Kathedrale, wurde 1756, als das heutige Belgien noch zum Kaiserreich Österreich gehörte, die Dossin-Kaserne gebaut. Der Lastwagen fährt durch das zentrale Eingangstor in den weiten Innenhof.

Gut möglich, dass Mala Zimetbaum sofort erkennt, wo sie ist, als sie aus dem Wagen gedrängt wird. Zusammen mit Charles hat sie, auch mit dem Rad, Ausflüge von Antwerpen nach Mechelen, französisch Malines, gemacht. Auch Flussfahrten auf der Dijle, die Mechelen umrundet und nur wenige hundert Meter an der Kaserne vorbeifließt. Wer das Städtchen besucht, landet unweigerlich vor der St.-Rombouts-Kathedrale und den stilvollen Renaissancehäusern, die den Grote Markt dort umgeben. Hier hat zu Beginn des 16. Jahrhunderts Karl V. aus dem Hause Habsburg eine unbeschwerte Kindheit bei seiner Tante und Taufpatin Margarete von Österreich verbracht. Kaiser Maximilian I. hatte seine Tochter 1507 zur Statthalterin der habsburgischen Niederlande ernannt. In Margaretes Palais in Mechelen traf sich Europas gelehrte und kulturelle Elite.

Die elf jüdischen Frauen werden am 27. Mai 1940 in einen großen Saal der Dossin-Kaserne geführt. Die SS-Leute gehen erst mal zum Mittagessen. Dann stellen sie Tische mit Schreibmaschinen auf und weisen den Frauen ihre Plätze zu. Männer, die bis dahin dicht gedrängt am Ende des Saals in einer Gruppe zusammenstanden, müssen nun einer nach dem anderen an den Tischen vorbeigehen. Dort werden ihre persönlichen Daten von den Frauen auf Karteikarten registriert und Listen geschrieben. Für Mala und die anderen zehn Frauen hinter den Tischen ist bei der Arbeit an diesem ersten Tag in der Dossin-Kaserne in Mechelen, die bis tief in die Nacht dauert, kaum Zeit zum Nachdenken. Dennoch drängt sich eine Frage unweigerlich in die Köpfe: Was geht hier vor?

Nach wenigen Tagen ist den Frauen klar, dass sie nicht kurzfristig Lückenbüßerinnen sind. Vom frühen Morgen bis spätabends sitzen sie hinter den Tischen, und die Reihe der jüdischen Männer, die in die Kaserne kommen, reißt nicht ab. Mala Zimetbaum und Ewa Fastag bleiben der »Aufnahme« zugeteilt. Sie schlafen im selben großen Saal, in dem sie tagsüber arbeiten. Ewa Fastag schreibt die Namen der Menschen auf, macht Listen mit den Geburtstagen: »Mala saß mir gegenüber und notierte, was die Leute besaßen …« Wertsachen müssen abgegeben werden, ebenso die Wohnungsschlüssel.

Die SS bewacht den Saal. Aber es gibt Augenblicke, in denen Mala, Ewa und die anderen Frauen hinter den Tischen sich mit den Menschen, denen sie offizielle Fragen stellen, in einer fremden Sprache flüsternd und bruchstückhaft austauschen können. Als das Ganze ein wenig Routine wird, treffen sie sich auch nach der Registrierung kurz und unauffällig mit ihnen. Aus den Bruchstücken, die sich die Frauen untereinander mitteilen, erfahren sie, was in der Kaserne geschieht und wie sich außerhalb, vor allem in Antwerpen, die Situation für die jüdische Bevölkerung verändert. Sie bekommen ein zusammenhängendes Bild, das die erhaltenen Dokumente bestätigen.

Am 22. Juli befehlen die deutschen Besatzer der »Vereinigung der Juden in Belgien«, rund 10000 erwachsene Männer und Frauen mit einem Brief aufzufordern, sich in der Dossin-Kaserne in Mechelen zum »Arbeitseinsatz« zu melden. Am selben Tag wird Mala Zimetbaum mit über hundert anderen jüdischen Menschen in Antwerpen verhaftet und ins Fort Breendonk gebracht. Sieben Tage zuvor hat SS-Sturmbannführer Philipp Schmitt von der Militärverwaltung den Auftrag bekommen, die Kaserne Dossin in Mechelen als »Sammellager für den Arbeitseinsatz der Juden« zu organisieren. Da kommen ihm die elf verhafteten Frauen mit ihren Sprachkenntnissen gerade recht. Der 27. Mai 1942, als Mala mit den anderen nach Mechelen in die Kaserne überführt wird, ist der Eröffnungstag des »Sammellagers«.

Zur gleichen Zeit laufen in Antwerpen die Mitarbeiter der »Vereinigung der Juden in Belgien« durch die Straßen, klingeln an jüdischen Wohnungen und übergeben den »Arbeitseinsatzbefehl« gegen Bestätigung. Verwirrend ist, dass er auch an hochschwangere Frauen, an Menschen, denen ein Fuß amputiert wurde, die tuberkulosekrank sind oder schwerkranke Familienmitglieder pflegen, ausgestellt wird. Sofort gehen Bitten an die »Vereinigung«, vom »Arbeitseinsatz« freigestellt zu werden.

Offizieller Absender des Briefes ist der »Militärbefehlshaber in Belgien und Nordfrankreich – Militärverwaltungschef« in Brüssel. Ein Stempel unterhalb des Datums besagt »Zugestellt durch die Judenvereinigung«, darunter steht in fett-schwarzen Buchstaben »Arbeitseinsatzbefehl« mit entsprechender Nummer. Es folgt das genaue Datum, an dem der oder die Angesprochene sich »bis 12 Uhr in dem Sammellager Mecheln, ›Dossin-Kaserne‹, Lierschesteenweg« einzufinden hat. Danach kommt der längste Abschnitt mit der Aufzählung der »Ausrüstungsgegenstände«, die ins Lager mitzubringen sind:

»1.) Verpflegung für 14 Tage (nur nichtverderbliche Lebensmittel ...) 2.) 1 Paar derbe Arbeitsstiefel, 2 Paar Socken, 2 Hemden, 2 Unterhosen, 1 Arbeitsanzug bzw. Kleid, 2 Wolldecken, 2 Garnituren Bettzeug, Essnapf, Trinkbecher, 1 Löffel, 1 Pullover. 3.) Lebensmittel- und Kleiderkarten und sonstige Ausweispapiere.«

In der Kaserne angekommen, ist die Aufnahmeprozedur an den Tischen noch zivilisiert, verglichen mit dem, was folgt. Anschließend geht es in einen der Säle im Obergeschoss. Egal ob Mann oder Frau, alle müssen sich unter den Augen der SS-Leute vollständig entkleiden. Ihre nackten Körper werden schamlos abgetastet, manchmal mit einer Taschenlampe bei gebückter Stellung abgeleuchtet; Frauen werden nicht selten sexuell belästigt. In den oberen Sälen schlafen alle auf dem Fußboden. Toiletten und Waschgelegenheiten sind zwei Stockwerke tiefer. Dort muss man sich nackt waschen, mit kaltem Wasser, oft von SS-Leuten beobachtet.

Neben den Fragen, die sich die Menschen, die in jenen Juli- und Augusttagen in der Kaserne ankommen, über eine völlig unsichere Zukunft stellen, können sie ihre Hoffnung auf einen realistischen Fakt stützen. Seit den ersten Eisenbahnen im

19. Jahrhundert gibt es beste Zugverbindungen von Mechelen nach Deutschland. Gleise führen direkt an der Kaserne vorbei, und die beiden Bahnhöfe in der Stadt sind gut zu Fuß oder mit offenen Wagen erreichbar. Zwar wird in keinem Arbeitsbefehl ein Ziel genannt. Aber warum soll es nicht nach Deutschland gehen, wo in Kriegszeiten Arbeitskräfte in allen Bereichen dringend gebraucht werden?

Hoffnung ist ein Motor, aktiv zu sein. So streng die SS-Leute in der Dossin-Kaserne alles und alle kontrollieren, gelingt es Mala in diesen Tagen, Lücken ausfindig zu machen und diese klug und selbstbewusst zu nutzen – für sich und für andere. Das berichtet Ewa Fastag.

Zehn lange Tage und Nächte sind Malas Eltern und ihre Schwester Jochka voller Sorge, wo sie wohl ist. Jochka, deren Mann im Juni zur Zwangsarbeit nach Frankreich deportiert wurde, kümmert sich nun um die Eltern in der Marinisstraat. Da klopft es an die Tür, und ein junger Mann erscheint – in anderer Erinnerung eine Frau –, aber die Sache selbst ist unzweifelhaft. Menschen, die in der Kaserne trotz aller Kontrolle ihren Schmuck verstecken konnten und im Umkreis der Marinisstraat wohnen, haben sich Mala anvertraut. Dieser Schmuck liegt in einer kleinen Schachtel, die Jochka empfängt, und dazu Namen und Adressen mit Malas schriftlicher Bitte, ihn dorthin zu bringen. Auch eine persönliche Notiz hat Mala geschrieben: Sie sei jetzt in Mechelen, mache Schreibarbeit im Büro und »es geht mir gut«.

Chaja Schmalzer, die Mutter, erledigt an den folgenden Sonntagen, worum die Tochter sie gebeten hat. Dann sind die Kontrollen der Besatzer in den jüdischen Vierteln nicht so streng. Die Eltern, inzwischen von der Nachbarschaft über die »Arbeitsbefehle« und die Funktion der Dossin-Kaserne in Mechelen informiert, können erst einmal aufatmen. Die Auskunft von Mala, im Büro zu arbeiten, macht Hoffnung, dass sie in der Kaserne gebraucht wird und von einem Arbeitseinsatz mit unbekanntem Ziel verschont bleibt. Keineswegs eine Illusion, denn Ewa Fastag ist es genau so ergangen.

Anfang August wird es hektisch in den »Büroräumen« der Dossin-Kaserne. Lange Namenslisten werden erstellt. Jeder Name erhält eine Nummer. Am 4. August 1942 müssen sich die Menschen hinter den Nummern zu den Gleisen neben der Kaserne aufmachen, wo ein Personenzug 3. Klasse auf sie wartet. Kurz wird ihnen mitgeteilt, dass sie zur Arbeit auf deutsche Bauernhöfe deportiert werden. Wie viele Menschen erstmals gegen ihren Willen von Mechelen ins Ungewisse fahren, verzeichnet penibel die Liste über Transport I der Dossin-Kaserne vom 4. August 1942: 572 Männer, 426 Frauen – und entgegen allen offiziellen Angaben der Besatzer gehören zum »Arbeitseinsatz« auch 7 Kinder unter 16 Jahren.

Der Abtransport von knapp tausend Menschen am helllichten Tag mit dem Zug hat sich in Mechelen schnell herumgesprochen. Das Palais des Erzbischofs von Mechelen, Kardinal Van Roey, zugleich Primas von Belgien, liegt 300 Meter von der Dossin-Kaserne entfernt. Am 4. August 1942 schreibt er an den Päpstlichen Nuntius: »Die Verfolgung der Juden ist unmenschlich und erweckt Mitgefühl und Verachtung bei jedem ...« Aber wiederum kein Wort des katholischen Kirchenfürsten – und auch nicht seiner Bischofskollegen – in der Öffentlichkeit über das, was offen zu Tage liegt. Die Besatzer sollen keinen Grund zur Kritik haben. Die Unantastbarkeit der katholischen Kirche in Belgien hat absoluten Vorrang. Und so steht heute eine Büste von Kardinal Van Roey ohne jeden historischen Hinweis in der Kapelle »Unserer Lieben Frau der Wunder« in der St.-Rombouts-Kathedrale im Zentrum von Mechelen.

Auch wenn es weniger werden, treffen nach dem 4. August im Innenhof der Kaserne täglich weitere Juden ein, die zum Registrieren an die Tische im Innern verwiesen und dann in die oberen Stockwerke geführt werden. Wer in der Kaserne beschäftigt ist, dem wird klar, dass der Transportzug vom 4. August nicht der einzige bleibt. Am 11. August 1940 müssen die in Mechelen registrierten Juden den Transport II zum Arbeitseinsatz besteigen; 998 Männer und Frauen und 7 Kinder unter 16 Jahren.

Schon am 1. August richtet die »Vereinigung der Juden in Belgien« an die jüdische Gemeinschaft den Appell, dem »Arbeitseinsatzbefehl« unbedingt Folge zu leisten und sich in Mechelen zu melden. Es handele sich »nicht um Deportationen, sondern einen Arbeitseinsatz … Wer nicht kommt, schadet der ganzen Gemeinschaft«. In den Formularen zum Arbeitseinsatz steht, wer sich nicht zum angegebenen Zeitpunkt in der Dossin-Kaserne meldet, wird festgenommen und in ein Konzentrationslager nach Deutschland gebracht.

Doch der Druck greift nicht mehr. Die Stimmung unter den Juden in Belgien kippt. Das bisherige Vertrauen, sicher zu sein, solange man sich an die Gesetze der Besatzer hält, hat sich verflüchtigt. Ab dem 7. August erscheinen täglich nur noch ca. 125 Personen in Mechelen, bereit für den Arbeitseinsatz. Die Militärverwaltung hat nach Eröffnung der Dossin-Kaserne als Sammellager für viele Wochen mit täglich 300 gerechnet, denn 10000 Juden haben den Befehl zum Arbeitseinsatz bekommen.

Am 15. August schreibt die Dienststelle der deutschen Polizei in Brüssel an die Zentrale in Berlin, »dass die Juden unter Ausnutzung aller Mittel und Möglichkeiten versuchen, die Befehle zum Arbeitseinsatz zu umgehen«. Keine Frage für die Besatzer, sofort andere, schärfere Mittel einzusetzen, um die Fortsetzung der Arbeitstransporte nicht zu gefährden.

17. Kapitel

ERSTE NÄCHTLICHE RAZZIEN

Die Familien werden aus ihren Wohnungen geprügelt – Ein Fluchtplan misslingt – Mala rettet ihre Neffen – Verfolgung auf offener Straße

1942

Für Mala Zimetbaum und die anderen in der Verwaltung des Sammellagers, inzwischen über 20 jüdische Frauen und Männer, sind es vergleichsweise ruhige Tage. Aber am 14. August 1942, einem Freitag, fahren unerwartet Lastwagen durch das historische Rundtor in den weiten Innenhof der Kaserne. Sie sind mit 206 Menschen beladen, davon 53 Kinder unter 12 Jahren. Nach dem Ausstieg setzen sich die einen erschöpft auf den Boden, andere stehen in kleinen Gruppen zusammen.

Aber Zeit zum Ausruhen gibt es nicht. SS-Leute treiben sie in den Saal im Erdgeschoss, wo man ihnen Wertgegenstände, Erinnerungsstücke und die Wohnungsschlüssel abnimmt. Mala und andere sprachkundige Frauen sind gefragt. Die meisten der Angekommenen sprechen weder Deutsch noch Flämisch. Es sind vor allem rumänische, aber auch etliche polnische Juden. Mala kann sich mit ihnen auf Jiddisch und Polnisch verständigen.

Nicht nur Mala ist erschüttert über die körperliche und seelische Verfassung dieser Menschen. Haben die Deutschen eine weitere Welle antijüdischer Maßnahmen in Gang gesetzt? Es bleibt keine Zeit zum Nachdenken. Schon am 15. August 1940 wird Transport III aus Mechelen mit 1000 jüdischen Menschen gefüllt, darunter 12 Kinder. Nur zwei Tage später erlebt Mala am frühen Morgen etwas, das alles übersteigt, was ihr an Gedanken, Fantasien und Ängsten in den letzten zwei Tagen durch den Kopf gegangen ist.

Die Lastwagen, die am 16. August 1940, einem Sonntag, am frühen Morgen in die Dossin-Kaserne einfahren, sind mit Menschen vollgepfropft. Der Saal im Erdgeschoss ist schnell überfüllt. Mala und die Mitarbeiterinnen der Verwaltung haben alle Hände voll zu tun, die Angaben ordentlich in die Listen und Karteikarten einzutragen. Doch so groß der Druck ist, ihnen entgeht nicht, in welchem Zustand sich die Menschen befinden, die vor ihnen stehen.

Bei einigen Menschen sieht man die Spuren heftiger Schläge im Gesicht, Zähne sind abgebrochen. Andere humpeln und flüstern, sie seien die Treppe hinuntergestoßen worden. Mütter werden von weinenden Kleinkindern umklammert. Eine hochschwangere Frau hat starke Schmerzen; ein Polizist hat ihr in den Bauch getreten. Älteren Männern ist stümperhaft der lange Bart abgeschnitten. Wie in Trance reagieren die einen bei der Abfrage, andere bringen kaum ein Wort hervor, brechen in Tränen aus. Manche schämen sich, weil sie nicht vollständig angezogen und Nachthemd oder Schlafanzug unübersehbar sind.

So gewaltbereit die SS-Leute alles zu kontrollieren versuchen, die Fetzen in fremden Sprachen, die durch den Raum schwirren, können sie nicht einfangen. Es braucht nicht viele Andeutungen, verbunden mit dem erschütternden Leid um sie herum, und Mala weiß: Diese Menschen sind in der Nacht vom 15. auf den 16. August in den jüdischen Vierteln von Antwerpen gewaltsam aus ihren Wohnungen gezerrt worden. Es sei denn, sie haben umgehend dem Befehl der deutschen Polizei und einigen Antwerpener Polizisten gehorcht, die die Wohnungstür aufbrachen, laut schrien: »Packen, mitkommen, schnell, schnell« oder »Fenster zumachen, ihr Schweinehunde«. Ging es nicht schnell genug, wurden Kleinkinder den Müttern auf die Lastwagen hinterhergeworfen. Wer zu flüchten versuchte, wurde niedergeschossen.

Was Mala Zimetbaum durch die Betroffenen erfuhr, ist in den Geschichtsbüchern als die zweite nächtliche Razzia gegen Juden in Antwerpen verzeichnet. Am 15. August 1942 um zwölf Uhr mittags haben die Deutschen erstmals 55 Antwerpener Polizisten für einen »besonderen Auftrag« angefordert. Aus dem Rathaus in Antwerpen kommen weder Nachfragen noch Widersprüche. Ganz im Gegensatz zum Bürgermeister von Brüssel, der die Aufforderung, Juden zu verhaften, im Juli mit einem klaren Nein beantwortete. Sie sei eine Willkürmaßnahme, und alle Menschen hätten einen Anspruch auf rechtsstaatliche Behandlung. Wieder hat »Ruhe« höchste Priorität für die deutsche Militärverwaltung. Die Brüsseler Polizei wird bei keiner weiteren Judenverhaftung herangezogen.

In Antwerpen dagegen stehen am 15. August um 22.30 Uhr städtische Polizisten bereit, um Straßen in den jüdischen Vierteln abzusperren, während die Besatzer an die Türen der jüdischen Wohnungen donnern. Drinnen haben Familien das Ende des Schabbat mit einem festlichen koscheren Mahl gefeiert, soweit das bei dem kärglichen Angebot auf den Märkten und den hohen Lebensmittelpreisen möglich ist.

Als die Deutschen um 6.30 Uhr am Sonntagmorgen den »besonderen Auftrag« für beendet erklären, sind auf den Lastwagen, die nach Mechelen fahren, 845 Menschen zusammengepfercht; darunter 261 Kinder, 57 davon unter 5 Jahren. Simon Lie, der jüngste Deportierte, war bis dahin in der Lange Kievitstraat zu Hause und ist gerade 10 Wochen alt.

Nach der Ankunft in der Dossin-Kaserne dulden die Besatzer kein Atemholen. Für die Aufnahmeprozedur gibt es keine Pause, weder für die Deportierten noch für Mala Zimetbaum und ihre Mitarbeiterinnen. Denn nur zwei Tage später ist Transport IV ab Mechelen zum Arbeitseinsatz der Juden eingeplant. Am 18. August 1942 werden 999 Erwachsene und 25 Kinder in den Zug gedrängt.

Nach den fünf hektischen Tagen wird es etwas ruhiger in

der Kaserne. Die Transportzüge haben Pause und offenbar auch die Razzien in Antwerpen, wenngleich weiterhin täglich Juden in die Kaserne kommen und registriert werden. Stoff zum Nachdenken gibt es genug für Mala; die Widersprüche der Besatzer in ihrem Verhalten gegenüber den Juden sind allgegenwärtig. Wie kann der Befehl zum Arbeitseinsatz Schwerkranke, Schwangere und vor allem Kinder, sogar Säuglinge umfassen? Da stimmt etwas nicht.

Nach der Erinnerung ihrer Kusine Giza Weissblum schmiedet Mala in der Dossin-Kaserne einen Fluchtplan. Sie hat unter Vorgabe extremer Schmerzen einen Termin bei einem Zahnarzt in Mechelen bekommen. Ein SS-Mann soll sie begleiten. Charles, ihr Verlobter, zu dem ein Kontakt geglückt ist, wird informiert und soll einen Fluchtweg aus der Arztpraxis organisieren. Aber dann darf Mala die Kaserne doch nicht verlassen. Aufgeben ist für sie keine Alternative. Mala organisiert weiterhin für sich und die »Verwaltungsfrauen« Seife, ein Bügeleisen, Knöpfe und Nadeln, weil saubere, ordentliche Wäsche und Kleidung dem Körper und dem Geist guttun.

In unbeobachteten Momenten tauschen die Mitarbeiterinnen untereinander die unzähligen Registrierlisten aus – mit klopfendem Herzen. Viele haben Verwandte, befreundete Menschen in Antwerpen, aber keinen Überblick, wenn Hunderte Deportierte nach ihrer Festnahme in den Saal getrieben werden. Beim Lesen kann jeden Augenblick ein vertrauter Name in den Listen auftauchen. Mala wird fast das Herz stehen geblieben sein, als sie ihre beiden Neffen Max, 6 Jahre, und Bernard, 5 Jahre, auf einer Liste entdeckt, die in einem jüdischen Waisenhaus in Antwerpen untergebracht sind, seit ihr Vater Salamon Rubin als Zwangsarbeiter nach Frankreich verschickt wurde.

Die Deutschen haben das Waisenhaus offensichtlich aufgelöst und die Kinder in die Dossin-Kaserne zum Arbeitseinsatz verfrachtet. Vielleicht sind sie zuerst bei den Nonnen, deren Konvent direkt an die rückwärtige Querseite der Kaserne anschließt, untergekommen. Den SS-Leuten ist es nur recht, dass die frommen Frauen sich liebevoll um schwache jüdische Kinder kümmern und damit für den Transportzug aufpäppeln. Mala hat nur eines im Sinn: »Maxi« und »Bubi« vor dem Transport ins Unbekannte zu bewahren. Es gibt keinerlei Hinweise, wie sie vorgeht – doch sie schafft es.

Es ist in der zweiten Augusthälfte oder Anfang September 1942, als in der Marinisstraat 7 zwei kleine Jungen die ihnen wohlbekannten steilen Treppen in den dritten Stock hinauflaufen und rufen: »Bonmama, Bonpapa, wir sind zurück.« Eine deutsche Frau aus der Verwaltung im Lager Mechelen hat Max und Bernard zurück zu den Großeltern gebracht. Sie kommt ebenfalls nach oben und hat noch Brot und Lebensmittel für die Familie dabei. Malas Schwester Jochka, die sich weiterhin um die Eltern kümmert, hat diese völlig unerwartete Rückkehr in ihrem Gedächtnis bewahrt.

Völlig unerwartet ist auch, was die Besatzer am 27. August erleben. Hoch motiviert durch die Razzia in der Nacht vom 16. August, fordert die deutsche Polizei ca. 65 Agenten ihrer Antwerpener Kollegen für die »Wegführung der Juden« in der kommenden Nacht an. Sie werden sofort benannt, doch nicht alle sind gewillt, schweigend mitzumachen. Einige belgische Polizisten gehen umgehend ins jüdische Viertel und warnen an den Türen: Vorsicht, diese Nacht kommt eine Razzia. Oder verbreiten Flugzettel mit dem gleichen Inhalt. Die Besatzer erfahren davon, merken, dass einige Bewohner das Viertel verlassen. Gegen 18 Uhr wird die Aktion abgeblasen.

Schon am nächsten Tag folgt der Gegenschlag der Besatzer. Am 28. August, einem Freitag, erhält die Antwerpener Polizei die Aufforderung, in der kommenden Nacht nur mit eigenen Leuten ohne deutsche Polizei im jüdischen Viertel »einen besonderen Auftrag« auszuführen – »als Bestrafung für den Verrat« am Tag zuvor. Der Befehl wird bis ins kleinste Detail ausgeführt.

Südlich vom Centraal, östlich der Eisenbahnschienen, aber

auch westlich bis zur Brialmontlei erscheint die Polizei gegen 20 Uhr vor jeder Wohnung, in der Juden vermutet werden. Wer nicht sofort öffnet, dem wird die Tür aufgebrochen. Wer die Aufforderung zu packen und mitzukommen nicht schnell genug ausführt, wird brutal die Treppe hinuntergestoßen. Den Frauen sehen die Polizisten beim Ankleiden zu. Einige Türen sind verschlossen, von innen mit Möbeln verstellt. Menschen verstecken sich in größter Eile im Keller. Aber die Gewalt der Polizei ist grenzenlos, was unbeteiligte Nachbarn nicht abschreckt. Als am Anfang der Provinciestraat eine Wohnung nicht geöffnet wird, rufen Menschen, die gegenüber im Fenster liegen und dem Treiben zuschauen, der Polizei zu: »Die sind zu Hause!«

Sammelplatz für alle Deportierten dieser Razzia ist die Schule in der Grote Hondstraat, nur Minuten vom Dageraadplaats entfernt. Der prächtige neoklassizistische Backsteinbau, damals noch aufgeteilt in eine »Mädchen-« und eine »Jungenschule«, dominiert bis heute die Straße. Am 29. August 1942 gegen 10 Uhr kommen Lastwagen, um die 1243 Gefangene nach Mechelen zu bringen. Die von den Deutschen geforderte Quote lag bei 1000.

Für die Menschen in den Lastwagen ebenso wie für Mala Zimetbaum und die anderen jüdischen »Mitarbeiter« in der Organisation der Dossin-Kaserne ist es ein besonderer Tag. Am Abend nach Sonnenuntergang beginnt Rosch-Haschana, das jüdische Neujahrsfest; nach dem jüdischen Kalender ist es der 1. – 2. Tischri 5703 seit Erschaffung der Welt. Unvorstellbar der Schmerz, der die Menschen erfüllt, brutal herausgerissen aus ihrem bisherigen Leben, noch dazu an einem religiösen Feiertag. Auf der Fahrt nach Mechelen und das ganze Wochenende begleitet sie unter demütigenden Umständen die Erinnerung an viele fröhliche Rosch-Haschana-Feiern. Dazu gehört der Klang des Schofar, ein Widder- oder Antilopenhorn, das der Rabbi an diesem Tag bläst. Und das Festessen im Kreis der Familie, wo ein Stück Apfel in den Honig getaucht wird und der süße Geschmack beim Verzehr ein Versprechen ist für das süße neue Jahr, das folgen wird.

Oberhalb vom hellen Natursteinsockel der Schule in der Grote Hondstraat verkündet heute an der Außenwand eine bunte Plakette: »Städtische Vorschule und Grundschule«. Nur wenige Meter entfernt ist ein subtiles Gedenken in den Stein gemeißelt: »Herinneren met iedereen. / Zodat de een de ander niet vergeet – Erinnern wir uns mit allen. So dass die einen die anderen nicht vergessen.«

Während die einen aus Antwerpen in der Kaserne ankommen, müssen 1000 Erwachsene und 22 Kinder den Zug nach Osten besteigen. Es ist Transport VI am 29. August 1942, und der deutsche Militärarzt hält unerwartet eine kleine Rede an die Abreisenden: Es werde ihnen gut gehen in Deutschland; sie würden bei der Ernte helfen und wieder zurückkommen. Einen Zielort nennt er nicht. Schon am 1. September 1942 folgt Transport VII mit 1000 Erwachsenen und 35 Kindern. So überfüllt ist die Dossin-Kaserne, dass am 8. September wiederum 1000 Erwachsene und 33 Kinder mit Transport VIII verschwinden. Es ist Jom Kippur, der höchste jüdische Feiertag, an dem fromme Juden Versöhnung suchen mit ihren Mitmenschen und »Guten Eintrag« in das göttliche Buch des Lebens wünschen.

Weiterhin werden täglich Juden in der Dossin-Kaserne abgeliefert, deren Leben vollständig im Griff der Besatzer ist. Nach einem kurzen heimlichen Austausch mit den Ankommenden, verbunden mit den Erfahrungen seit Mitte August, erfasst Mala schnell, dass diese Deportierten zunehmend nicht das Opfer einer Razzia wurden. Es sind einzelne oder kleine Gruppen, die spontan auf den Straßen zum Mitkommen gezwungen werden. Darunter Mütter, die flehentlich darum bitten, ihre Kinder, ihre Säuglinge aus der Wohnung holen zu dürfen – umsonst. Ein Antwerpener Augenzeuge schreibt in diesen Tagen in sein Tagebuch, dass in einer leeren jüdischen Wohnung in einem Kinderstuhl ein totes verhungertes Kind gefunden wurde; die Fingernägel völlig abgebissen. Ein anderer berichtet von einem Kind, das weinend auf der Straße steht und vergeblich seine Eltern sucht. Auch einzelne Wohnungen werden gezielt aufgesucht.

Bei der fünften Razzia in Antwerpen am 11. September 1942 wird diese Methode der Menschenjagd systematisch angewendet. Lastwagen fahren langsam durch die Straßen, und Juden, sofort am »gelben Stern« zu erkennen, werden mit Gewalt auf die Ladefläche gerissen – Junge und Alte, Frauen und Männer. Am Ende sind es rund 700. Weil Züge und Lastwagen nicht ausreichen, müssen etliche auf der Straße übernachten und werden am nächsten Morgen nach Mechelen in die Kaserne gefahren.

Es ist Samstag, der 12. September. Die Juden feiern, wenn möglich in provisorischen Hütten, ab heute sieben Tage lang Sukkot, das Laubhüttenfest. In Mechelen geht die Razzia tagsüber weiter. Den Deutschen ist zu Ohren gekommen, dass die jüdische Bevölkerung versucht, die Nächte bei Nichtjuden zu verbringen. Diesmal haben die Menschenjäger Listen mit Namen und Adressen dabei, um einzelne Familien aus ihren Wohnungen zu holen. Die Antwerpener Polizei wird jetzt nicht mehr um Hilfe gebeten. Es melden sich genug Männer der flämischen SS freiwillig, um jene Menschen aus dem Land zu schaffen, die »unser Unglück sind«. Am Abend registriert die Verwaltung in der Dossin-Kaserne 681 Neuankömmlinge aus Antwerpen.

Zwei Tage später, Montag, 14. September, werden weitere jüdische Menschen in den Straßen verhaftet. Zur gleichen Zeit stellt die Verwaltung in der Dossin-Kaserne unter den Augen der SS-Leute die Liste derer zusammen, die mit dem nächsten Transport – dem 10. – zum Arbeitseinsatz fahren sollen – 1048 Juden insgesamt, davon 401 Frauen, 383 Männer, 113 Mädchen, 151 Jungen; jede und jeder erhält eine Nummer.

Dienstag, 15. September 1942: Alle, die für Transport X registriert sind, werden zum Personenzug auf dem Anschlussgleis nahe der Dossin-Kaserne geführt, in die Abteile 3. Klasse gezwängt. Auch die Nummer 999 – Mala Zimetbaum.

18. Kapitel

MALA IM TRANSPORT X IN RICHTUNG OSTEN

Hunde bellen, Männer brüllen: »Raus hier!« – »Ausziehen!« – Mala wird Nr. 19880 im Frauenlager Auschwitz-Birkenau

1942

Es ist selten, aber ab und zu werden auch jüdische Mitarbeiterinnen in der Verwaltung des Sammellagers in der Dossin-Kaserne für einen Transport zum »Arbeitseinsatz« im Osten ausgewählt. Dank ihrer Sprachkenntnisse kann Mala sich mit den Menschen in ihrem Abteil unterhalten. Die einen sind wie gelähmt. Für manche ist es eine Erleichterung, in dieser Extremsituation mit anderen sprechen zu können und gegen alle Ängste die eine Frage zu stellen: Wohin werden wir geschafft?

Von wenigen kurzen Hinweisen, dass es nach Deutschland geht, abgesehen, gilt, was einer der aus Mechelen Deportierten im Rückblick sagt: »Alles war von einem absoluten Geheimnis umgeben, und niemals hat uns ein Deutscher zu verstehen gegeben, an welchen Bestimmungsort wir fahren würden.« Der erste Tag im rollenden Zugabteil vergeht und die erste Nacht, der zweite Tag folgt. Dann fahren sie zum zweiten Mal in die Nacht hinein. So erschöpft sie inzwischen ist, wird Mala wahrscheinlich wie auch anderen im Zug bewusst, dass Deutschland kein Ziel mehr sein kann. Sie fahren weiter gen Osten.

Am zweiten Tag gegen Abend, es ist der 17. September 1942, hält der Zug. Die Türen werden aufgerissen, draußen brüllende Männerstimmen: »Raus, schnell, schnell.« Hundegebell. Gedränge von hinten, doch die Türen des Zugs bilden eine Schleuse, durch die die Menschen nur nacheinander ins Freie, auf einen Bahnhof, kommen. Da sieht Mala, dass SS-Männer brutal zuschlagen, um ihr Kommando durchzusetzen: »Männer auf die eine Seite, Frauen auf die andere.« Dann gehen Männer, ebenfalls in SS-Uniform, die Reihen der beiden Geschlechter entlang; Ärzte, wie Mala bald erfahren wird.

Sie sortieren mit Hilfe der prügelnden SS-Männer die Reihen neu: Alte, Kranke, Behinderte, sichtbar schwangere Frauen und solche mit Kindern auf die eine, wer gesund und alt genug ist, auf die andere Seite. Mala bemerkt vielleicht irritiert, dass Männer, die zum Arbeitspersonal gehören, unauffällig versuchen, Kinder von ihren Müttern wegzuholen und in die Reihe der Alten und Kranken zu schubsen. Aber ist es nicht verständlich, dass die Frauen ihre Kinder wieder an sich ziehen?

Mit den alten und sichtbar gebrechlichen Menschen werden Frauen mit Kindern zu Lastautos geführt, die wartend am Rand der Gleise stehen. Eigentlich eine gute Idee, eine Erleichterung für diese Menschen, während die Kräftigen, Gesunden froh sind, als ihre Reihen den Befehl bekommen, loszumarschieren. Es ist wohl auch für Mala entspannend, nachdem sie drei Tage und zwei Nächte zusammengekauert im Zug saß und nicht einmal die Beine ausstrecken konnte. Der Fußmarsch dauert knapp eine Stunde, dann geht sie durch ein großes Tor und dahinter Reihen flacher Baracken. Der Blick der Ankommenden sucht den Boden, wo die Füße in schlammiger Erde einsacken.

Kaum sind die Frauen in einen Raum gelenkt, heißt es »Ausziehen«. Keine Zeit für Irritationen oder Fragen. Die Handbewegungen der SS-Männer sind eindeutig wie ihre Sprüche. Alles, was man hat, mit der Kleidung auf den Boden werfen. Sich dann nackt unter die Duschen stellen, schnell, schnell; dem eiskalten Wasserstrahl kann niemand ausweichen. Keine Seife, keine Handtücher. Raus, nackt in die nächste Baracke. Hier werden den Frauen sämtliche Körperhaare abrasiert, so schnell wie möglich. Und dann steht da ein Mann mit spitzer Nadel und tätowiert in kleinsten Punkten eine Zahl in den linken Unterarm. Bei Mala Zimetbaum ist es die Nummer 19880.

Dreckig und voller Läuse sind die Kleider, die den Frauen anschließend zugeworfen werden. Niemand fragt nach der Größe, nichts passt zusammen. Vielleicht noch ein paar Holzpantinen, Schuhe sind Glücksache. Raus, nach wenigen Metern in die nächste Baracke. Kojen in drei Etagen – zum Schlafen. Endlich die Augen zumachen. Doch in den Kojen liegen schon Frauen, meist acht, zehn, obwohl nur für drei Personen gedacht. Ein Blick genügt auf der Suche nach einer Schlaflücke. Es gibt keine Decken, nicht einmal Stroh als Unterlage.

Irgendwie findet Mala Zimetbaum einen Kojenplatz, sind Frauen bereit, sie aufzunehmen. Ausziehen? Die Kleidung weglegen? Nichts dergleichen. Und ihr Schlafplatz ist so schmal, dass alle wach würden, wenn sie sich umdreht. Vielleicht liegt sie in einer Koje, wo an beiden Enden Köpfe und Füße der Frauen einander abwechseln, um den minimalen persönlichen Lebensraum maximal zu nutzen. Mala weiß noch nicht, dass manche der Frauen die Nacht nicht überleben und sie am Morgen neben einer Toten aufwachen kann.

Was in der Dossin-Kaserne von Mechelen ein absolutes Geheimnis war, wird von den Frauen, die sich in der Baracke befinden, nicht verschwiegen. Transport X der Deutschen Reichsbahn hat Mala Zimetbaum, jetzt die Nummer 19880, ins Frauenlager Auschwitz-Birkenau gebracht. Auschwitz? Was den allermeisten hier nichts bedeutet, das ist »Oświęcim« für Mala, und durchaus nicht unbekannt.

Wahrscheinlich versucht sie, auf minimalem Schlafraum ein wenig Ruhe zu finden nach den schrecklichen Erlebnissen der letzten Tage und Stunden. Zugleich können die Dimensionen ihrer Erinnerung unendlich viele Erfahrungen und Gefühle wachrufen. Zum einen ist da die bunte Stadt Antwerpen, die Eltern in der Martinisstraat, Charles, ihre Liebe und die Treffen mit den gleichgesinnten selbstbewussten jüdischen Jugendlichen im Hanoir Hatzioni – eine Welt wie auf einem anderen Planeten. Doch Mala Zimetbaum, vierundzwanzigeinhalb Jahre alt, ist nicht in der Fremde gelandet.

Auschwitz – Oświęcim – liegt gerade einmal 50 Kilometer südwestlich von Krakau. In Krakau lebte ihr Großvater väterlicherseits nach dem Tod seiner Frau in der Familie seiner Tochter. Von Krakau nach Brzesko, wo die jüdischen Familien von Vater und Mutter ihre Wurzeln haben, sind es knapp 60 Kilometer in östliche Richtung. In Brzesko wurde Mala Zimetbaum am 20. Januar 1918 geboren und verbrachte dort die ersten zehn Jahre ihres Lebens – bevor 1928 mit dem Aufbruch nach Antwerpen ein neuer Abschnitt begann.

Warum wird sie vierzehn Jahre später gewaltsam in ein Land deportiert, wo sie einst zu Hause war? Welche Bedeutung hat Auschwitz im nationalsozialistischen Gewaltsystem? Was geschieht mit ihr in Auschwitz-Birkenau? Mala Zimetbaum kann auf diese Fragen, die ihr wie den anderen deportierten Frauen im Lager durch den Kopf gehen, erst einmal keine Antworten finden. Doch gut achtzig Jahre später lässt sich aus Zeugnissen von Betroffenen, von Beteiligten – Opfern, Tätern und Täterinnen – und mit den Ergebnissen vielfältiger historischer Recherchen, die in Deutschland unvoreingenommen seit den 1990er Jahren eingesetzt haben, ein realistisches Bild zusammensetzen.

19. Kapitel

DER WEG IN DIE VERNICHTUNG

Madagaskar? – »Gut und richtig«, findet Hitler – Auch Sibirien ist keine Lösung – Neue Pläne müssen her – Die deutschen Eliten sind mit Eifer dabei – KZ Auschwitz ist zu klein – Zyklon B heißt die Lösung

1939-1942

Am 15. September 1942, als der X. Transport mit 1048 deportierten jüdischen Frauen, Männern, Kindern, darunter Mala Zimetbaum, Belgien in Richtung Osten verlässt, beugt sich Heinrich Himmler, seit 1936 Chef der deutschen Polizei, oberster SS-Führer und engster Vertrauter Adolf Hitlers, endgültig den Forderungen von Rüstungsminister Albert Speer, der im April als Generalbevollmächtigter für die Bauwirtschaft die Lieferung von Baustoffen für das Lager Birkenau gesperrt hatte. Ihre Mitarbeiter einigen sich in Berlin auf ein neues Bauprogramm für Auschwitz-Birkenau, das – entsprechend den Wünschen von Speer – für bis zu 132 000 Häftlinge ausgebaut wird. Über rund 50 000 von ihnen soll der Rüstungsminister für die Kriegsindustrie verfügen können und stellt als Gegenleistung für die riesige Erweiterung 137 6000 Reichsmark in Aussicht.

Was im Zentrum dieses »Bauvorhabens Kriegsgefangenenlager Auschwitz« steht, wird in der »Zusammenstellung« aller Einzelkosten, die sich zur Millionensumme addieren, angegeben. Es geht um die »Durchführung der Sonderbehandlung«. Während die meisten geplanten Einzelbauwerke präzise benannt werden – unter anderem »Krematorien u. Leichenhallen« und ein »Gleisanschluss«, der Züge direkt ins Lager Birkenau bringen soll –, ist neben der »Sonderbehandlung« ebenso verschleiernd von einer »Entwesungsanlage« die Rede.

Die Mitarbeiter im SS-System wissen selbstverständlich, was sich hinter den zwei Tarnbegriffen versteckt. Die »Entwesungsanlage« ist ein großer Raum mit Duschen, aus denen nicht Wasser, sondern das Giftgas Zyklon B strömt und in kürzester Zeit Hunderte von Menschen tötet. Im selben Bau befindet sich das Krematorium, wo die Toten umgehend verbrannt werden. Da diese Aktionen Tag und Nacht durchgeführt werden sollen, sind es Tausende von Menschen, die in kürzester Zeit getötet werden können: »Sonderbehandlung« ist der Oberbegriff für diese Vernichtungsaktion, die nach dem neuen Plan vom September 1942 Millionen jüdischer Menschen aus ganz Europa nach Auschwitz-Birkenau bringen wird. Er steht am Ende einer Entwicklung, in deren Verlauf je nach Gelegenheit und Umständen nüchtern immer neue Möglichkeiten erdacht wurden, die »jüdische Rasse« aus dem Weg zu schaffen.

Am 27. April 1940 hatte Heinrich Himmler befohlen, ein Gebiet zwei Kilometer außerhalb der Stadt Auschwitz zum KZ auszubauen, in das politische polnische Gefangene, vorrangig die intellektuelle Elite – Lehrer, Studenten, Priester, Künstler, Wissenschaftler –, gebracht werden sollen. Es gab dort schon einige Steinbauten, das sogenannte »Sachsengängerlager«, denn von hier aus waren während des Ersten Weltkriegs Polen als gefragte Arbeitskräfte ins deutsche Kaiserreich gezogen. Ausschlaggebend außerdem: die zentrale Lage von Auschwitz als Eisenbahnknotenpunkt.

Geplante Kapazität des neuen KZ: 30000 Häftlinge. Am 14. Juni kommt der erste Transport mit 728 politischen polnischen Häftlingen am Güterbahnhof Auschwitz an. Am 20. Juni folgt der zweite mit 313 Polen.

Die Häftlinge werden beim Bau des neuen KZ Auschwitz eingesetzt. Zugleich werden sie geprügelt, terrorisiert, müssen schwer krank zur Arbeit antreten. Je nach der Laune ihrer Bewacher beendet eine Kugel ihr Leben. So viele Tote gibt es in kurzer Zeit, dass am 15. August 1940 ein eigenes Krematorium im Lager in Betrieb genommen wird.

Die Häftlinge, die ins KZ Auschwitz kommen, sind treue polnische Katholiken. Von Juden keine Rede. Zwar macht Heinrich Himmler gerade in diesen Wochen einen Plan, wie die »jüdische Rasse« endgültig entfernt werden könnte. Doch Auschwitz spielt dabei keine Rolle. Das Lager ist keineswegs von Anbeginn ein Ort für die »Endlösung«. Vor der »Entwesung« jüdischer Menschen in den Gaskammern von Auschwitz-Birkenau werden andere Möglichkeiten entwickelt, angestrebt, sie schnellstmöglich loszuwerden.

Im September 1919 hatte der Gefreite Adolf Hitler, der innerhalb der Wehrmacht als Ausbilder eingesetzt war, auf die Frage, ob die Juden eine nationale Gefahr seien, am Ende seiner Ausführungen die Bilanz gezogen: Das letzte Ziel müsse sein »die Entfernung der Juden überhaupt«. Als 1925 der erste Band seines Bestsellers *Mein Kampf* erschien, konnten es alle nachlesen: Die »Arier« sind »das beste Menschtum« und werden einst die ganze Erde besitzen. Die »jüdische Rasse« dagegen verkörpert das Böse, sie »muss total bekämpft werden«.

Entscheidend ist, dass nicht nur für Adolf Hitler und seine Gefolgsleute diese Überzeugung die Grundlage aller politischen Ziele bleibt. Die Gesetzgebung, mit der Hitler ab dem Frühjahr 1933 in Deutschland den Juden nach und nach ihre bürgerlichen Rechte nimmt, sie aus der Gesellschaft aussondert, aber auch brutale öffentliche Aktionen wie die Reichspogrom-Nacht im November 1938, provozieren keinen Widerstand in der Gesellschaft, im Gegenteil. Der Antisemitismus ist im deutschen Kaiserreich ab den 1870ern salonfähig wie nie zuvor geworden.

»Die Juden sind unser Unglück«, bilanziert der Historiker Heinrich Treitschke in einem Aufsatz, der 1879 erscheint. Neun Jahre später schreibt Rudolf Steiner, Begründer der Anthroposophie, in einer Buchbesprechung: »Das Judentum ... hat im modernen Leben der Nationen keine Existenzberechtigung.« Dass es »überlebt« habe, sei ein »Irrtum der Weltgeschichte«. Diese Einstellungen haben sich in der Weimarer Republik endgültig in allen Schichten der Gesellschaft festgesetzt. Ob Akademiker oder Unternehmer, Beamte oder Vertreter der christlichen Kirchen: auf den Judenhass kann Adolf Hitler bauen.

Mit dem Überfall auf Polen im September 1939 wird die Tür aufgestoßen, Vernichtungsvorstellungen in nie gekanntem Ausmaß zu realisieren. Auch wenn das »Wie« vorerst offenbleibt. Es liegen keine konkreten Mordpläne in den Schubladen der Reichskanzlei. Zugleich wird Hitler nicht müde, im engeren Kreis wie in öffentlichen Reden die »Judenfrage« immer brutaler anzugehen, je mehr Länder in Europa von deutschen Soldaten überfallen und besetzt werden. Die führenden Männer in Behörden und Institutionen, in den Universitäten wie im medizinisch-sozialen Bereich wissen: Der »Führer und Reichskanzler« lässt ihnen jeden Spielraum, Pläne zu entwerfen, Gedanken zu konkretisieren, um die »jüdischen Parasiten« aus dem »Volkskörper« zu entfernen – je radikaler, desto besser.

Zugleich nutzt Hitler den Krieg, seine treuesten Gefolgsleute mit zusätzlichen Kompetenzen auszustatten. Am 7. Oktober 1939 ergeht ein »Erlass des Führers und Reichskanzlers zur Festigung des deutschen Volkstums« an Heinrich Himmler mit zwei wichtigen Aufträgen: für die »Umsiedlung von Volksdeutschen ins Reich« zu sorgen, die außerhalb der bisherigen Grenzen leben, zum Beispiel die Menschen in Südtirol, und zugleich die »Ausschaltung des schädigenden Einflusses volksfremder Bevölkerungsteile« voranzutreiben. Dass damit die Juden gemeint sind, ist so selbstverständlich, dass es nicht benannt werden muss.

Schon Tage vor diesem Erlass, noch bevor der erste Monat des Krieges zu Ende geht, ist der SS-Reichsführer und Chef der deutschen Polizei in diesem Sinne aktiv geworden. Am 27. September 1939 gründet Heinrich Himmler in Berlin das Reichssicherheitshauptamt, RSHA. In diesem neuen Amt führt er die traditionelle staatliche Kriminalpolizei mit den Leitungsinstanzen der Geheimen Staatspolizei – Gestapo – zusammen. Sie ist eine rein politische Polizei, im Januar 1933 von den neuen nationalsozialistischen Machthabern gegründet, um ihre Gegner zu verfolgen und auszulöschen, ohne an rechtsstaatliche Grundsätze gebunden zu sein.

Zum Chef dieser neuen weltanschaulich ausgerichteten Polizei macht Himmler seinen Vertrauten, den SS-Obersturmbannführer Reinhard Heydrich, geboren 1904. Seit 1931 Mitglied der NSDAP und in die SS eingetreten, ist dessen Lebenslauf typisch für die ca. 400 Führungsleute im RSHA. Diese Männer kommen aus der bürgerlichen Elite, zwei Drittel haben studiert, ein Drittel führt den Doktortitel. Als Studenten haben sie sich – wie die akademische Mehrheit insgesamt – in völkisch-rechtsnationalen, antisemitischen Vereinigungen engagiert. Der NS-Staat bietet ihnen grenzenlose Karrieremöglichkeiten, ob im Rechtswesen – wo die jüdischen Beamten im April 1933 entfernt werden – oder in NS-Institutionen wie SS und Gestapo.

Noch gibt es keine konkreten Pläne, aber für Heinrich Himmler steht fest: Das Reichssicherheitshauptamt wird die zentrale Institution zur »rassischen Reinhaltung des deutschen Volkskörpers«, was – ohne es näher zu definieren – die »Ausschaltung volksfremder Bevölkerungsteile« bedeutet. Entscheidender Anstoß ist der gerade begonnene Krieg, mit dem ein neues Europa geschaffen werden soll: das von den deutschen Nationalsozialisten beherrscht wird – wenn sie nicht am Ende sogar die Weltherrschaft gewinnen.

Heinrich Himmler verliert neben weitgespannten theoretischen Idealen praktische Chancen, die der siegreiche Krieg unerwartet bietet, nicht aus dem Blick. Am 14. Juni 1940, als im KZ Auschwitz – wie von ihm geplant – der erste Transport mit politischen polnischen Häftlingen eintrifft, marschieren deutsche Soldaten durch Paris. Nach einem deutschen Blitzkrieg kapituliert Frankreich am 22. Juni. Das Land wird zu 60 Prozent von deutschen Truppen besetzt, der übrige Teil von einer französischen Regierung verwaltet, die sich allen Forderungen der Deutschen beugen wird.

Zum französischen Machtbereich gehört die Insel Madagaskar, östlich der südafrikanischen Küste. Und Heinrich Himmler erinnert sich: Da gab es doch schon im 19. Jahrhundert Pläne, die Juden dorthin auszusiedeln. Tatsächlich entwickelte der Orientalist Paul Anton de Lagarde 1885 aus antisemitischem Antrieb einen Plan, Europas Juden nach Madagaskar zu transportieren. Das Reichssicherheitshauptamt beauftragt umgehend Fachleute für Bevölkerungsplanung mit einer Untersuchung, ob und wie rund 4 Millionen Juden von Europa nach Madagaskar deportiert werden können. Das Gutachten ist optimistisch: Wenn mit 120 Schiffen täglich etwa 3000 Juden in Richtung Madagaskar gebracht werden, ist Europa in vier Jahren »judenfrei«. Heinrich Himmler schickt die Denkschrift an Adolf Hitler: »Sehr gut und richtig« ist die Reaktion.

Nun muss nach dem Sieg über Frankreich auch Großbritannien besiegt werden. Denn als einzige europäische Nation, die sich noch im Kriegszustand mit Deutschland befindet, wird es sicherlich nicht den Ärmelkanal für eine Deportation der europäischen Juden nach Madagaskar freigeben. Ab dem 10. Juli 1940 fliegen deutsche Militärmaschinen in Richtung »Engelland«, London wird schwer bombardiert. Doch am 17. September befiehlt Hitler, die per Schiff nach einem Sieg geplante Invasion Englands »auf unbestimmte Zeit« zu verschieben. Unter seinem Premierminister Winston Churchill hat das Inselreich erfolgreich Widerstand geleistet. Niemals wird es sich dem deutschen Diktator beugen.

Der Madagaskar-Plan hat sich erledigt. Doch wer sich nicht von vornherein auf ein konkretes Endziel festlegt, kann flexibel sein. Im Juni 1940 hatte Adolf Hitler dem Oberkommando der Wehrmacht eröffnet, dass ein Krieg gegen die Sowjetunion sein nächstes Ziel ist. Am 12. Dezember erhält das Oberkommando mit der »Weisung Nr. 21« den Befehl, die Vorbereitungen einer Militäroperation gegen die Sowjetunion zu beginnen. Der »Führer und Reichskanzler« macht klar, dass es diesmal nicht um die üblichen Militäraktionen geht, sondern um einen rassistischen Vernichtungskrieg, und kein General widerspricht ihm.

Mit dem Sieg über den »jüdischen Bolschewismus« soll dem deutschen Volk endlich ein gewaltiger Lebensraum im Osten erschlossen werden. Ein Ziel, das Adolf Hitler schon in *Mein Kampf* als unzertrennlich mit der totalen Bekämpfung der »jüdischen Rasse« kombiniert.

Wieder werden vom Reichssicherheitshauptamt Fachleute engagiert, die jetzt einen »Generalplan Ost« zur Germanisierung des eroberten sowjetischen Raumes ausarbeiten. Der Plan setzt die Vernichtung der »slawischen Massen« bis zum Ural voraus, Russen, Tschechen, Polen, Ukrainer. Jenseits der jetzigen östlichen Grenze zur Sowjetunion seien davon rund 30 Millionen Menschen betroffen. Als effizientes Mittel zur »Verdrängung« der dortigen Bevölkerung wird vorgeschlagen, die Lebensmittel, die in diesem Raum produziert werden, an die deutschen Soldaten und die Bevölkerung in Deutschland zu liefern und die 30 Millionen Einheimischen verhungern zu lassen. Slawen sind nach der nationalsozialistischen Ideologie eine »mindere Rasse«.

Mit dem Krieg gegen die Sowjetunion, der nach vier Monaten siegreich beendet sein soll, kämen rund drei Millionen weitere Juden unter die Herrschaft der Deutschen. Außerdem fiele dann ein unendlicher Raum jenseits des Urals an das Deutsche Reich. Mit den Stichworten »Sibirien – Eismeer – Sümpfe« bietet sich nach dem Scheitern des Madagaskarplans eine neue Lösung für die Beseitigung von Europas Juden an.

Am 31. Juli 1941 erteilt Hermann Göring als Leiter der Vierjahresplanbehörde, die bisher an allen antijüdischen Entscheidungen beteiligt ist, Reinhard Heydrich, dem Chef vom Reichssicherheitshauptamt, schriftlich die Generalvollmacht, »alle erforderlichen Vorbereitungen in organisatorischer, sachlicher und materieller Hinsicht zu treffen für eine Gesamtlösung der Judenfrage im deutschen Einflussgebiet in Europa«. Die Vollmacht enthält keine konkreten Pläne – immer noch sind alle Möglichkeiten offen.

Reinhard Heydrich, in die Pläne zum Angriffskrieg gegen die Sowjetunion einbezogen, war inzwischen nicht untätig. Er organisierte im Mai/Juni 1940 Lehrgänge für mehrere Dutzend Beamte vom Reichssicherheitshauptamt, von denen vier als Führer von vier Einsatzgruppen bestimmt werden, auf die mit Beginn des Krieges in den eroberten Gebieten der Sowjetunion »Sonderaufgaben« warten. Ihr Chef Heydrich hält in den Lehrgängen Vorträge über die Gefahren des Judentums, um die SS-Offiziere auf ihre Arbeit vorzubereiten. Heydrich schärft ihnen ein, auch Frauen und Kinder in die geplanten Operationen einzubeziehen.

Mit dem Kriegsbeginn am 22. Juni marschieren die vier »Einsatzgruppen«, insgesamt rund 3000 Mann, im Rücken der siegreichen kämpfenden Wehrmacht in die sowjetischen Orte und suchen systematisch nach den einheimischen Juden. Frauen, Kinder, Männer, Junge, Alte, Kranke müssen sich auf einem öffentlichen Platz versammeln und werden anschließend an den Rand der Städte oder Dörfer gezwungen. Dort müssen sie sich ausziehen, an offene Gruben stellen und werden rücklings erschossen. Die Männer in den Einsatzgruppen wissen: Je brutaler und tödlicher sie bei ihren Einsätzen vorgehen, desto größer wird das Lob ihrer Vorgesetzten sein.

Einer von Hunderten Massenmorden ab 22. Juni 1941 ist das Massaker in der Schlucht Babyn Jar bei Kiew am 29. und 30. September 1941. In diesen zwei Tagen ermordet die Einsatzgruppe 33 771 jüdische Menschen. Eine Woche später berichtet der Einsatzleiter nach Berlin: »... von der Wehrmacht wurden die durchgeführten Maßnahmen ebenfalls gut geheißen.« Ohne die Mithilfe der Wehrmacht wären die Mordaktionen in diesem Ausmaß insgesamt nicht möglich gewesen. Und sie macht keinen Hehl aus ihrer überzeugten Mitwirkung. Am 10. Oktober 1941 erlässt Generalfeldmarschall Walter von Reichenau einen Befehl an die Truppe: »Der Soldat muss für die Notwendigkeit der harten, aber gerechten Sühne am jüdischen Untermenschentum volles Verständnis haben.« Deshalb wird er von der militärischen Spitze aufgefordert, bei den Aktionen eine »erbarmungslose Ausrottung« vorzunehmen.

Die Einsatzgruppen der SS, unterstützt von der Wehrmacht, gehen unentwegt ihrer Arbeit nach: Bis zum Jahresende 1941 werden in den eroberten Gebieten der Sowjetunion rund 700 000 Menschen, vor allem jüdische Frauen, Männer, Kinder ermordet. Doch zufrieden sind die Mord-Anstifter in Berlin nicht. Heinrich Himmler erfährt, dass bei einzelnen Männern der Einsatzgruppen psychische Erschütterungen auftreten und ihnen ihre mörderischen Aktivitäten an die Nerven gehen.

Noch gewichtiger sind zwei andere Erkenntnisse: Was sind 700 000 Getötete im Vergleich zu über drei Millionen Juden, die verschwinden sollen? Und je näher der Herbst rückt, desto ernüchterndere Berichte kommen von den Schlachtfeldern. Die Rote Armee leistet erfolgreich Widerstand. Der Krieg gegen die Sowjetunion wird sich – gegen alle Erwartungen – ins kommende Jahr ziehen. Der germanisierte Lebensraum im Osten ist ebenso wie der Abschieberaum für die Juden in Eismeer und Sümpfen jenseits des Ural in weite Ferne gerückt.

Aber die mörderische Ideologie, die dem politischen Handeln der deutschen Führungskräfte zugrunde liegt, lässt sich von aktuellen Hindernissen nicht aufhalten. Neue Pläne müssen her, und diesmal wird beschlossen, was Adolf Hitler am 12. Dezember 1941 während eines geheimen Treffens mit seinen engsten Vertrauten fordert – »bezüglich der Judenfrage reinen Tisch zu machen«. Joseph Goebbels hat diese Aussage in seinem Tagebuch festgehalten.

Der »Führer« kann sich auf seine Getreuen verlassen. Heinrich Himmler und die SS-Männer im Reichssicherheitshauptamt haben schon im August die Idee, eine erprobte und erfolgreiche Tötungsmethode in der »Judenfrage« einzusetzen, nachdem die Madagaskar- und Sibirien-Pläne gescheitert sind. Seit 1940 töten Ärzte und Pflegepersonal in sechs Anlagen in Deutschland mit »Ermächtigung« des »Führers und Reichskanzlers« rund 70 000 behinderte, physisch und psychisch kranke Menschen jeden Alters in Räumen, die als Bäder getarnt waren, mit Gas. Als »Euthanasiemorde« und »Aktion T4« sind sie in die Geschichte eingegangen.

Im August 1941 beginnen auf Befehl Himmlers die ersten Tötungsexperimente mit Gas an Häftlingen in Lagern im besetzten Polen. Im KZ Auschwitz, wo das Blausäuregas Zyklon B ohnehin deponiert ist, beraten Fachleute aus Hamburg die SS-Männer bei den Vorbereitungen zu umfassenden Vergasungen.

Heinrich Himmler hat seit Kriegsbeginn im Juni über tausend sowjetische Kriegsgefangene zur Exekution ins KZ Auschwitz einliefern lassen. Am 3. September 1941 wird das gesamte Lager gesperrt, kein Häftling darf seinen Platz verlassen. Es ist spät am Abend, als 600 sowjetische Kriegsgefangene mit 250 kranken polnischen Häftlingen im Keller von Block 11 eingepfercht sind. Dann werden durch Öffnungen in der Tür Dosen mit Zyklon B in den dicht abgeschlossenen Raum geworfen. Die Mörder gehen auf Nummer sicher und öffnen die Tür erst nach 16 Stunden. Sie sind mit dem Ergebnis zufrieden.

Allerdings ist es lästig, Hunderte von Leichen quer durch das Lager zum Krematorium mit der Leichenhalle zu transportieren. Kurzerhand wird die Leichenhalle im Krematorium zur Gaskammer umfunktioniert. Schon am 16. September 1941 findet dort die zweite Vergasung statt, bei der 900 sowjetische Kriegsgefangene in den Tod gezwungen werden. Doch ein weiteres Problem ist unübersehbar. Das Krematorium im KZ Auschwitz kann pro Tag nur ca. 340 Leichen verbrennen. Der Zeitaufwand muss erheblich verkürzt werden, denn Heinrich Himmler hat als Endziel für das KZ Auschwitz die Tötung von ca. 50000 sowjetischen Kriegsgefangenen, die zuvor als Arbeitssklaven eingesetzt werden sollen, ausgegeben.

Doch für eine solche Anzahl von Menschen kann das KZ nicht ausgebaut werden. Am 15. September 1941 entscheidet Himmler, bis zum Jahresende wird in Birkenau, knapp drei Kilometer vom Stammlager Auschwitz entfernt, ein zweites Kriegsgefangenenlager entstehen. Das Gelände ist zwar feucht und sumpfig, aber das ist unwichtig für Todeskandidaten.

Zwischen dem 7. Oktober und 15. November kommen rund 10000 weitere sowjetische Kriegsgefangene ins KZ Auschwitz. Sie werden beim Bau für das neue Lager in Birkenau eingesetzt. Um die Leichen besser identifizieren zu können, werden diesen Häftlingen erstmals Nummern eintätowiert. Aufgrund der brutalen Behandlung durch die SS-Männer lebt allerdings schon Ende November nur noch die Hälfte von ihnen. Eine praktische Folgerung: Die Fachfirma Topf & Söhne in Erfurt erhält den Auftrag, für das neue Lager Auschwitz-Birkenau ein Krematorium mit besonderer Effizienz bei Gastötungen zu entwickeln.

Doch der Mord an den russischen Kriegsgefangenen gerät in den Hintergrund. Entscheidender ist, dass für die nationalsozialistische Führungselite in Berlin die Frage immer drängender wird, wo und wie die »Endlösung« der »Judenfrage« für Deutschland und die besetzten Länder vollzogen werden kann. Kurzerhand gibt Heinrich Himmler im Oktober 1941 seinen Plan auf, das KZ Auschwitz zum Zentrum der sowjetischen Kriegsgefangenen zu machen. Denn es bietet sich mit dem zweiten Lager in Birkenau, wo Raum für bis zu 200000 Häftlinge und die neue ausbaufähige Tötungsmaschinerie entsteht, ein Ort für die »Endlösung« an. Dass die »Endlösung« für alle Juden Europas den Tod bedeutet, daran gibt es Ende 1941 keine Zweifel mehr.

Generalgouverneur Dr. Hans Frank, NSDAP-Mitglied der

ersten Stunde und Hitlers Anwalt in Prozessen während der Weimarer Republik, befehligt von der Burg in Krakau aus das Generalgouvernement, erobertes polnisches Gebiet, das bewusst nicht ins Deutsche Reich eingegliedert wurde. Er ist bei einem geheimen Treffen am 12. Dezember 1941 in Hitlers Privatwohnung anwesend. Vier Tage später erklärt er seinen engsten Mitarbeitern bei einer Sitzung in Krakau: »Mit den Juden ... muss so oder so Schluss gemacht werden. ... Sie müssen weg. ... Diese 3,5 Millionen Juden können wir nicht erschießen, wir können sie nicht vergiften, werden aber doch Eingriffe vornehmen können, die irgendwie zu einem Vernichtungserfolg führen ... Im Januar findet über diese Frage eine große Besprechung in Berlin statt ...«

Am 20. Januar 1942 treffen sich um 12 Uhr in der Villa am Großen Wannsee 56/57 in Berlin 15 Männer, davon acht promovierte Akademiker, Durchschnittsalter 41 Jahre. Sie haben entscheidende Posten in Ministerien – von Justiz, Ernährung bis zum Auswärtigen Amt –, in der Verwaltung und der NSDAP. Staatssekretäre sitzen neben Mitarbeitern aus dem Reichssicherheitshauptamt, die bestens informiert sind über Massenerschießungen und Deportationen. Rund neunzig Minuten lang geht es um die »Evakuierung nach dem Osten«, den »Arbeitseinsatz« der Juden im »Zuge der Endlösung«. Eingeladen hat Reinhard Heydrich, Chef des Reichssicherheitshauptamtes, von Hermann Göring im Juli mit der Vollmacht für die »Endlösung« ausgestattet.

Wie bei den Begriffen »Entwesung«, »Sonderbehandlung« tarnt die Sprache – so zeigt es das einzig erhaltene Sitzungsprotokoll der Konferenz –, was alle Anwesenden als Ziel der Zusammenkunft im Kopf haben: den Massenmord an jüdischen Frauen, Männern, Kindern, den sie konfliktfrei und effizient zwischen den verschiedenen Ämtern und Institutionen organisieren sollen. Diskussionen betreffen nur das »Wie«. Die Sache selbst wird von den Anwesenden mit keinem Wort in Frage gestellt.

Eine »Tischvorlage« gibt den Teilnehmern in der Wannsee-Villa eine statistische Übersicht als Grundlage für die Dimensionen, mit denen die Realisierung der »Zurückdrängung aus dem gesamten Lebensraum« fertig werden muss. »Zurückgedrängt« werden sollen ca. 11 Millionen Juden aus Europa, Irland und der Schweiz, sogar die Türkei wird dazu gezählt. Genaue »Evakuierungsquoten« – jeder hier weiß, dass es »Tötungsquoten« sind – werden den von Deutschland besetzten Ländern zugewiesen: Frankreich soll 100000 Juden liefern, die Niederlande 15000, Belgien 10000.

20. Kapitel

BERLIN BESTIMMT DEPORTATIONSQUOTE

Gutes Geschäft für die Reichsbahn – 10 000 Arbeitsbefehle an jüdische Menschen in Belgien – Ein neues Auschwitz-Lager für die Frauen

1942

Für die städtisch-jüdische Bevölkerung in Polen, die seit dem Beginn der deutschen Besetzung zusammengetrieben in Ghettos lebt, wird ab dem 17. März 1942 zunächst das KZ Belzec zur Todeskammer. Täglich treffen Züge aus den Ghettos ein, zuerst aus Lublin. Über 70 000 jüdische Frauen, Männer und Kinder werden in den nächsten vier Wochen durch Gas ermordet. Und das Morden im Gas geht weiter; ab Mai im KZ von Sobibor, ab Juli in Treblinka. Propagandaminister Joseph Goebbels ist bestens informiert. In seinem Judenhass lässt er sich von seinem »Führer« nicht übertreffen, nutzt aber selbst im Tagebuch bei seinem Eintrag am 27. März eine Verschleierungstaktik: »Es wird hier ein ziemlich barbarisches und nicht näher zu beschreibendes Verfahren angewandt, und von den Juden selbst bleibt nicht mehr viel übrig.«

Das Reichssicherheitshauptamt will in den nächsten Monaten 90 000 Juden aus Westeuropa nach Auschwitz deportieren. Die Fäden der Organisation laufen bei Adolf Eichmann, SS-Obersturmbannführer, zusammen, für den am 21. Dezember 1939 im RSHA innerhalb von Amt IV die Spezialabteilung IVB4 eingerichtet wurde. Als dessen Leiter ist der 36-Jährige seitdem verantwortlich für Deportationen und die »Räumung der Ostgebiete«. Vom 20. Juni 1942 datiert der Beschluss des Reichssicherheitshauptamtes, ab Mitte Juli Juden aus Frankreich, Belgien, den Niederlanden in »Sonderzügen zu je 1000 Personen ... zum Arbeitseinsatz in das Lager Auschwitz abzubefördern. Der zu erfassende Personenkreis erstreckt sich zunächst auf arbeitsfähige Juden ...« Die Unterschrift am Ende des Papiers wird erläutert: »i. A. gezeichnet Eichmann«.

Am 8. Juli erhält Eggert Reeder, Chef der deutschen Militärverwaltung in Belgien, bei einem Treffen mit Heinrich Himmler in Berlin die Zusage, dass »vorerst 10000 Juden nicht belgischer Staatsangehörigkeit zum Abtransport kommen«. Der deutsche Repräsentant in Brüssel kann Himmler überzeugen, dass 90 Prozent der Juden, die vor allem aus Osteuropa und Polen nach Belgien gekommen sind, bis heute staatenlos sind. Mit ihnen würde die Deportationsquote 10000 problemlos erreicht. Das bedeutet: Die jüdischen Belgier sind vorläufig nicht von der Deportation betroffen. Reeder will mit seiner flexiblen Politik mögliche Unruhen in der Bevölkerung vermeiden. Ebenfalls eine Ausnahme wird für den Stichtag der ersten Deportation gemacht; sie soll in Belgien erst am 4. August erfolgen.

Das ist der Startschuss für die deutsche Militärverwaltung, die Vereinigung der Juden in Belgien zu beauftragen, ab dem 22. Juni 1942 einen schriftlichen Befehl an rund 10000 staatenlose Juden im Land zu schicken. Sie müssen sich umgehend in der Dossin-Kaserne in Mechelen zu einem Arbeitseinsatz melden – Ziel unbekannt. Und von wegen nur »arbeitsfähige Juden« – auch Kranke, Alte, Frauen, Schwerbehinderte und Kinder werden zum Arbeitseinsatz befohlen. Am 4. August 1942 verlässt Transport I mit 1048 jüdischen Menschen Mechelen. Nach einiger Zeit merken sie, es geht in Richtung Osten. Nur der Zugführer und sein Personal kennen das Ziel – den Güterbahnhof von Auschwitz.

Es ist ein Sonderzug der deutschen Reichsbahn, vom Reichssicherheitshauptamt in Berlin bestellt. Nach diesem Muster rollen seit Mitte Juli Züge der deutschen Reichsbahn im Auftrag vom RSHA quer durch Europa und befördern jüdische Frauen,

Männer und Kinder ins KZ Auschwitz. Allein bis zum 25. August 1942 liefern 42 Deportationszüge über 33 000 jüdische Menschen aus Westeuropa in das Lager auf deutschem Reichsgebiet im Osten. Ein Stück Land, das bis Anfang Oktober 1939 zu Polen gehörte. Ein gutes Geschäft für die Reichsbahn und ein paar andere Eisenbahngesellschaften: Pro Jude und pro Schienenkilometer zahlt das RSHA 0,04 Reichsmark. Grundsätzlich müssen die Deportierten für einen Fahrschein 3. Klasse zahlen, Kinder die Hälfte. Wer kein Geld hat, bekommt einen Fahrschein vom RSHA – Ordnung muss sein.

Die »3.Klasse« entspricht allerdings für über 90 Prozent der Juden, die in die Züge gezwungen werden, nicht den Realitäten. Dass vom belgischen Mechelen aus bis zum April 1943 Personenzüge in Richtung Osten fahren, ist die absolute Ausnahme. Auf die allermeisten Häftlinge in Europa warten Viehwaggons, in denen sie auf engstem Raum Tage und Nächte aushalten müssen, ohne Nahrung, ohne Getränke. Irgendwo in der Menge steht ein Eimer als Toilettenersatz. Wenn der Zug zwischendurch anhält und die großen Türen aufgerissen werden, erscheinen SS-Männer, um unterwegs Verstorbene aus den Waggons zu werfen. Überlebende haben beschrieben, wie traumatisch die Ankunft an einem Nebengleis vom Bahnhof Auschwitz ist. Die Menschen werden von SS-Männern aus den weit geöffneten Viehwaggons herausgerissen, zugleich von hinten gestoßen und fallen nach einem verzweifelten Sprung auf die tiefer gelegene Rampe.

Als der erste Auschwitz-Transport Mechelen verlässt, gehört Mala Zimetbaum zu den Mitarbeiterinnen, die alle Juden, die sich in der Dossin-Kaserne melden, in Listen eintragen. Seit sie am 22. Juli aus Brüssel in Antwerpen angekommen ist, mit einem gelben Stern nahe am Herzen, ist sie mit Duldung der besiegten belgischen Obrigkeiten in den Händen der deutschen Besatzer – weil sie eine Jüdin ist. Erst im Fort Breendonk, dann in der Dossin-Kaserne in Mechelen. Am 15. September steht sie auf der

Liste für den X. Transport. In der Nacht vom 17. September 1942 wird Mala Zimetbaum mit einer Tätowierung am linken Unterarm zur Nummer 19880 – im Frauenlager Auschwitz-Birkenau.

Eigentlich war am 18. März 1942 anderes geplant. Im bis dahin männlichen Lager Auschwitz wurde vor der letzten Reihe der Unterkunftsblöcke eine Mauer hochgezogen. Dahinter sollte ein Lager für die gefangenen weiblichen jüdischen Häftlinge aus ganz Europa entstehen. Schon am 26. März kamen die ersten zwei Frauentransporte nach Auschwitz: einer mit 999 vor allem deutschen nichtjüdischen Häftlingen aus dem KZ Ravensbrück, einer Frau war unterwegs die Flucht gelungen. Diese Häftlinge sollen im Frauenlager den SS-Männern und -Aufseherinnen bei der Verwaltung und Überwachung helfen. Mit dem zweiten Transport kamen 999 Jüdinnen aus der Slowakei. Es folgten weitere Transporte mit Jüdinnen aus Rumänien, Ungarn, Oberschlesien und christlichen Polinnen.

Permanent werden von diesen Transporten Frauen »selektiert« – das heißt im Gas ermordet. Trotzdem ist das Frauenlager Ende April mit 7400 Häftlingen völlig überbelegt. Die Kommandantur vom KZ Auschwitz beschließt, das Frauenlager nach Birkenau, eigentlich als reines Männerlager gedacht, zu verlegen.

Am 6. August 1942 müssen weibliche Häftlinge im Stammlager Auschwitz wie üblich zum Morgenappell antreten. Aber statt wie bisher zu schwerer Arbeit werden sie ins drei Kilometer entfernte Lager Birkenau abgeführt. Am 10. August haben alle weiblichen Arbeitshäftlinge das Stammlager verlassen. Im neuen Frauenlager Auschwitz-Birkenau werden rund 8500 von ihnen auf engstem Raum in Stein- und Holzbaracken, die ursprünglich als Pferdeställe dienten, im Lagerabschnitt BIa untergebracht. Es gibt kein Trinkwasser, keine Waschgelegenheiten. Die Todesstatistik meldet, dass zwischen dem Beginn des Frauenlagers Auschwitz-Birkenau am 26. März und dem 10. August rund 8000 Frauen des Stammlagers Auschwitz im Gas umgebracht wurden.

Eine Zahl, die den verantwortlichen SS-Männern in Auschwitz bestätigt, wie effektiv ihre Entscheidung ist, noch bevor das geplante, hochmoderne Krematorium 1943 in Birkenau in Betrieb gehen kann, dort kurzfristig als Zwischenlösung eine weitere Tötungsstätte zu etablieren. Am 20. März 1942 geht nordwestlich vom Lager Birkenau im »Roten Haus«, einem umgebauten Bauernhaus, eine Gaskammer in Betrieb, in der 800 Menschen eingepfercht und mit Gas erstickt werden können. Genannt »Bunker I«, knapp drei Kilometer vom Nebengleis des Güterbahnhofs Auschwitz entfernt, wo die Transporte mit Häftlingen aus ganz Europa ankommen.

Da am »Roten Haus« weder Platz noch Zeit für den Bau eines Krematoriums ist, werden die Leichen auf nahe gelegenen Wiesen in Gruben verscharrt. Gleiches gilt für »Bunker II«, »Weißes Haus« genannt, ebenfalls ein älterer Bau, abseits vom Lager Birkenau am Waldrand gelegen. Hier können in der eingebauten Gaskammer ab Ende Juni 1942 1200 Menschen auf einmal ins Gas geschickt werden.

Es sind jüdische Frauen, Kinder und Männer, die für ihre Mörder – ob am Schreibtisch oder vor den Gaskammern – keine Menschen, sondern Nummern sind. Tausende sind an der »Endlösung« beteiligt, ohne Zwang, aus Überzeugung: SS-Männer und SS-Frauen, die in KZ, im Reichssicherheitshauptamt in Berlin arbeiten; Experten für Wirtschafts- und Bevölkerungsfragen, Mediziner, Ärztinnen und Juristen in akademischen Institutionen, die Gutachten und Pläne entwerfen und in den Lagern mörderische »wissenschaftliche« Experimente durchführen.

Ihrer Menschenwürde beraubt zu sein ist die grausamste Erfahrung, die alle Frauen machen, die als Häftlinge ins Frauenlager Auschwitz-Birkenau eingeliefert werden. Auch Mala Zimetbaum, Nummer 19880.

1 Marktplatz im polnischen Brzesko heute: Ihn umgeben die gleichen bürgerlich-soliden Häuser wie zu Zeiten von Mala Zimetbaums Kindheit.

2 Brzesko 1929: Jeden Dienstag treffen sich Menschen jüdischen und christlichen Glaubens auf dem Marktplatz zum Kaufen und Verkaufen.

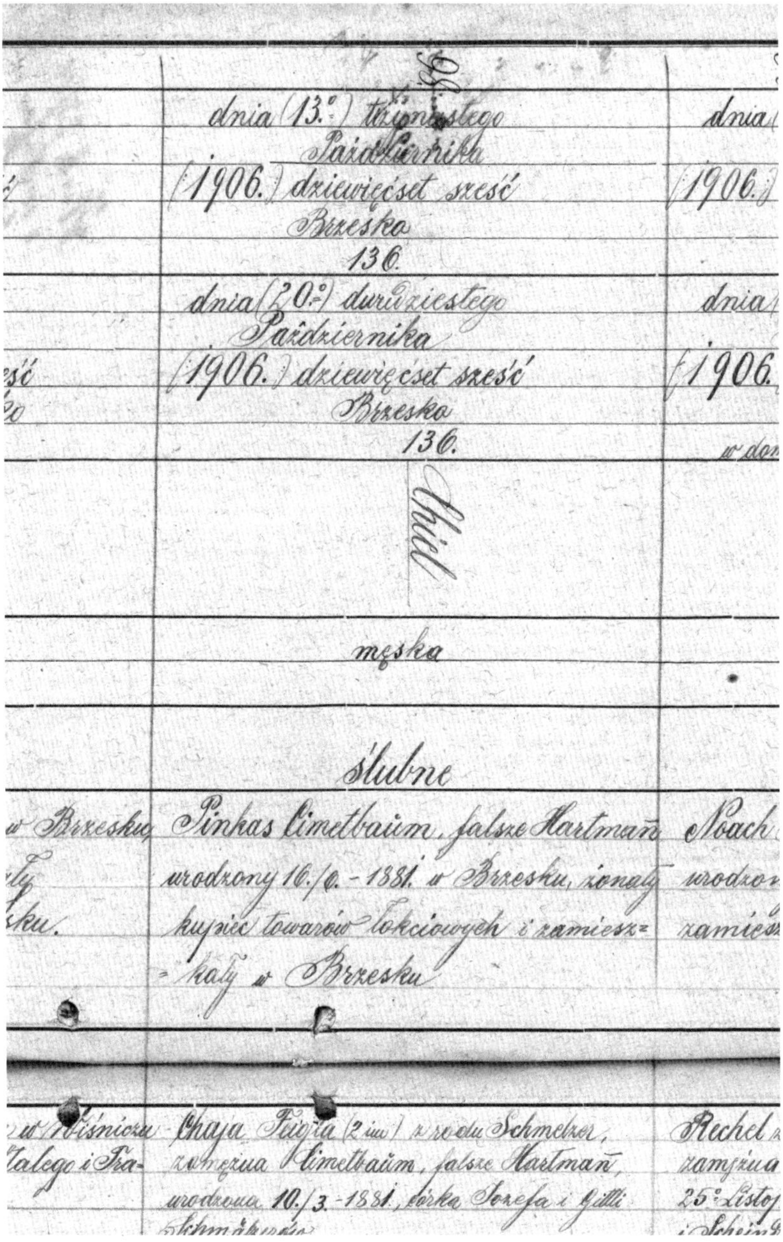
dnia (13.) trzynastego
Października
(1906.) dziewięćset sześć
Brzesko
136.
dnia (20.) dwudziestego
Października
(1906.) dziewięćset sześć
Brzesko
136.
Chiel
męska
ślubne
Pinkas Cimetbaum, falsze Hartmañ
urodzony 16/6.-1881 w Brzesku, żonaty
kupiec towarów łokciowych i zamiesz=
=kały w Brzesku
Chaja Feiga (2 imię) z rodu Schmelzer,
zamężna Cimetbaum, falsze Hartmañ,
urodzona 10/3.-1881, córka Józefa i Gitli

3 Geburtsurkunde von Malas Bruder Chiel, geboren am 13. 10. 1906 als erstes von sechs Kindern. Er starb am 23. 9. 1907. In den bisherigen Biografien nicht erwähnt.

4 Begraben wurde Chiel auf dem jüdischen Friedhof in Bzresko.

5 Grabstein von Josef Schmalzer, Malas Großvater mütterlicherseits. Er hatte ein wichtiges Amt in einer Synagoge von Brzesko.

6 Jüdischer Friedhof in Mainz. Rechts, entlang der Grenze zum Städtischen Hauptfriedhof, wurde Malas Bruder Juda begraben.

	A	B	C	D	E	F	G	H	I	J	K	L	M
1	Name	Vorname	Geburtsname	Geburtsdatum	Sterbetag	Sterbemonat	Sterbejahr	Feld	Reihe	Nummer	Bemerkungen	Beerdigung	OrdNr
3019	[redacted]			20.11.1835	1	4	1891	2	7	11	[redacted]	2.4.1891	486
3020	[redacted]			21.01.1799	12	10	1887	2	2	7	[redacted] 1.10.	13.10.1887	320
3021	[redacted]			28.02.1851	28	3	1916	9	2	9	[redacted]	30.3.1916	1643
3022	[redacted]			1841	10	2	1911	7	4	15	[redacted] aus [redacted]	14.2.1911	1448
302[redacted]				02.1822	28	2	1906	5	8	4	[redacted]	2.3.1906	1192
3024	[redacted]			22.05.1919	28	10	1960	12	11	6	[redacted] 16.8. [redacted]	30.10.1960	
3025	[redacted]			1907	27	5	1908	5	9	12	[redacted]	29.5.1908	1303
3026	[redacted]			06.05.1803	20	12	1886	2	1	9	[redacted]nt	22.12.1886	280
3027	[redacted]			08.11.1854	3	4	1916	7	4	23	[redacted] Eilorf (Kreis [redacted]	6.4.1916	'1645
3028	[redacted]			01.04.1857	28	5	1911	7	4	22	[redacted]	30.5.1911	'1461
3029	[redacted]			14.11.1910	25	6	1941	13	3	11	[redacted] 1	27.7.1943	2709
3030	[redacted]			08.03.1870	7	11	1915	9	2	21	[redacted]	10.11.1915	1625
3031	[redacted]			29.12.1871	31	7	1911	7	5	3	[redacted]	16.8.1911	1472
3032	[redacted]			01.07.1853	18	2	1941	13	8	16		20.2.1941	2682
3033	Zimmetbaum	Juda		1911	30	7	1914	5	9	31	genannt Hartmann, 3 J. alt	31.7.1914	1580
[redacted]						8	1942	6	4		[redacted]		
3035		[redacted]		11.11.1891	31	10	1974	12	7				

7 Dokument der jüdischen Gemeinde Mainz mit Judas Lebensdaten: 1911 – 30. 7. 1914.

8 Vordere Synagogenstraße Mainz: Eine Glaswand erinnert in Originalgröße an die Tür der dortigen Synagoge und den Beginn des »Judenviertels«.

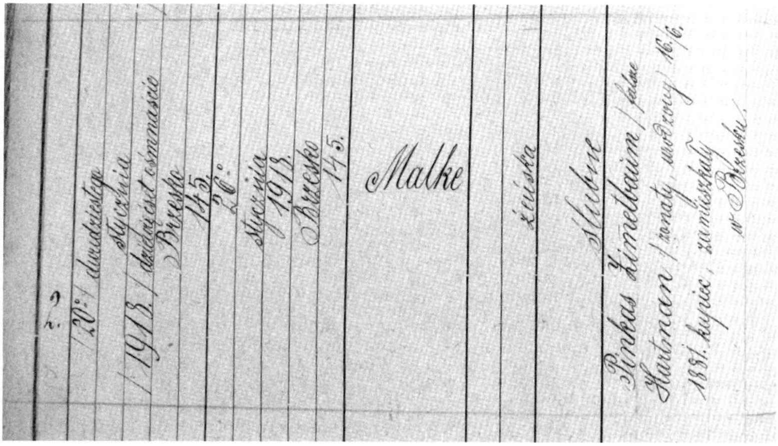
20. / dwudziestego stycznia 1918 / dziewięćset osiemnastego Brzesko 145. 26. stycznia 1918 Brzesko 145.
Malke żeńska
Pinkas Zimetbaum / ... Hartman / ... 1881. kupiec, zamieszkały w Brzesku

9 Mala Zimetbaums Geburtsurkunde: Sie wurde am 20. Januar 1918 in Brzesko geboren. Bisher ist in allen Biografien und Texten außerhalb Polens fälschlich der 26. Januar angegeben.

10 Mala (links) mit ihrer Mutter Chaja Schmalzer und der älteren Schwester Jochka, um 1926 in Brzesko.

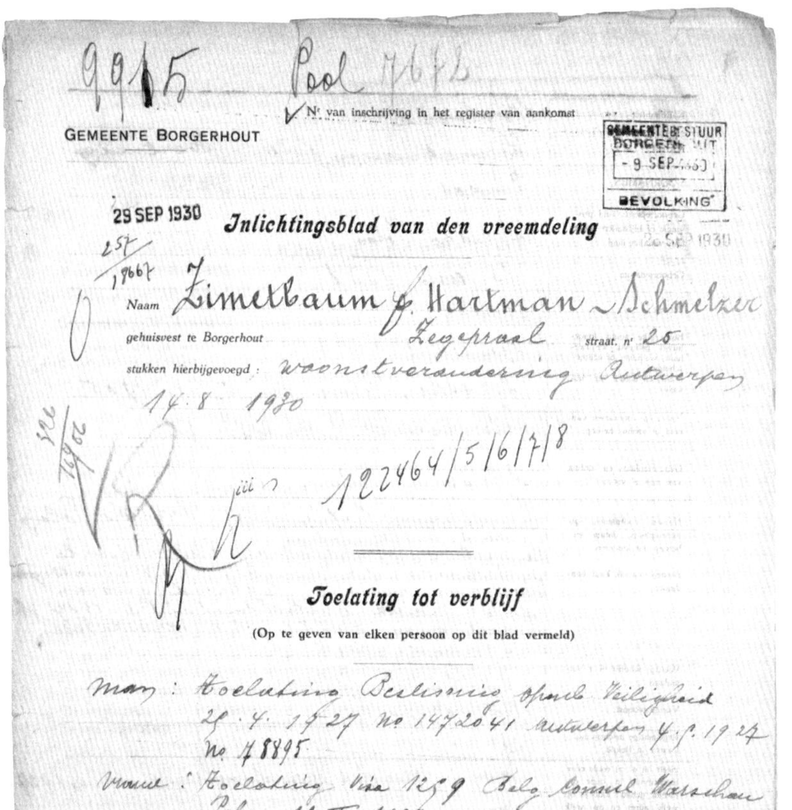
9915 Pol 7672

N' van inschrijving in het register van aankomst

GEMEENTE BORGERHOUT

GEMEENTEBESTUUR BORGERHOUT - 9 SEP 1930 BEVOLKING

29 SEP 1930

Inlichtingsblad van den vreemdeling

25 SEP 1930

257/19667

Naam Zimetbaum f. Hartman – Schmelzer

gehuisvest te Borgerhout Zegepraal straat, n' 25

stukken hierbijgevoegd: woonstverandering Antwerpen 14. 8. 1930

122464/5/6/7/8

Toelating tot verblijf

(Op te geven van elken persoon op dit blad vermeld)

Man: toelating Beslissing openb. Veiligheid 25. 4. 1927 no. 147204 Antwerpen 4. 5. 1927 no. 78895

Vrouw: toelating Visa 1259 Belg. Consul Warschau Pol. 15. II. 1928

Salomon: toelating O. V. 17. 2. 1927 no. 176029 5 Antwerpen 23. 2. 27 no. 76680

Gitla: toelating Visa 170 Belg. Consul Warschau 19. 1. 1929

11 »Toelating tot verblijf« – Aufenthaltserlaubnis für Familie »Zimetbaum/Hartmann-Schmelzer« in Belgien, mit Arbeitserlaubnis verbunden. Getippt 29. 9. 1930.

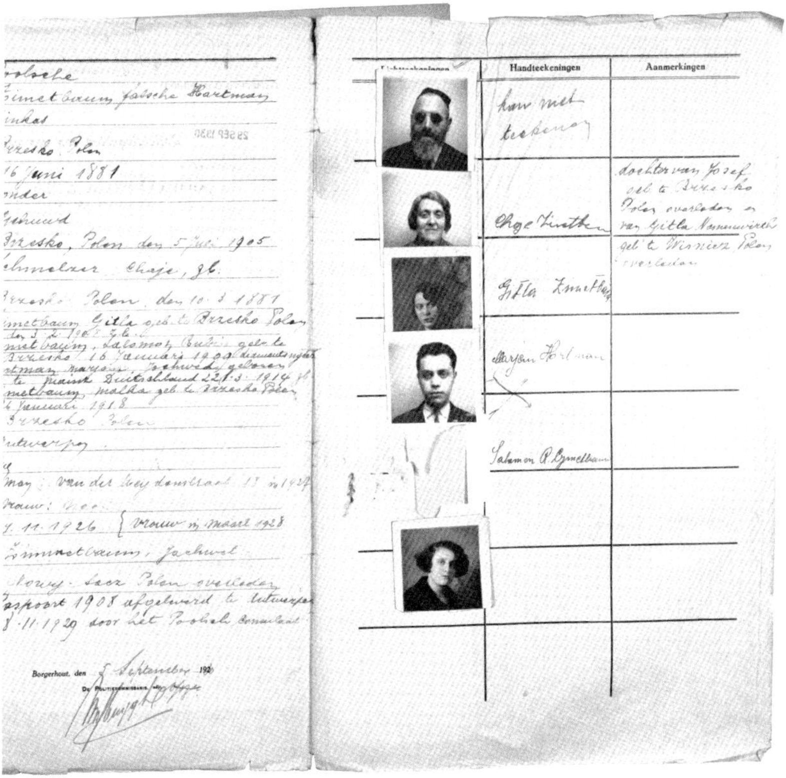

	Handteekeningen	Aanmerkingen

Borgerhout, den

12 Fotos von Malas Eltern, den Geschwistern Gittla, Salamon und Jochka im Aufenthaltsdokument. Die 11-jährige Mala brauchte kein Foto.

13 Pinkas Zimetbaum, Malas Vater, 48 Jahre, und schon so blind, dass er das Dokument 1929 nicht unterzeichnen kann.

14 Mala Zimetbaum, ca. 1932, 14 Jahre, glänzender Schulabschluss in Antwerpen, dann ein Job im eleganten Modehaus »Maison Lilian«.

15 »Antwerpen Centraal«, 1905 eingeweiht. Der Hauptbahnhof ist eine Mischung aus Neorenaissance und Jugendstil. Mala kam 1928 mit ihrer Mutter hier an.

16 »De Boerentoren« am Boulevard Meir in Antwerpen: Mit 87,5 Metern Höhe 1932 Europas größter Wolkenkratzer.

17 Marinisstraat 7, ca. 10 Minuten südwestlich vom Centraal. Im 3. Stock lebte Mala mit ihren Eltern seit Beginn der 1930er.

18 Außen erinnert eine Plakette an »Mala Zimetbaum, ein Symbol der Solidarität«.

19 Mala, ca. 17 oder 18 Jahre alt.

20 Ab 1933 engagiert sich Mala in der zionistischen Jugendbewegung Hanoar Hatzioni, hier bei einem Ausflug in deren Uniform.

21 1938 begegnet Mala dem Juden Charles Sand, 1920 in Antwerpen geboren. Es entwickelt sich eine intensive Beziehung. Ab 1940 gelten sie als verlobt.

22 Dossin-Kaserne in Mecheleń: Im Innenhof des SS-Sammellagers warten belgische Juden auf ihre Registrierung. Von hier werden sie von 1942 bis 1944 in deutsche Vernichtungslager deportiert.

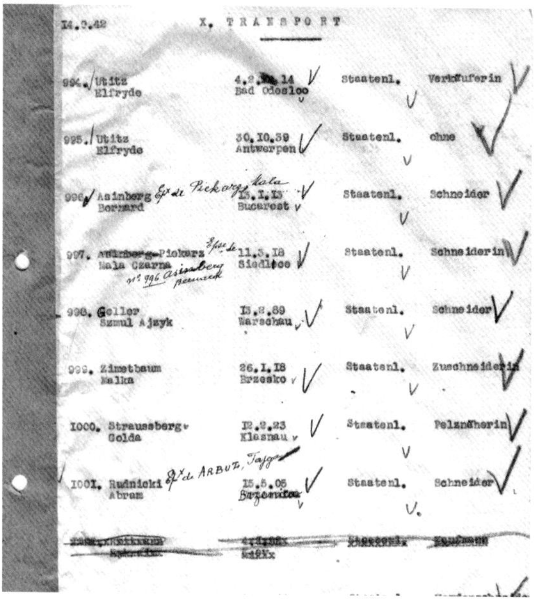

14.9.42 X. TRANSPORT

994.	Utitz Elfryde	4.2.[illegible] 14 Bad Odesloo	Staatenl.	Verkäuferin
995.	Utitz Elfryde	30.10.39 Antwerpen	Staatenl.	ohne
996.	Asinberg Bernard	13.1.13 Bucarest	Staatenl.	Schneider
997.	[illegible]-Piekarz Mala Czarna	11.3.18 Siedlce	Staatenl.	Schneiderin
998.	Geller Szmul Ajzyk	13.2.89 Warschau	Staatenl.	Schneider
999.	Zimetbaum Malka	26.1.18 Brzesko	Staatenl.	Zuschneiderin
1000.	Straussberg Golda	12.2.23 Klasnau	Staatenl.	Pelznäherin
1001.	Rudnicki Abram	15.5.05 Brzeznica	Staatenl.	Schneider

23 Transport X von Mechelen nach Auschwitz am 15. 9. 1942. »Malka Zimetbaum« ist auf der Liste mit 1048 jüdischen Gefangenen als Nr. 999 gekennzeichnet.

24 Schlafkojen in einer Baracke im Frauenlager in Auschwitz-Birkenau. Für 3 ist Platz, doch es müssen sich 8 bis 10 Häftlinge in eine Koje zwängen.

25 Beim Gang zum täglichen Zählappell stützen sich die Frauen in Auschwitz-Birkenau gegenseitig; viele sind krank, entkräftet, verzweifelt.

26 Ab Mai 1944 fahren Viehwaggons mit jüdischen Frauen, Männern, Kindern aus ganz Europa direkt durch das Eingangstor ins Vernichtungslager Auschwitz-Birkenau.

27 An der Rampe im Lager werden die Ankommenden von SS-Männern, -Frauen und -Ärzten »selektiert« und ein großer Teil sofort in die Gaskammern gezwungen.

28 Wachttürme und elektrischer Stacheldraht umgeben das Lager. Den Tod im Draht zu suchen ist ein Akt des Widerstandes.

29 Der Pole Edward Galiński wird im Mai 1940, 16 Jahre alt, ins KZ Auschwitz deportiert und fotografiert. Am 24. Juni 1944 flieht er mit Mala Zimetbaum aus Auschwitz-Birkenau.

30 Charles Sand, Malas Verlobter in Antwerpen, wird am 2. August 1944 nach Auschwitz-Birkenau deportiert. Mala lebt noch, doch beide erfahren nichts voneinander.

31 »Ode an Mala Zimetbaum«: 2019 entstand das Wandbild des Street-Art-Künstlers Joachim Lambrechts in der Montensstraat 4 in Antwerpen, nur Minuten von Malas ehemaliger Wohnung entfernt.

21. Kapitel

MIT PRIVILEGIEN MENSCHENLEBEN RETTEN

Die Macht der SS-Frauen ist grenzenlos – Ohne Funktionshäftlinge geht es nicht – Mala stellt sich in den Dienst der Mörder und Täterinnen

1942-1943

Am 18. September 1942 beginnt für die 24-Jährige im Lager Auschwitz-Birkenau eine Normalität aus Grauen, Unmenschlichkeit und Willkür. Kaum ein Tag vergeht, an dem nicht Frauen aus Transporten, die im Güterbahnhof Auschwitz ankommen, ins Lager geführt, zu Nummern werden und in den übervollen Kojen der Baracken einen Platz suchen. Die Karteikarten der Lagerverwaltung registrieren allein bis Ende September 1162 Frauen aus 9 Transporten aus Frankreich und den Niederlanden und zwei aus der Slowakei als neue Häftlinge. An die 8000 jüdische Männer, Frauen und Kinder dieser September-Transporte werden direkt am Bahnhof für die Gaskammern in den zwei Bunkern außerhalb von Auschwitz-Birkenau in den Tod sortiert.

Die genaue Statistik der Ermordeten kennen die weiblichen Häftlinge, die von den SS-Männern des Stammlagers als Schreiberinnen eingesetzt werden. Die Polin Irka Anis-Schwarz, 1914 geboren, ist Anfang Juni 1942 nach Auschwitz deportiert worden und arbeitet nach der Verlegung des Frauenlagers nach Birkenau in Nachtschicht mit zwanzig anderen jüdischen Sekretärinnen in einem Büro des dortigen Krankenhauses. Sie überlebte: »Jede Nacht mussten wir Totenscheine tippen. Für jeden toten Häftling musste nach speziellen Regelungen eine

Karte ausgestellt werden. … Die Schreiberinnen konnten jegliche Zeit und irgendeine der 34 vorgeschriebenen Krankheiten für den Tod des Opfers wählen … Die Karte musste akkurat ausgefüllt werden, obwohl die Information völlig falsch war, da die Todesursache immer die Gaskammer war.«

Es dauert nur 14 Tage, bis Mala Zimetbaum erlebt, dass für alle Frauen, die ins Lager überwiesen werden, die Normalität tödlicher Willkür weitergeht. Im September 1942 verbreiten sich Typhus und Fleckfieber rasant im Lager. Zu ihrem eigenen Schutz befördern SS-Männer und Ärzte unter Mitarbeit von SS-Frauen an den ersten drei Oktobertagen im Lager Birkenau täglich je 2000, 2012 und 1800 Frauen mit einer Handbewegung ins Gas. Die Lastwagen warten schon, um sie zu den Gaskammern in die Bunker I und II zu bringen, zur »Sonderbehandlung«.

In schriftlichen Unterlagen der SS-Ämter ist ausschließlich von »Sonderbehandlung« die Rede, wenngleich alle, die das lesen, wissen, es geht um den Tod im Gas. Auf den Karteikarten der so getöteten Häftlinge müssen die Häftlings-Schreiberinnen »SB« für »Sonderbehandlung« eintragen, mit der strengen Verpflichtung, niemandem etwas über die Bedeutung dieses Vermerks zu sagen. Einmal kommt ein SS-Offizier im KZ Auschwitz in die Karteiabteilung und fragt eine der Schreiberinnen, was »SB« bedeutet. Sie erwidert, sie wisse es nicht. Der Offizier ruft den Büroleiter und zeigt auf die Schreiberin. Eine Zeugin hat aufgeschrieben, was er dann sagt: »›Sie weiß die Bedeutung von SB nicht. Sie weiß nicht, dass ihre eigene Karte eines Tages auch den Vermerk SB tragen wird‹, und beide brüllten vor Lachen.«

Die gleiche Verschleierungstaktik betrifft die Bunker I und II. Alle, die dort mit der Vergasung zu tun haben, wenn die Lastwagen ihre menschliche Ladung abliefern, sind zu strenger Verschwiegenheit verpflichtet. Natürlich auch das »Sonderkommando« von 300 jüdischen Häftlingen aus dem Stammlager Auschwitz. Da die Bunker keine Verbrennungsanlagen haben, werden die Männer vom Sonderkommando für die anschließende Beseitigung der Leichen in Gruben der Umgebung eingesetzt – bis zum 21. September 1942.

Ab diesem Tag holt eine SS-Spezialeinheit die Leichen aus den Gruben zurück, und dem jüdischen Sonderkommando wird befohlen, unter freiem Himmel Holzstöße zu errichten und bis zu 2000 Leichen auf je einem Holzstoß aufzuschichten. SS-Männer schütten Ölrückstände, Methanol und Körperfett aus den Gaskammern über die Leichen und setzen das Holz in Brand. Von nun an brennen die Feuer Tag und Nacht. Lastwagen holen die Asche ab und fahren sie zu den benachbarten Flüssen Sola und Weichsel. Dort müssen Häftlinge die Asche in den Strom schütten.

Am 30. November 1942 hat das »Sonderkommando Verbrennung« seinen Auftrag erfüllt. Rund 107 000 Leichen ermordeter Frauen, Männer und Kinder sind ausgegraben, verbrannt und als Asche in den beiden Flüssen versenkt worden. Am 9. Dezember wird das Sonderkommando der 300 jüdischen Häftlinge, die bei dieser Arbeit eingesetzt waren, im Stammlager Auschwitz in die Gaskammer befohlen. Es soll keine Zeugen geben.

Mala Zimetbaum ist gerade vier Tage in Auschwitz-Birkenau, als der Wind erstmals den süßlichen Geruch von verbrannten Leichen über das Lager treibt. Der Geruch bleibt, und es dauert nicht lange, da wissen die Frauen, was es damit auf sich hat. Zumal die Funktion der beiden Bunker sich im Frauenlager schon lange herumgesprochen hat. Es gibt keinen Grund, Neuankömmlinge wie Mala Zimetbaum darüber nicht aufzuklären. Auch über das, was Tag und Nacht in Block 25, dem »Todesblock«, passiert und im Zusammenhang mit den Bunkern steht.

Irka Anis-Schwarz, die als weiblicher Häftling zu nächtlicher Arbeit in der Schreibstube im Frauenlager eingesetzt ist, wird Zeugin: »Block 25 lag gegenüber unserer Schreibstube und enthielt die für die Gaskammern Bestimmten. Die Frauen darin lagen in Fetzen, Dreck und Kot. … Sie wussten, dass bald SS-Leute zusammen mit der SS-Arbeitsdienstführerin Drechsler und drei oder vier ihrer Helfer sie auf einen Lastwagen werfen würden … Pünktlich um halb neun kam ein Lastwagen mit der SS-Wache. Kurz danach hörte ich die Schreie der Opfer, die unter Gewehr- und Knüppelschlägen an Haaren und Gliedern fortgeschleift und auf die Lastwagen geschleudert wurden. … Lastwagen nach Lastwagen verschwand mit seiner Fracht, bis Block 25 leer war.«

»SS-Arbeitsdienstführerin Drechsler«: Margot Drechsler (auch Drechsel oder Drexel), Jahrgang 1908, wechselt im Januar 1941 freiwillig und erfolgreich ihren Job in einem Büro in Berlin mit der Ausbildung zur SS-Aufseherin im Frauen-KZ Ravensbrück. Am 27. April 1942 wird sie mit einem Häftlingstransport ins KZ Auschwitz geschickt. Dort soll sie zusammen mit SS-Offizieren und weiteren SS-Aufseherinnen das neue Frauenlager leiten. Nach der Verlegung des Frauenlagers im August wird Margot Drechsler in Auschwitz-Birkenau Rapportführerin und damit oberste SS-Aufseherin – bis zum 8. Oktober 1942, als Maria Mandl diese Stelle übernimmt.

Maria Mandl, 1912 in Österreich geboren, hat sich 1938 zur Ausbildung als KZ-Aufseherin im KZ Lichtenburg in Sachsen beworben. Als das im Mai 1939 aufgelöst wird, kommt sie mit allen SS-Aufseherinnen und 867 weiblichen Häftlingen ins neu gegründete Frauen-KZ Ravensbrück, knapp 90 Kilometer nördlich von Berlin. Sie wird Kommandoführerin für Häftlinge, die außerhalb des Lagers arbeiten müssen. Als SS-Arrestaufseherin im Lagergefängnis wendet sie bei gefangenen Frauen regelmäßig die Prügelstrafe an. Auf ihren Antrag hin wird Maria Mandl am 1. April 1942 in die NSDAP aufgenommen und Ende des Monats zur Oberaufseherin befördert. In dieser Funktion wird sie am 8. Oktober 1942 von Ravensbrück ins Frauenlager Auschwitz-Birkenau versetzt. Damit ist sie zuständig für alle SS-Aufseherinnen im Lager.

Obwohl sie das Markenzeichen »SS« im Titel führen dürfen, sind diese Frauen keine Mitglieder der SS; die ist und bleibt ein Männerbund. Die Aufseherinnen tragen keine SS-Uniformen und haben keine SS-Dienstränge. Sie sind Reichsangestellte im öffentlichen Dienst, bekommen nach drei Monaten Probezeit eine feste Anstellung in Besoldungsstelle VIII. Eine 25-jährige SS-Aufseherin, ledig, verdient monatlich netto 105,10 Reichsmark, nach damaligen Verhältnissen eine gute Bezahlung. Unterkunft und Verpflegung im Lager sind frei. In den Stellenbeschreibungen werden »keine besonderen Kenntnisse« verlangt, »lediglich die Bewachung von Häftlingen«.

Eine Arbeit, die Frauen ohne Ausbildung anspricht. Seit März 1942 gibt es sechswöchige Ausbildungskurse im Frauen-KZ Ravensbrück, die allerdings schnell kürzer werden. Am Ende reichen fünf Tage für eine Anstellung. Entscheidend sind eine Beurteilung des Lebenswandels durch die Gestapo und ein schriftliches Bekenntnis zum Nationalsozialismus. Die Frauen, die sich ab 1943 bewerben, sind im Durchschnitt zwischen 19 und 23 Jahren alt. Sie wurden in der Schule und im Bund deutscher Mädel mit der nationalsozialistischen Ideologie sozialisiert. Aufseherinnen können ihren Job jederzeit kündigen, müssen nur weiterhin berufstätig bleiben. Jede Arbeitskraft wird gebraucht in den Kriegszeiten.

Die SS-Aufseherinnen haben unterschiedliche Funktionen im Lager. Als Kommandoführerinnen bewachen sie Frauen, die außerhalb des Lagers schwere Arbeit verrichten. Arrestführerinnen sind für Prügelstrafen zuständig. In den Baracken müssen die Blockführerin und ihre Stellvertreterin für Ordnung sorgen. Die Oberaufseherin informiert über die Arbeitsleistungen der Häftlinge, deren innere Einstellung und Gemütslage.

Die Aufseherinnen sind in ihrem Verhalten und Auftreten gegenüber den Häftlingen völlig frei. Ihre Macht über Leben und Tod der gefangenen Frauen kennt fast keine Grenzen. Je brutaler und rücksichtsloser sie auftreten, desto größer sind ihre Chancen, im KZ »Karriere« zu machen. Etliche haben einen Hund an ihrer Seite, der hemmungslos zubeißen darf. Zur Ausrüstung der Aufseherinnen gehört eine Pistole. Auch Ärztinnen, Krankenschwestern, Laborantinnen zählen zum weiblichen SS-Personal. Statistiken für die einzelnen Frauenlager gibt es nicht, aber eine Schätzung der Anzahl der KZ-Aufseherinnen insgesamt zwischen 1939 und 1945: 3500 bis 4000 Frauen haben freiwillig diese Arbeit gemacht.

Die Zahl der SS-Aufseherinnen reicht jedoch bei weitem nicht aus, den Betrieb im neuen Frauenlager Auschwitz-Birkenau, wo ständig Tausende von Frauen, nicht selten über zehntausend, als Gefangene leben, aufzubauen und fest im Griff zu behalten. Wie in den anderen KZ hat die SS-Verwaltung in Birkenau eine parallele Häftlingsverwaltung organisiert, die ihr in vielen Funktionen assistiert und in zentralen Bereichen selbständig arbeitet. Diese »Funktionshäftlinge« sitzen nicht nur in den Schreibstuben und helfen im Krankenrevier. Ihnen werden wichtige Aufgaben wie die Positionen der Blockältesten – die »Blockowa« – übertragen. Auch alle »Kapos« – die als Vorarbeiterinnen, Bewacherinnen und Antreiberinnen der arbeitenden Häftlinge eingesetzt werden – sind Funktionshäftlinge. Und zu Funktionshäftlingen werden nicht nur »Kriminelle« und »politische« Häftlinge, sondern auch jüdische Gefangene, Frauen und Männer, ernannt.

Als Maria Mandl als Oberaufseherin nach Auschwitz-Birkenau kommt, lebt Mala Zimetbaum seit drei Wochen im Frauenlager. Zweimal am Tag gibt es Essensrationen: morgens und abends je 0,5 Liter einer undefinierbaren, oft stinkenden Flüssigkeit, dazu abends 200 Gramm Brot, manchmal mit einer minimalen Zugabe wie einem Klecks Margarine. Wenn Darm oder Blase sich melden, bleibt nur der Gang zum Latrinenblock. In einer Baracke sind in sechs Reihen Betonsockel mit Löchern angebracht, meist mit menschlichen Exkrementen gefüllt. 250 weibliche Häftlinge sollen hier gleichzeitig ihre Notdurft verrichten. Morgens und gegen Abend bilden sich lange Schlangen vor dem Eingang, eine ideale Gelegenheit für die gefangenen Frauen, sich unauffällig zu treffen, Nachrichten auszutauschen, die lebenswichtig sein können. Denn jede darf sich nur in ihrem Block, für den sie registriert ist, aufhalten und keinen fremden betreten.

Bis zum Jahresende 1942 kommen sieben weitere Transporte aus Belgien an. Wenn Mala Glück hat, werden davon Häftlinge, die die tödliche Selektion am Bahnhof Auschwitz überstanden haben, in ihren Block gebracht und sie kann versuchen, Kontakt aufzunehmen: Sind Frauen aus Antwerpen dabei? Vielleicht sogar welche, die sie kennt? Gemeinsame Erinnerungen können ausgetauscht werden. Was Mala nicht erfährt: Am 26. Oktober werden 895 Menschen von den Transporten XIV und XV aus Mechelen vom Güterbahnhof Auschwitz direkt in die »Bunker« geleitet. Unter den 173 Mädchen und 148 Jungen, die dort mit den Erwachsenen in die Gaskammern gedrängt werden, sind Malas Neffen Max und Bernard, 6 und 5 Jahre alt. Vielleicht zwei Monate ist es her, dass Mala als Mitarbeiterin in der Dossin-Kaserne die beiden vor einem Transport retten und zurück zu den Großeltern in die Marinisstraat 7 schicken konnte.

Auch ohne dieses tödliche Wissen liegen Welten zwischen Mechelen und Auschwitz. Wie reagiert Mala Zimetbaum auf die Erkenntnis, an einen Ort gezwungen zu sein, der alle menschlichen Vorstellungen von Grausamkeit und Willkür übertrifft? Wo das Leben von Menschen, zu Nummern degradiert, ihre Würde, ihre Gefühle – die seelischen und die körperlichen – nichts gelten, jederzeit zutiefst und grausam verletzt und ausgelöscht werden können?

In den Zeugnissen der Frauen, die überlebt haben und niederschrieben, was die Ankunft im Lager in ihnen und ihren Mitgefangenen auslöste – oder es in Interviews dokumentierten –, zeigen sich in Umrissen drei Reaktionen. Die einen verweigern sich jedem Schritt in die Welt der Unmenschlichkeit. Den sofortigen Tod zu suchen, sich aus der Menge zu lösen und in den elektrischen Draht zu laufen, der das Lager umgibt, ist für sie der größtmögliche Widerstand. Andere wollen um jeden Preis überleben – auch das ein Akt des Widerstands – und sehen ihre Überlebenschance darin, unauffällig alles zu tun, was man von ihnen verlangt. Sie versuchen, in der Menge der Häftlinge zu verschwinden, niemals in der ersten Reihe aufzutauchen.

Und dann gibt es Frauen, die sich bewusst in die erste Reihe stellen. Die auf ihre Fähigkeiten aufmerksam machen, weil sie erkannt haben, wie sehr die SS-Hierarchie auf weibliche Häftlinge angewiesen ist, um ihr Terrorregime durchsetzen zu können. Die überzeugt sind, durch das Insider-Wissen als Funktionshäftling Vernichtungsaktionen durchkreuzen, seelische wie körperliche Leiden ihrer Mitgefangenen lindern zu können. Mala Zimetbaum gehört in diese Gruppe.

Das genaue Datum ist unbekannt, aber wohl zum Anfang des neuen Jahres 1943 ernennt die SS-Oberaufseherin Maria Mandl sie zur »Läuferin« und »Dolmetscherin«, und damit wird Mala Zimetbaum ein Funktionshäftling. Das Vertrauen, das die SS-Rapportführerin Margot Drechsler in die Läuferin Mala setzt, lässt darauf schließen, dass sie sehr mit dieser Wahl einverstanden ist, vielleicht sogar Mala vorgeschlagen hat.

Aus Malas bisherigem Verhalten unter ähnlichen, wenngleich weniger unmenschlichen Umständen, ist denkbar, dass sie ihre Sprachkenntnisse den SS-Aufseherinnen im Lager Birkenau anbietet, so wie sie sich im Fort Breendonk gemeldet hatte, als nach Schreibmaschinenkenntnissen gefragt wurde.

Vielleicht werden die SS-Aufseherinnen auch von anderen Häftlingen auf Malas Talent aufmerksam gemacht. Léa Karbi kommt im April 1942 mit einem Transport aus der Slowakei ins Stammlager Auschwitz und zählt zu den Frauen, die ins neue Frauenlager Auschwitz-Birkenau verlegt werden. Als Überlebende hat sie Zeugnis gegeben, dass sie Mala Zimetbaum bald nach deren Ankunft in Birkenau getroffen hat: »Sie konnte mehrere Sprachen und war sehr begabt. Als wir jemanden brauchten, um Französisches ins Deutsche zu übersetzen, hat sie sich angeboten.«

Ihre Fähigkeiten und Talente in den Dienst anderer zu stellen ist nichts Neues, nichts Besonderes für Mala Zimetbaum. Viele Stunden, die sie in Antwerpen mit Gleichgesinnten bei Hanoir-Hatzioni-Treffen verbrachte, waren geprägt durch das Einüben solcher Tugenden – solidarisch zu sein, Verantwortung zu übernehmen. »Sei stark und mutig«, hieß die Lebensdevise von Hanoir Hatzioni: Wenn es um das Schicksal von anderen ging, aber auch um das eigene Überleben.

Mala hat kein Problem damit, moderne zionistische Ideale wie die Rückkehr der Juden nach Palästina mit ihrem Aufwachsen in einer orthodox-jüdischen Familie zu verbinden. Mit ihrem Verlobten Charles macht sie an Sonntagen Radtouren in die Umgebung, keine Rede von einer traditionellen jüdischen arrangierten Heirat. Die Jüdin Mala Zimetbaum ist mit Gegensätzen aufgewachsen, hat gelernt, Widersprüche auszuhalten. Sie hat Erfahrung darin, kreativ ihren eigenen Weg zu gehen, sich Problemen zu stellen und nicht auszuweichen.

Sowenig wir über Mala aus den ersten Monaten im Lager wissen: Sie ist nicht unauffällig in der Menge der Häftlinge untergetaucht. Sie ist bereit, ihre Talente für die Mithäftlinge im Lager einzusetzen, wohl wissend, dass sie damit den SS-Frauen auffällt. Und damit auch bereit, in den Dienst der Menschen zu treten, die den Häftlingen das Leben zur Hölle machen. Nicht als Komplizin, sondern entschlossen, mit ihrem privilegierten Wissen SS-Mitarbeiterinnen und staatlich eingesetzte Mörder im Lager zu überlisten. Dass sie als Funktionshäftling Privilegien erhält, die ihr das Leben im Frauenlager wesentlich erleichtern und somit verlängern, akzeptiert sie selbstbewusst.

Mala wird sich keine Illusionen machen: Ihre Bereitschaft, ihre Kenntnisse als Läuferin und Dolmetscherin heimlich zum Überleben von Häftlingen zu nutzen, kann immer nur einzelnen Frauen im Lager Auschwitz-Birkenau gelten. Doch als Jüdin kann sie sich durch eine Aussage im Talmud, der neben der biblischen Tora die wichtigsten Auslegungen jüdischer Schriftgelehrten über zwei Jahrtausende enthält, ermutigt und gestärkt fühlen: »Wer ein einziges Menschenleben rettet, dem wird es angerechnet, als würde er die ganze Welt retten.« Und sie weiß längst, dass auf jede Frau, die sie rettet, Tausende ermordete kommen.

Am 1. Dezember 1942 zählt die offizielle Statistik 8232 weibliche Häftlinge im Frauenlager Auschwitz-Birkenau. Eine Zahl, die für die alltägliche mörderische Willkür ohne Bedeutung ist. Am 5. Dezember erscheinen SS-Männer im Lager. Begleitet von SS-Aufseherinnen und Blockältesten nehmen sie Baracke für Baracke die Frauen in den Blick. Am Ende des Tages sind rund 2000 Frauen, vor allem Jüdinnen, für die Gaskammern notiert. Wer den Tag überlebt, kann es nicht fassen: Nicht Kranke, Schwache oder Alte wurden in den Tod geschickt, sondern junge, gesunde, arbeitsfähige Frauen. Eine Demonstration, die das letzte Fünkchen Hoffnung auslöschen soll: Jede, die wir an diesen Ort bringen, ist uns total ausgeliefert.

Die Pläne für den Ausbau des Gesamtlagers Auschwitz waren noch längst nicht abgeschlossen. Da befahl am 16. Dezember 1942 Heinrich Himmler, Chef der deutschen Polizei, der SS – und damit aller KZ –, in allen von Deutschland besetzten Gebieten »Zigeunermischlinge, Rom-Zigeuner und nicht deutschblütige Angehörige zigeunerischer Sippen balkanischer Herkunft« zu fassen und nach Auschwitz zu deportieren. Auch Sinti und Roma wurden Teil der »Endlösung«.

Am 28. Dezember wird im Frauenlager der Block 30 des Krankenreviers für den Gynäkologen Dr. Carl Clauberg frei gemacht. Auf Befehl Himmlers, dessen Kontakt Clauberg im Sommer 1942 gesucht hat, um mit einer neuen Methode Experimente zur Sterilisation von Frauen durchführen zu können. Der Reichsführer SS ist sehr daran interessiert, den Nachwuchs

»minderwertiger Rassen« im Keim zu ersticken; auch Arier sollen kein »unwertes menschliches Leben« zeugen können. Der 48-jährige Mediziner spritzt von nun an weiblichen Häftlingen, die in Block 30 eingewiesen werden, ein Präparat in die Eileiter, das diese entzünden und verkleben soll.

Dr. Clauberg kann sich im Lager Birkenau mühelos mit seinem Kollegen Dr. Horst Schumann austauschen, der seit dem 2. November im Kranken-Block 28 in gleicher Sache auf einer Versuchsstation mit Röntgenanlage experimentiert. Der 36-jährige Schumann war als Medizinstudent 1930 in die NSDAP eingetreten und hat in den 1930ern am Gesetz zur »Ausmerzung erbkranken Nachwuchses« mitgewirkt. Aktiv war er am Euthanasie-Mordprogramm »T4« beteiligt. Unter seiner Leitung wurden in der Tötungsanstalt Sonnenstein bei Pirna von Juni 1940 bis August 1941 über 1000 KZ-Häftlinge und 13720 psychisch und physisch kranke Menschen ermordet. Im Krankenrevier von Auschwitz-Birkenau erprobt er erst einmal an männlichen Häftlingen, ob Röntgenbestrahlungen unfruchtbar machen. Anschließend setzt er die Experimente mit Frauen fort.

In den letzten Dezembertagen 1942 fällt SS-Aufseherinnen auf, dass morgens, wenn alle Frauen zur Arbeit im Lager oder außerhalb antreten müssen, nicht nur Kranke und Schwache in den Baracken bleiben. In Block 7 sind es an einem Morgen rund 300 Frauen, 20 Prozent, die sich versteckt erfolgreich der Arbeit verweigern. Das ist ein Fall für die Oberaufseherin. Seit ihrem Dienst im Frauen-KZ Ravensbrück begleitet Maria Mandl der Ruf, besonderen Wert auf einen gnadenlosen Zählappell zu legen.

Ab den ersten Dezembertagen 1942 werden alle Frauen in Birkenau, die nicht innerhalb der Baracken und im Lager für Sauberkeit und Ordnung sorgen müssen, an jedem Arbeitstag zu früher Stunde zum »Zählappell« vor Block 6. Ein natürliches Todesurteil für nicht wenige Frauen, die krank oder völlig am Ende ihrer Kräfte sind. Alle müssen sich in Reih und Glied bei jedem Wetter aufrecht halten, egal, wie viele Stunden die Aktion dauert. Dass Mala – wie alle Funktionshäftlinge – nicht zu diesen mörderischen Appellen antreten muss, ist eine der wichtigsten Privilegien, die ihre Lebenszeit im Lager Birkenau wesentlich verlängern kann.

22. Kapitel

LÄUFERIN MALA IST NICHT KORRUMPIERBAR

»Mädchen, seid mutig!« – Wohin fahren die Menschen in den Lastwagen? – Niemals ein Schlag ins Gesicht – Leichtere Arbeit für Kranke und Schwache – Die Lebensverhältnisse im Frauenlager: miserabler als in allen anderen

1943

Am 20. Januar 1943 wird Mala Zimetbaum im Frauenlager Auschwitz-Birkenau 25 Jahre alt. Zwei Tage zuvor sind die Transporte XVIII und XIX mit insgesamt 1555 jüdischen Frauen, Männern und Kindern aus Mechelen auf einem Nebengleis des Güterbahnhofs Auschwitz angekommen. Von ihnen werden 1087 ins Gas selektiert, darunter 162 Jungen und 125 Mädchen. Was Mala nicht wissen und nicht ahnen kann: Unter den Menschen, die unverzüglich mit Lastwagen in die Gaskammern der Bunker I und II außerhalb des Lagers Birkenau gefahren werden, sind diesmal ihre Eltern, Pinkas Zimetbaum und Chaja Schmalzer, 62 Jahre alt, und deren Enkel Hermann – Herschele –, Malas Neffe, 1940 in Antwerpen geboren.

Mala Zimetbaum nutzt ihre Bewegungsfreiheit als Läuferin, um die Frauen, die aus Transporten von Belgien und Frankreich per Fußmarsch vom Bahnhof Auschwitz ins Lager Birkenau getrieben werden, menschlich aufzufangen. Noch unter Schock stehend, nackt, kahl rasiert und mit einer Nummer tätowiert, erleben die Angekommenen eine junge Frau, die mit ihrer Mimik eine tröstliche Botschaft an die Verstörten und Verzweifelten sendet und mit sanfter Stimme sagt: »Ich bin Mala, guten Tag« und »Mädchen, seid mutig«.

Ob aus Belgien oder Frankreich: Für alle Deportierten ist es herzerwärmend. Und Mala kann erkunden, noch bevor die neuen Häftlinge, die der Selektion ins Gas entkamen, auf die verschiedenen Blocks verteilt werden, ob Familienmitglieder, Bekannte oder Freundinnen aus Belgien dabei sind. Für die Französinnen ist es ein unerwartetes Geschenk, nach all den gebrüllten deutschen Befehlen von einem Menschen verstanden und in ihrer Sprache angesprochen zu werden.

Malas Auftreten zeigt: Sie kann damit leben, dass sie auswählen muss. Ihre Alternative heißt nicht: Entweder alle Frauen aus allen Transporten Mut machend zu begrüßen, was unmöglich ist – oder keiner. In den folgenden Wochen findet Mala heraus, wie sie mit ihrer besonderen Stellung einigen Frauen das Leben erleichtern, sogar retten kann, unabhängig von deren Nationalität, Glauben oder politischen Ansichten. Sie kann die Mordpläne durchkreuzen, wenn sie bereit ist, für sich selber lebensgefährliche Risiken einzugehen. Im Lauf des Frühjahrs wird Mala, die Läuferin, immer sichtbarer für die Gefangenen im Lager.

Am 29. Januar 1943 meldet der Leiter der Zentralbauleitung Auschwitz an seinen Vorgesetzten in Berlin: »Das Krematorium II wurde unter Einsatz aller verfügbaren Kräfte trotz unsagbarer Schwierigkeiten und Frostwetter bei Tag- und Nachtbetrieb bis auf bauliche Kleinigkeiten fertiggestellt.« Im Beisein des Experten der ausführenden Firma Topf & Söhne, Erfurt, wurden »die Öfen angefeuert und funktionierten tadellos«. Das neue Krematorium II, in dem innerhalb von 24 Stunden 1440 Leichen verbrannt werden können, liegt im Erdgeschoss des Neubaus, direkt am westlichen Ausgang des Frauenlagers. Bis Ende Juni werden nach diesem Muster im sichtbaren Umkreis drei weitere Krematorien nebst Gaskammern gebaut.

Zur Gaskammer vom Krematorium II, die als »Bad« und »Desinfektionsraum« ausgeschildert ist und in die bis zu 2000 Menschen gezwängt werden können, müssen die selektierten Häftlinge in den Keller gehen. Das tödliche Zyklon B wird von oben durch vier »Stützpfeiler« in den »Duschraum« geschüttet. Es braucht 20 Minuten und länger, um bei allen Menschen zum Tod zu führen. Ein SS-Mann beobachtet von außen durch ein Guckloch in einer Millimeter dicken Doppelglasscheibe das Sterben. Für den Transport der Leichen von der Gaskammer in die Verbrennungsöfen im Parterre hat die Firma in Erfurt eigens elektrische Aufzüge konzipiert. Aus dem flachen Bau ragt unübersehbar der steinerne Kamin in den Himmel.

Schon vor dem 29. Januar 1943 haben die Frauen, sobald sie im Lager Auschwitz-Birkenau ankommen, gefragt, wo alte Freundinnen, kranke Ehemänner und Großmütter, aber auch ihre Kinder, die unbedingt mit dem Lastwagen fahren wollten, denn geblieben sind. Sie müssten doch, wie versprochen, längst im Lager angekommen sein. Wenn es statt Achselzucken eine schockierende Antwort gab, konnte die bisher nicht belegt werden. Für die Zeit ab Ende Januar 1943 überliefern vielfache Zeugnisse der überlebenden Frauen, was sie auf ihre Nachfrage – entweder noch im Raum, wo rasiert und tätowiert wird, oder schon im Lagerblock – erfahren: »Seht ihr den Rauch, der da aufsteigt? Sie verbrennen gerade.« Die Reaktionen waren einmütig: »Das kann nicht wahr sein, das ist doch eine Fabrik.« – »Nein, sie sind vergast worden.« Das ist die sensible Version.

Mit Verweis auf den Schornstein, den sie der Fragenden durch die offene Tür zeigt, sagt eine Blockowa: »Siehst du den Rauch … Da sind deine Freunde und braten schon … und dadurch wirst du auch verschwinden …« Oder es kommt der Hinweis von einem SS-Mann, von einem »leicht teuflischen Lachen« begleitet, dass »man hier nur durch den Kamin wieder rauskommt«.

Ob die Blockowa, ein weiblicher Funktionshäftling, oder der SS-Mann: Alle scheinen sicher zu sein, innerhalb des Lagers über den Mord im Gas reden zu können. Nach außen jedoch sind die obersten SS-Chargen weiterhin streng darauf bedacht, dass ein absolutes Geheimnis bleibt, was sich konkret hinter der »Sonderbehandlung« der Juden verbirgt.

Am 1. Januar 1943 erhält Ludwig Damm, Sachbearbeiter in der Verwaltung in Auschwitz, einen »strengen Verweis« vom Auschwitz-Kommandanten Rudolf Höß. Der 32-jährige SS-Mann hat im Dezember außerhalb des Lagers mit Soldaten und Parteigenossen über das »Judenproblem« gesprochen und »tätigte hierbei Äußerungen über die Lösung der Judenfrage in Auschwitz«. Das könne »Unruhe in die Bevölkerung bringen«.

Gut sechs Monate später, am 11. Juli 1943, lässt Martin Bormann, Leiter der Partei-Kanzlei im Rang eines Reichsministers, einer der engsten Vertrauten von Adolf Hitler, ein Rundschreiben mit dem Stempel »Geheim« verschicken: »Im Auftrage des Führers teile ich mit: Bei der öffentlichen Behandlung der Judenfrage muss jede Erörterung einer künftigen Gesamtlösung unterbleiben.« Man könne allerdings davon sprechen, »dass die Juden geschlossen zu zweckentsprechendem Arbeitseinsatz herangezogen werden«.

Die Zentrale für die obersten SS-Frauen im Lager Auschwitz-Birkenau liegt direkt neben dem Haupttor. Hier ist das Arbeitsrevier von Maria Mandl, der SS-Oberaufseherin, und der SS-Rapportführerin Margot Drechsler. Hier stehen die Läuferinnen und Dolmetscherinnen, egal ob in glühender Sonne oder bei klirrender Kälte im Schnee, und warten, bis drinnen eine der Frauen laut nach einer »Läuferin« brüllt. Wer an der Reihe ist, geht hinein und erhält schriftliche oder mündliche Befehle und Informationen auf Deutsch. Die Läuferinnen müssen sie an die verschiedenen Stellen im Lager – das Krankenrevier, die vielen Häftlingsblocks, an Arbeitskommandos, Lagerärzte und -ärztinnen – weitergeben und in vielen Fällen übersetzen.

Nicht selten sind es vertrauliche Botschaften, die sich die Läuferinnen in aller Ruhe genau ansehen und einprägen können. Dass Mala ihre Aufträge schnell, präzise und genau erfüllt, spricht sich bald bei Mandl, Drechsler und den ihnen untergebenen SS-Frauen herum. Ebenso so schnell macht bei Funktionshäftlingen wie den Blockowas und vor allem einzelnen gefangenen Frauen, denen Mala einen Befehl überbringt, die Runde, dass sie selbstbewusst, aber nicht arrogant auftritt. Niemals ihre Autorität mit einem Schlag ins Gesicht unterstreicht, was im Lager zum Alltag gehört, oder auch nur mit einer angedeuteten erhobenen Hand. Dass sie alle wie Menschen behandelt, die ihre eigene Würde haben – ob Jüdinnen oder Christinnen und egal, aus welchem Land sie nach Auschwitz verschleppt worden sind. Das erregt Aufsehen in einer Umgebung, in der Menschen nicht nur durch die Tätowierung auf dem linken Unterarm, sondern im täglichen Umgang tatsächlich zu Nummern degradiert, ent-menschlicht werden.

Am 6. Februar ist die Nacht um 3.30 Uhr mit Gebrüll für alle gefangenen Frauen im Lager zu Ende. Bevor sie auf ihrer Koje versuchen können, ihre wenigen Kleidungsstücke anzuziehen, werden sie aus den Baracken aufs freie Feld getrieben: »Die Drähte sind weiß von Frost. Appell: Tausende von Frauen stehen in Fünferreihen. Stunden verstreichen, du fühlst keinen Schmerz mehr in den frierenden Beinen, in den blauen Fingern. … Von Mund zu Mund schleicht sich das fürchterliche Wort ›Generalappell!‹ … für wie viele bedeutet er das Todesurteil? Werde ich es sein, oder meine Schwester oder beide? Und schon fuchteln die Lagerkapos, die Lagerälteste und unzählige SS-Männer und SS-Aufseherinnen mit Schlagstöcken umher, die Hunde heulen …«

Margita Schwalbová, die als Medizinstudentin in Prag im März 1942 verhaftet und mit den ersten Transporten slowakischer Jüdinnen ins Frauenlager von Auschwitz und wenig später nach Birkenau verschleppt wird, überlebt das Vernichtungslager. Sie hat aufgeschrieben, was ihr zusammen mit den anderen Frauen an jenem Februarmorgen widerfuhr.

Sie müssen aufrecht stehen – in Schnee und Kälte, ohne jede Nahrung bis 17 Uhr. Wer auch nur den Rücken krümmt, bekommt den Knüppel zu spüren, aber ebenso wer vor Schwäche zu Boden sinkt. Im Laufschritt geht es nach über zehn Stunden zurück ins Lager. Wieder sitzen die Knüppel locker, wenn die völlig erschöpften Frauen ihre Schritte verlangsamen. Alle, die es nicht bis ins Lager schaffen, werden wenig später in die Gaskammer transportiert. Außerdem wird ein Leichen-Kommando gezwungen, die toten Frauen, die den »Generalappell« noch vor dem Rückweg nicht überlebten, auf dem freien Feld einzusammeln.

Wer innerhalb des Lagers zusammengebrochen ist, kommt in den Todesblock 25. Eine junge französische Gefangene geht am Abend am Block vorbei. Margita Schwalbová beobachtet sie aus einem Revierfenster: »Aus dem Fenster des Blocks sieht sie ausgestreckte Hände, jemand bittet: ›Wasser!‹, die junge Französin bringt ein Glas Wasser. Der Rapportführer erwischt sie dabei. Als Strafe kommt sie auch auf Block 25, und am anderen Tag wird sie mit dem Transport vergast.« Insgesamt kommen bei diesem »Generalappell« von den rund 3000 Häftlingen etwa 1000 ums Leben.

Die Gruppe der Funktionshäftlinge, die gebraucht werden, um den Lagerbetrieb aufrechtzuerhalten, kann sich beim »Generalappell« wie bei allen anderen in ihre Unterkünfte zurückziehen. Ein Privileg, das die positiven Lebensaussichten im Lager dramatisch um viele Monate erhöht. Bei den »normalen« weiblichen Häftlingen dagegen liegt die Lebenserwartung nach der Ankunft im Lager Birkenau zwischen vier und maximal sechs Monaten.

Mala, die Läuferin, hat zusammen mit drei Kolleginnen einen winzigen privaten Raum. Er befindet sich in einer Baracke, ist aber vom Hauptteil abgetrennt. Mala hat ein eigenes Bett, muss sich nicht nachts mit anderen Frauen in eine Koje zwängen. Und sogar ein kleiner Tisch schmückt die Läuferinnen-Stube. Was für eine Kostbarkeit. Für die Häftlinge im Lager gibt es über Wochen kein Wasser, so dass manche Frauen den morgendlichen Tee nutzen, um wenigstens das Gesicht zu befeuchten. Mala und die anderen Läuferinnen dürfen sich täglich unter eine Dusche in den Räumen für die SS stellen. Kommt da nicht Neid auf bei den vielen, die ringsum im Elend dahinvegetieren, den sicheren Tod vor Augen, und von solchen Vorteilen nur träumen können?

Den SS-Oberen wäre es nur recht, wenn sich zwischen den Frauen im Lager Unstimmigkeiten, Misstrauen, Streit ausbreiten: zwischen den wenigen weiblichen Gefangenen, die Funktionen aller Art im Lager erledigen und dafür ein besseres, privilegiertes Leben führen, und den Tausenden, die tagsüber in Arbeitskommandos im Lager oder außerhalb schikaniert, geprügelt, ausgepeitscht werden und am Abend ihren geschundenen, hungrigen Körper auf eine überbelegte Koje zwängen müssen.

Dutzende von Frauen aus verschiedenen Nationen und Glaubensrichtungen, die Auschwitz-Birkenau überlebten, haben in ihren Zeugnissen aufgrund ihres persönlichen direkten Kontaktes über Mala berichtet – über ihre menschliche Ausstrahlung, ausgeklügelte Aktionen in der mörderisch-unmenschlichen Lagerwelt, die für sie das höchste Risiko bedeuteten. Sie erinnern daran: Mala wusste auch, dass in dieser Welt »Kleinigkeiten« zum Überleben beitrugen. Sie scheute keine Mühe, einzelnen Häftlingen heimlich eine Karotte, ein Stück Brot, etwas Honig, saubere Kleidungsstücke zuzustecken. Für lebensrettende Medikamente fand sie einen Weg zu kranken Frauen, ebenso für die Weitergabe von Stiften und Papier, damit Familien, die im Lager auseinandergerissen sind, Kontakt aufnehmen können.

In keinem dieser Zeugnisse gibt es den geringsten Hauch von Neid oder die leiseste Andeutung, dass Mala ihre Position ausnutzt, korrumpierbar ist. Anständig, solidarisch, integer – das sind die Kennzeichen für ihre Persönlichkeit, die sich bei denen eingebrannt haben, die Malas Taten im Lager Birkenau aus nächster Nähe und am eigenen Leib erlebten.

Margita Schwalbová erklärt das Vertrauen, das die SS zu dieser Läuferin hatte, damit, dass Mala gegenüber den Herrschenden immer »korrekt, kühl, distanziert« blieb. Die SS habe dieses Verhalten als »Gehorsam und Respekt« gedeutet, weil sie auch in ihr keinen Menschen, sondern nur eine »Nummer« sah, einen »Automaten«. Margita jedoch, die Mala vielfach begegnete, teilweise in risikoreichen Situationen, entdeckt in Malas Augen sowohl hinter ihrer Korrektheit wie ihrer Freundlichkeit noch etwas anders: Hass – »nie sah ich so viel Hass, Hass in eine samtschwarze Hülle eingebettet, aber immer wieder hervorstechend. Es war kein instinktiver, unbeherrschter Hass. Er war bewusst, aber desto intensiver und versengender«. Für Margita Schwalbová ist dieser Hass ein entscheidender Antrieb, dass Mala ihren versteckten Kampf gegen die menschenverachtende Brutalität im Lager in vielen Variationen unermüdlich fortführt.

Verlassen können sich die gefangenen Frauen auf nichts, außer auf das Gesetz der Willkür. Aber vielleicht haben jene, die im Lager ihrer grenzenlosen Gewalt freien Lauf lassen können, beim »Generalappell« am 6. Februar erst einmal ihre brutalsten Instinkte befriedigt.

Der 28. Februar 1943 ist ein Sonntag. Es besteht die Hoffnung, ein wenig Luft zu holen, denn sonntags ist der halbe Tag für die Häftlinge frei. Auch SS-Leute schätzen es, einmal etwas weniger zu arbeiten. Doch blitzschnell geht am Morgen ein Kommando von Baracke zu Baracke: Alle raus! Innerhalb des Lagers müssen sich die Frauen in der Reihenfolge ihrer tätowierten Nummern aufstellen. In den Blocks vom Krankenrevier dürfen die kranken Frauen zwar auf ihren Pritschen bleiben. Doch Lagerärztinnen und Pflegerinnen müssen ebenfalls bei diesem allgemeinen Appell draußen vor den Baracken antreten. Penibel wird die Identität jeder Gefangenen geprüft, und wie nebenbei eine Frau nach der anderen aussortiert.

Am Ende werden rund 1000 jüdische Frauen in Block 25 geführt. Jede weiß, es ist der Vorhof zur Gaskammer. Das sind

Massenaktionen, bei denen Mala, am Lagertor auf Befehle wartend, ohnmächtig zusehen muss. Oder vielleicht zusammen mit den drei befreundeten Läuferinnen in ihrer gemeinsamen privaten Stube den Tag übersteht und den kalkulierten Hass wachsen lässt. Welche von den Frauen, die im Krankenrevier liegen, kann sie vor der nächsten Selektion ins Gas bewahren? Mit der Zeit gewinnt sie darin immer mehr Routine. Etliche überlebende Häftlinge haben darüber Zeugnis abgelegt.

Das Krankenrevier im Lager Auschwitz-Birkenau hat für die SS eine doppelte Funktion. Es ist ein ideales Sammelbecken für Häftlinge, die mit ihren Kräften am Ende sind. Die einen Frauen sind zerstört von Arbeitskommandos, bei denen sie zu schwerster physischer Arbeit geprügelt wurden – kiloschwere Steine schleppen, Gruben in undurchdringliche Erdschichten graben, Eisenbahnschienen verlegen. Andere sind von Läusen und Wanzen zerfressen, mit schmerzhaften Hautausschlägen aufgrund der unsäglichen hygienischen Verhältnisse im Lager oder auch ohne jeden weiteren Lebenswillen, nachdem sie erfahren haben, dass der Ehemann oder die Eltern, Geschwister oder die eigenen Kinder im Gas ermordet wurden.

Statt Baracke nach Baracke zu durchsuchen, reicht für den SS-Lagerarzt ein Gang ins Krankenrevier, um die Mordstatistik zu steigern. Die Frauen müssen raus aus den Pritschen, nackt an ihm vorbeigehen oder taumeln, während er die Karteiblätter, die er von allen in der Hand hat, nach einem Sekundenblick auf die ausgemergelten Körper behält oder beiseitelegt. Tod oder Leben bedeutet diese Rangfolge in der Regel, und in zehn Minuten ist alles entschieden.

Wie alle Selektionen sind auch die im Krankenrevier mit der SS-Aufsicht, mit Maria Mandl und Margot Drechsler abgesprochen. Und es sind die Läuferinnen, die die entsprechenden Befehle ins Revier bringen. Mala ist in vielen Fällen vorher informiert. Aber so klug sie auch vorgeht, sie weiß: Sie kann längst nicht alle Frauen im Revier retten, ihre Pläne dürfen kein Aufsehen und keine Unruhe und nicht das geringste Misstrauen bei ihren SS-Vorgesetzten auslösen. Ein Wissen, das sie offensichtlich nicht ins Wanken bringt oder zögern lässt. Mala Zimetbaum ist eine Frau der Tat.

Da es ständig viele Anweisungen der Oberen für die vielfältige Arbeit im Revier gibt, ist Malas Aufenthalt dort nichts Besonderes. Um mit ihrem Wissen über Selektionen unauffällig Leben zu retten, entscheidet sie sich für unterschiedliche Aktionen. Eine Voraussetzung für das Gelingen ist ihre weitergehende Beziehung zu Frauen, die Mala bei deren Ankunft im Lager, noch unter Schock stehend, begrüßt hat. Überlebende bezeugen, dass es keine leeren Worte waren, wenn Mala ihnen sagte, »ich komme wieder«. Sie erscheint tatsächlich sehr bald in den Baracken, wo diese Frauen einen Platz gefunden haben, spricht mit ihnen, muntert sie auf und sieht sofort, wenn Wichtiges fehlt, zum Beispiel ein paar Schuhe. Dank ihrer Kontakte ist sie mit einem passenden Paar spätestens am nächsten Tag zur Stelle.

Bei ihren regelmäßigen Gängen durch die Baracken erfährt Mala, wenn Frauen, die sie kennt, wegen Krankheiten oder totaler Erschöpfung im Revier gelandet sind. Die freuen sich, wenn Mala sie besucht. Sind dann jedoch völlig verwirrt, wenn Mala ihnen mit strenger Stimme sagt, sie sollen aufstehen und sich nicht so anstellen. Sie seien doch kräftig genug, um zurück in ihre Baracke und zur Arbeit zu gehen. Kommt zufällig SS-Personal ins Krankenzimmer, wird Malas Stimme noch lauter, und die Wirkung geht auf. Funktionshäftling Mala legt sich ins Zeug, um Frauen, die eine Krankheit vortäuschen, zur Arbeit zu zwingen. Das imponiert.

Die aufgerüttelten kranken Frauen verlassen notgedrungen das Revier, gehen mühsam und verwirrt zurück in ihre Baracke. Was ist bloß mit Mala los? Haben sie sich so getäuscht in ihr? Am nächsten Tag, wenn sie von der Selektion im Revier hören, dergleichen spricht sich sofort herum, fällt es ihnen wie Schuppen von den Augen. Heimlich berichten sie anderen Frauen davon, dass Mala ihnen das Leben gerettet hat. Sie werden es bezeugen, falls sie tatsächlich Auschwitz-Birkenau überleben. Und im Lager festigt sich bei den Frauen die Überzeugung, in Mala eine selbstlose Verbündete zu haben.

Das Krankenrevier ist in Malas Überlegungen auch für gegenteilige Rettungsaktionen nützlich: »Wenn eine von uns nicht mehr die Kraft hatte, im Außenkommando zu arbeiten, verschaffte Mala ihr Zugang ins Revier. Und von dort kam sie in ein anderes Kommando. Und das machte sie oft, ohne wg. der Nationalität zu diskriminieren. Aber wenn es ging, für die Jungen, damit sie überleben konnten.« Die Jüdin Paulette Sarcey wird 1923 in Paris als Kind polnischer Eltern geboren. Als die Deutschen im Juni 1940 in Paris einmarschieren, geht sie in den kommunistischen Widerstand. Im März 1943 wird sie verhaftet, im Juni nach Auschwitz-Birkenau deportiert und zur Nr. 46665 degradiert. Sie hat überlebt, dank Mala Zimetbaum, davon ist sie überzeugt.

Paulette Sarcey hat Mala Zimetbaum beschrieben: Sie war schön, schlank, hatte lange Haare – im Gegensatz zu den geschorenen Köpfen der Frauen in den Baracken –, war in Zivil gekleidet, hat oft die Kleidung gewechselt, je nachdem, welche Funktion sie erfüllte, und bewegte sich frei überall im Lager.

Dass Mala für Frauen, die aus dem Revier entlassen werden, einen Platz in einem Arbeitskommando organisiert, gehört zu ihren offiziellen Funktionen. Da kann sie offen und ohne Heimlichkeiten agieren. Niemand widerspricht ihr, wenn sie eine Gefangene ins Schuh- oder Bekleidungskommando verweist. Dort wird relativ erträglich in Innenräumen dieser Teil vom Besitz der Häftlinge, den sie ahnungslos bei der Verhaftung im Gepäck verstaut haben, sortiert. Auch das kleinste Gepäckstück muss bei der Ankunft am Bahnhof von Auschwitz abgegeben werden. Denn in der deutschen Kriegsindustrie gibt es für Diebesgut jeder Art eine Verwendung.

Zurück ins Revier, wo die kranken Frauen auf Heilung hoffen, aber unter erbärmlichsten Umständen, die weitere und schlimmere Krankheiten befördern: »Wer mit leichter Krankheit kam, durchlief alle weiteren. Die meisten starben an der zweiten oder dritten Krankheit.« Die Medizinerin Ella Lingens-Reiner weiß, wovon sie redet. Die 35-jährige Wienerin landet am 20. Februar 1943 als Häftling im Lager Auschwitz-Birkenau, weil sie mit ihrem Mann für jüdische Bekannte Fluchthilfen organisiert hat. Für die Auschwitz-Statistik als Nr. 36088 tätowiert, gehört Lingens-Reiner als Häftlingsärztin zur Elite der Funktionshäftlinge und wird überleben.

Das Elend im Krankenrevier beginnt für sie draußen vor der Ambulanz: »Da standen die kranken Frauen, die auf die Aufnahme im Revier warteten, fast alle mit 39° oder 40° Fieber, zitternd, vielfach durchnässt vom Regen, bis hinaus ins Freie. Manche waren zusammengesunken, hockten auf dem durchweichten Boden, saßen oder lagen in den Wasserlachen. Die Durchfallkranken konnten fast alle nicht mehr an sich halten, ihre Kleider waren von ihrem Kot beschmutzt. Immer wieder kam es vor, dass eine Tote aus der Mitte der Wartenden weggetragen werden musste.«

Wer es bis in ein Bett schafft, kommt in eine heillos überfüllte Welt. Die Utensilien für das Frauenrevier sind nach den Vorgaben in der Wehrmacht berechnet: Dort kommen im Schnitt auf 100 Menschen drei Kranke. Umgerechnet auf das Frauenlager in Auschwitz-Birkenau, in das im Lauf des Jahres 1943 an die 20000 Frauen eingeliefert werden, ist die Verwaltung auf 600 Kranke eingerichtet – was Behandlungsräume, Betten, Decken, Leintücher, Medikamente betrifft.

Doch die Realität, mit der Ella Lingens-Reiner und das gesamte medizinische und pflegerische Personal konfrontiert werden, sieht anders aus: »Nur hatten wir selbst in der günstigsten Zeit nie weniger als 2000 Kranke. Und während der Epidemien, die ich in zwei Wintern miterlebte, waren es bis zu 7000. Diese 7000 Kranken mussten daher mit dem auskommen, was für 600 Kranke berechnet war.« Weil alle Betten total überbelegt sind, oft mit nackten Frauen, denen es an Nachthemden mangelt, brechen nicht selten Oberbetten durch und stürzen auf schwerkranke Frauen, die darunter liegen. Wieder werden Tote abtransportiert. Kein Wunder, das unter solchen Umständen eine Tote nur noch lästig ist. Die Häftlingsärztin hört immer wieder kranke Frauen rufen: »Bitte holt mir doch endlich die Tote aus dem Bett, jetzt liege ich schon zwei Stunden mit ihr da, und das ist so kalt.«

Ein Leichenkommando aus weiblichen Häftlingen ist ausschließlich damit beschäftigt, die Toten aus dem Revier an bestimmte Plätze zu bringen. Zu schwach, um sie zu tragen, ziehen die Frauen die Leichen auf einer Tragbahre über den Boden. An den Leichenstapeln außerhalb der Reviermauern fahren Lastwagen vor. Zwei Männer steigen aus, packen die toten Frauen an Händen und Füßen, werfen sie mit Schwung auf den Wagen und fahren zum Krematorium.

Wiesław Kielar trägt die Tätowierungsnummer 290. Er war 21 Jahre alt, als er mit dem ersten Transport als polnischer politischer Gefangener im Mai 1940 ins neue KZ Auschwitz deportiert wurde. Er überlebt und wird darüber Zeugnis ablegen. Anfang 1943 wird Kielar als Tischler ins Frauenlager Birkenau versetzt. Am Block 23 findet er den Kollegen, dem er bei der Arbeit helfen soll: »›Na, da bist du endlich, du Tischler‹, begrüßt er mich lustig. … ›Man muss den Weibern diese Tür da abdichten, hier zieht es wie verrückt! Die Armen erfrieren uns womöglich … Schau mal, wie viele hier liegen‹, sagte er und führte mich in das Innere der Baracke. Auf den dreistöckigen Pritschen, die eng an den beiden Wänden der langen Baracke aufgestellt waren, lagen hunderte von abgezehrten Gestalten, die sich kaum von Skeletten unterschieden. Einige Frauen hockten auf ihren Pritschen und suchten nach Läusen … Unter ihren nackten Füßen blubberte Dreck, der an einen Misthaufen erinnerte.«

Am Ausgang dieser normalen Baracke im Frauenlager

Auschwitz-Birkenau wartet auf den Neuankömmling die nächste Normalität: »Seit dem frühen Morgen rieselte Schnee und bedeckte mit einer dünnen Schicht den leicht überfrorenen Morast. Beim Block lag ein Haufen von Leichen, der aus einem Dutzend nackter weiblicher Körper bestand, die achtlos aufeinander geworfen worden waren und unter denen schon große Ratten herumsprangen. Sie verschwanden erst, als sich zwei Frauen von der Bedienung des Reviers näherten, die hinter sich die Leiche einer alten Frau herzogen; sie war offensichtlich gerade gestorben, da ihr abgemagerter Körper noch schlaff war.«

Für Wiesław Kielar steht sehr bald fest, dass die Lebensbedingungen im Frauenlager – im Vergleich zum Männerlager – »furchtbar« sind. Ella Lingens-Reiner, die sich als Häftlingsärztin überall umsehen kann, kommt in ihrem Rückblick zum gleichen Schluss.

Sie nennt Gründe, warum das Frauenlager »noch wesentlich schlimmer ist« als das Männerlager. Im Stammlager Auschwitz leben die Häftlinge in unterkellerten Ziegelbauten, haben feste Straßen und sogar kleine Rasenflächen mit Blumen vor den Blocks. Im Lager Auschwitz-Birkenau dagegen sitzen die weiblichen Häftlinge in »zugigen, fensterlosen Baracken«. Sie versinken »bis zum Knöchel im Dreck«, wenn sie eine Straße im Lager überqueren wollen.

Vor allem aber können die Frauen auch nicht die »kleinste Verbesserung dieser furchtbaren Lebensbedingungen« selber durchführen. Die Männer haben Zugang zu Material, können »Wände abdichten, alle Reparaturen durchführen, ohne dass es sie besondere Mühe kostete. Wir Frauen dagegen waren immer darauf angewiesen, dass Arbeitskommandos aus dem Männerlager, offiziell oder inoffiziell, zu uns kamen und die nötigen Arbeiten für uns machten«. Die Bilanz der Ärztin ist deprimierend: »Deshalb lagen die Wohn- und hygienischen Verhältnisse und somit das Gesundheitsniveau im Frauenlager noch tief unter dem der Männer.«

23. Kapitel

WIR BLEIBEN WIR SELBER

Mala verbreitet die neuesten Nachrichten – Ihre Autorität hilft den deportierten Griechen – Minister Goebbels im Berliner Sportpalast: radikalste Ausrottung – Die französische Sprache öffnet ein Erinnerungstor

1943 Erstes Quartal

An menschlichem »Nachschub« für die Lagerbaracken wie für die Krematorien ist kein Mangel. Fast täglich kommen mit dem neuen Jahr 1943 Züge mit deportierten jüdischen Menschen aus ganz Europa. Darunter immer mehr jüdische Polinnen und Polen, da die Ghettos im besetzten Polen nach und nach aufgelöst und das bedeutet ausgelöscht werden. Die menschliche Vorstellungskraft schafft es kaum, hinter den Mordstatistiken Menschen wahrzunehmen – Frauen, Kinder, Männer. Doch Zahlen sind ein Teil der Realität von Auschwitz.

Um nur einige Tage aus dem Auschwitz-Kalender im ersten Quartal 1943 herauszuheben:

7. Januar

Aus dem Ghetto in Augustów werden etwa 2000 jüdische Menschen deportiert und 1489 von ihnen am Güterbahnhof Auschwitz ins Gas selektiert. Die restlichen müssen ins Lager marschieren, wo ihr Leben in wenigen Monaten durch Arbeit und Schikane, Brutalität, Krankheiten und Hunger vernichtet wird.

13. Januar
Es kommen drei Züge mit jüdischen Deportierten an: aus Berlin 1000 Menschen, 873 Frauen, Männer, Kinder werden umgehend mit Lastwagen in die Gaskammern gefahren; aus den Niederlanden 750 Menschen, 561 davon werden umgehend ins Gas gefahren; der Transport aus dem Ghetto Zambrów bringt 2000 Menschen, 1802 werden sofort in den Gaskammern ermordet.

11. Februar
Aus Frankreich kommt ein Zug mit 1000 jüdischen Männern, Frauen, Kindern; 832 von ihnen werden ohne Verzögerung in die Gaskammern geführt.

3. März
Aus Berlin werden 1500 jüdische Menschen nach Auschwitz deportiert, darunter auch einige aus Norwegen; 1286 erleiden gleich nach der Ankunft den Tod im Gas.

16. März
In Krakau ist das Ghetto aufgelöst worden. 1000 jüdische Frauen, Kinder, Männer werden nach Auschwitz deportiert, 959 von ihnen sofort in die Gaskammern gebracht.

Ab Frühjahr 1943 werden die Deportationszüge aus dem westlichen Europa seltener. Die Mörder aus Deutschland haben es geschafft, dort fast die gesamte jüdische Bevölkerung zu vernichten. Weil ihre Ideologie von der Herrschaft der »arischen Rasse«, die keine »jüdischen Untermenschen« dulden kann, das Fundament ihrer Welt- und Lebensanschauung ist, findet der deutsche Vernichtungsfeldzug nun in anderen besetzten Ländern neue »Schauplätze«.

Am 20. März 1943 kommt der erste Deportationszug aus Griechenland auf einem Nebengleis vom Güterbahnhof in Auschwitz an. 2800 Menschen werden mit Gebrüll aus den Viehwaggons getrieben; 2191 von ihnen auf Lastwagen gepfercht und im Gas ermordet. Bis zum 18. August 1943 bringen die Züge aus Griechenland, vor allem aus der jüdischen Gemeinde in Thessaloniki, 48 533 Juden und Jüdinnen nach Auschwitz; von ihnen erleiden 37 386 Frauen, Kinder, Männer umgehend den Tod im Gas.

Mala Zimetbaum registriert alles. So nahe ihr die Frauen aus Belgien und Frankreich sind, ihre Überlegungen, wo und wie sie helfen kann, gelten allen Häftlingen im Lager. Sie geht zu den Baracken, wo die Frauen aus Griechenland untergebracht sind. Vielleicht kann sie auf Französisch mit ihnen kommunizieren, ihre Hilfe anbieten, ihnen Mut machen. Der Versuch gelingt. Eine Griechin, Esther, erklärt Mala, dass »ihre Leute« kein Deutsch verstehen. Die Juden in Griechenland sind keine Aschkenazen wie die Juden in Deutschland und Osteuropa, von denen viele Jiddisch sprechen und deshalb Bruchstücke der deutschen Kommandos erahnen können.

»Komm mit«, sagt Mala, »das kannst du dem Lagerführer erzählen«, und bringt Esther zum SS-Obersturmbannführer Otto Moll. Er ist einer der führenden SS-Männer im Lager, keiner der »normalen« Häftlinge würde wagen, ihn anzusprechen. Mala Zimetbaum geht davon aus, Otto Moll schätzt sie und weiß, wenn die Läuferin Mala ein Anliegen hat, lohnt es sich zuzuhören. Tatsächlich: Der SS-Mann lässt sich von der gefangenen griechischen Jüdin erklären, dass die Vorfahren der griechischen Juden 1492 aus Spanien vertrieben wurden und zu einem großen Teil über das Mittelmeer nach Griechenland flüchteten. Deshalb sprechen und verstehen ihre Landsleute kein Deutsch. »Aber«, fügt Ester sofort hinzu, »wir sind intelligente Leute, wir können gut arbeiten, alles machen.« Und sie hat von ihrem Vater außer Französisch noch Italienisch, Spanisch und etwas Deutsch gelernt. Der SS-Führer kapiert. Esther ist nützlich: Sie wird Dolmetscherin und bringt Ordnung in den griechischen Block.

Die Begegnung mit Moll findet in seiner Arbeitsstube am Eingangstor zum Lager statt. Vielleicht läuft im Hintergrund das Radio, und Mala konzentriert sich darauf, sich politische Neuigkeiten – wenn auch aus deutscher Sicht – einzuprägen, um sie im Lager an Frauen, die sie inzwischen kennt und denen sie vertraut, weiterzugeben. Auch das melden überlebende Häftlinge von ihrem direkten Kontakt mit Mala: Sie verteilt Zeitungsausschnitte, die sie entwendet hat, und verbreitet mündlich Informationen, die sie im Radio in der Schreibstube hört. Paulette Sarcey: »Wahr oder falsch, die Radio-Nachrichten, die sie uns übermittelte, hatten eine Botschaft: Mut, Mädchen, Mut! Das baute uns auf. Wir gaben die Informationen weiter.« Es waren nur Bruchstücke, die Mala weitergeben kann, getränkt von nationalsozialistischer Propaganda. Doch zusammen mit anderen Informationen, die auf geheimen Wegen ins Lager kommen, taucht Licht am Ende des kriegerischen Tunnels auf. Die deutschen Soldaten sind nicht mehr im Vormarsch, im Gegenteil.

Am 18. Februar 1943 beginnt Propagandaminister Joseph Goebbels kurz nach 17 Uhr in Berlin vor rund 14 000 Menschen seine Rede im Sportpalast. Ab 20 Uhr übertragen alle deutschen Sender seine Worte. Der riesige Raum ist bis in die obersten Ränge dicht gefüllt. Im Publikum sitzen vor allem altgediente Parteigenossen, fast das gesamte Reichskabinett und prominente Künstler wie der Schauspieler Heinrich George, der im perfiden nationalsozialistischen Propagandafilm *Jud Süß*, 1940 von Goebbels in Auftrag gegeben, eine Hauptrolle spielt. Hoch über der Rednertribüne füllt ein riesiges Banner die ganze Breite der Querwand: »Totaler Krieg – Kürzester Krieg.« Bevor der Minister diesen nationalsozialistischen Glaubenssatz dem Publikum einhämmert, greift er auf, was seit Beginn des Monats die Deutschen bewegt, beunruhigt.

Am 3. Februar 1943 hat im Großdeutschen Rundfunk, nachdem der Anfang von Beethovens 5. Symphonie verklungen ist, eine Sondersendung verkündet: »Der Kampf um Stalingrad ist zu Ende. Ihrem Fahneneid bis zum letzten Atemzug getreu, ist die 6. Armee unter der vorbildlichen Führung des Generalfeldmarschalls Paulus der Übermacht des Feindes und der Ungunst der Verhältnisse erlegen.« Diese offizielle Version hielt nur wenige Tage. Schnell sprach sich herum, dass mit der Kapitulation am 2. Februar rund 90000 deutsche Soldaten in russische Kriegsgefangenschaft zogen. Die internen Wehrmachtstatistiken verzeichnen 250000 deutsche Soldaten, die seit Oktober 1942 im Kampf um Stalingrad gefallen sind; 42000 Verwundete können aus dem Kessel herausgeflogen werden. Die Sowjetunion kostet der Sieg, so entscheidend er auch ist, 500000 Soldatenleben.

In seiner Rede gut vierzehn Tage später beschwört der Propagandaminister im Sportpalast die Katastrophe von Stalingrad als »großen Alarmruf des Schicksals an die deutsche Nation«. Kein Wort darüber, dass mit dem Überfall der Sowjetunion am 22. Juni 1941 die deutsche Armee einen weiteren Blitzkrieg versprochen hatte: Noch vor Weihnachten würden deutsche Soldaten durch Moskau paradieren. Stattdessen nennt Goebbels in einem Atemzug den wahren Schuldigen an der deutschen Niederlage: »das internationale Judentum«, das die Führungsschicht des Deutschen Reiches beseitigen und die »arbeitenden Massen in die bolschewistisch-jüdische Sklaverei« zwingen wolle. Wieder einmal erweise sich das Judentum »als die Inkarnation des Bösen«.

Damit ist für den Redner die Brücke geschlagen zur »konsequenten Judenpolitik« des Deutschen Reichs, gegen die »wir keinerlei Einsprüche dulden«. Joseph Goebbels, einer der Getreuesten des »Führers«, zieht die Linien in die Zukunft: Deutschland habe nicht vor, sich der jüdischen »Bedrohung« zu beugen, sondern werde ihr »rechtzeitig und wenn nötig mit den radikalsten Gegenmaßnahmen entgegentreten«. Und dazu zählt – »wenn nötig« – die »vollkommene und radikalste Ausrott-, -schaltung des Judentums«. Der Minister reißt den politischen Schleier zur Seite. Die Deutschen sitzen unter der nationalsozialistischen Herrschaft alle im selben Boot. Ein Zurück der »antijüdischen Politik« gibt es nicht; alle werden bei einer Niederlage dafür haftbar gemacht. Auch an diesem Punkt reagiert das Publikum mit lauten zustimmenden Rufen und Beifall.

Am Ende der Rede richtet Goebbels zehn Fragen zum »totalen Krieg« an die ohnehin aufgewühlte Menge. Er fragt, ob sie den totalen Krieg »wenn nötig, totaler und radikaler« wolle als überhaupt vorstellbar. Die Antwort ist eine tausendfach sich überschlagende gebrüllte Zustimmung. Was untergeht in der Massenhysterie und auch im Nachhinein kaum aufgegriffen wird, ist ein zweites Thema, das dem Propagandaminister an diesem Abend im Berliner Sportpalast eine rhetorische Kraftanstrengung wert ist. Denn Joseph Goebbels weiß nur zu gut, dass die Ideologie der Nationalsozialisten bisher das Gegenteil verbreitet hat. Doch der totale Krieg verlangt – wenigstens in der augenblicklichen Situation – eine totale Rolle rückwärts.

Zuerst wird die gegnerische Seite für die falsche Sicht verantwortlich gemacht: »Unsere Feinde behaupten, die deutschen Frauen seien nicht in der Lage, den Mann in der Kriegswirtschaft zu ersetzen.« Dagegen verkündet der Minister, dass die deutsche Frau – von bestimmten »schweren körperlichen Arbeiten« abgesehen – »fest entschlossen ist, den Platz, den der Mann, der an die Front geht, freimacht, in kürzester Frist voll auszufüllen«. Goebbels geht noch weiter und rüttelt erstaunlich kräftig am nationalsozialistischen Bild von der Frau als Ehefrau und Mutter, die ohne eigene Willenskraft hinter dem Mann im zweiten Glied durchs Leben geht.

Am Ende seiner Rede kommt er auf das Thema zurück, um zu bekräftigen, dass Frauen im Krieg keine Lückenbüßerinnen sind: »In den größten Krisen und Erschütterungen des nationalen Lebens erst bewähren sich die wahren Männer, aber auch die wahren Frauen. Da hat man nicht mehr das Recht, vom schwachen Geschlecht zu sprechen, da beweisen beide Geschlechter die gleiche Kampfentschlossenheit und Seelenstärke.« Diese überraschende Aufwertung innerhalb der nationalsozialistischen Ideologie von höchster Stelle können auch alle SS-Frauen, die in den KZ Deutschlands größte »Bedrohung, das Judentum« bekämpfen, auf sich beziehen. Und sich bestätigt fühlen, wenn sie zu den »radikalsten Gegenmaßnahmen« greifen.

Eine Gefangene in Auschwitz-Birkenau besucht an einem Abend drei Frauen, die medizinische Funktionshäftlinge im Lager sind, auf ihrer gemeinsamen Stube. Man kennt sich, redet miteinander, es wird geraucht. Plötzlich schwere Schritte, Maria Mandl, die SS-Oberaufseherin im Frauenlager, steht im Raum und sieht die Gefangene, die keine Funktionen hat: »Du Saujüdin, was machst du hier bei den Arierinnen?« Die Angesprochene hat Auschwitz überlebt und aufgeschrieben, was folgt: »Und ich hab' gesagt: ›Bitte, Frau Aufseherin, ich wollte ein paar Schuhe bringen.‹ Ich hab' ein paar Schuhe in der Hand gehabt.«

Doch mit dieser Erklärung fühlt sich Maria Mandl offensichtlich herausgefordert: »Und sie hat mich an den kurzen Haaren – einen Hund hat sie auch gehabt, einen großen Hund – herausgezogen und mich entsetzlich geschlagen mit der Peitsche. … Sie hat mich geschlagen und geschlagen, bis ich hab' gespürt, wie der Rücken aufgesprungen und das Blut nur so geflossen ist.« Das Urteil der Häftlingsärztin Ella Lingens-Reiner über Maria Mandl: »Sie konnte reagieren wie eine normale mütterliche Frau und ohne Übergang umschalten zur Bestie.«

Auch die SS-Rapportführerin Margot Drechsler, von Ella Lingens-Reiner als »eines der widerlichsten und schärfsten SS-Weiber« im Lager Birkenau gekennzeichnet, ist meist mit Hund und Peitsche unterwegs. Aber sie hat keine Hemmungen, mit bloßen Händen ihre Macht zu demonstrieren.

Der polnisch-christliche Häftling Wiesław Kielar lernt im Frauenlager die Jüdin Halina kennen. Eine emotionale Beziehung entwickelt sich. Eines Tages entdeckt er Halina in einer Gruppe von weiblichen Häftlingen, die an der Hauptstraße des Lagers stehen. Kielar hat beschrieben, was folgt: »Plötzlich kam Bewegung in die Frauen. Sie rannten nach allen Seiten auseinander … Ich machte Halina ein deutliches Zeichen, dass sie fliehen sollte.« Doch die Freundin kann das Zeichen nicht deuten und übersieht die SS-Frau Margot Drechsler, die mit dem Fahrrad direkt auf sie zurast:

»Zu spät. Die widerliche Drechsler mit ihren großen Zähnen war bereits bei Halina. Sie warf ihr Fahrrad auf die Erde und schlug sie mit den knochigen Händen auf Kopf, auf Rücken, auf Brust. … Halina konnte sich nicht losreißen, weil die Drechsler sie jetzt am Haar hielt und wie eine Furie ins Gesicht schlug. … Ich schloss die Augen, weil ich dieses Bild nicht ertragen konnte.« Dem 24-Jährigen geht es wie allen Gefangenen, die dieser brutalen sinnlosen Attacke zusehen müssen: Selbst wer als Häftling eine Funktion im Lager hat und damit gewisse Privilegien, weiß, jede Willkür der SS-Frauen muss ertragen werden. Schon die leiseste Andeutung von Aufbegehren oder Gegenreaktion hätte den Weg ins Gas zur Folge. Wie ihre männlichen SS-Kollegen sind Mandl und Drechsler im Lager Herrinnen über Leben und Tod.

Im März 1943 kommt Irma Grese, 1923 in Magdeburg geboren, als SS-Rapportführerin dazu. Eigentlich Verkäuferin, hat sie aus eigener Initiative im Frauen-KZ Ravensbrück seit Juli 1942 im Telefondienst gearbeitet. Eine Reitpeitsche ist ihre ständige Begleiterin. Wenn die nicht zur Hand, schlägt die 20-Jährige auf Frauen, die sich bei stundenlangen Appellen nicht mehr aufrecht halten können, mit einem Gummiknüppel ein.

Wie kann ein Mensch in dieser unmenschlichen Welt noch einen Funken Hoffnung bewahren? An andere weitergeben? »Mala schuf eine Atmosphäre«, sagt Paulette Sarcey, die Auschwitz-Birkenau überlebte, »die es möglich machte, dass wir uns nicht entmenschlichen ließen, wir blieben wir selbst.« Keinen treffenderen Widerstand kann es in Auschwitz geben, wo die Umwandlung der Menschen in Nummern keine bloße Formalität ist. Wo die Leichen jüdischer Frauen bewusst vor aller Augen sich als »Rattenfutter« stapeln. Den organisierten Untergang ihres Volkes täglich vor Augen, gibt die Jüdin Mala, Nr. 19880, ihr Menschsein und das aller gefangenen Frauen im Lager nicht auf. Keine der gefangenen Frauen, die physisch und seelisch am Ende sind, hätten Trost und Ermutigung in ihren Worten gefunden, wenn Mala nicht aus innerer Überzeugung gesprochen und gehandelt, eigenen Lebensmut ausgestrahlt hätte. Ohne sich Illusionen zu machen.

Sie fordert die Eigenkräfte der Verzweifelten heraus, so aussichtslos die Situation auch scheint: »Pass auf dich auf. Besorge dir anständige Kleidung. Du musst dich irgendwie auch waschen.« Und ihre Überzeugungskraft basiert auf ihren Taten. Sie bringt weiterhin ein Stück Brot und wichtige Medikamente. Mala organisiert leichte Arbeit für Schwerkranke und ersetzt auf einer Liste für Selektionen ins Gas, die sie als Läuferin einem Lagerarzt bringt, die Nummer einer Lebenden durch die einer Toten – ein Menschenleben ist gerettet. Mala Zimetbaum gönnt sich auch selbst gute Momente.

Einen Monat vor Mala, am 17. August 1942, ist Anna Palarczyk, 1918 in eine jüdische Familie geboren, von Krakau nach Auschwitz-Birkenau deportiert worden. Die Nr. 17524 auf dem linken Unterarm deutet auf ihre Ankunft in den Anfängen des Lagers. Anna wird Schreiberin in ihrer Baracke. Von dort führt sie kranke Frauen ins Krankenrevier und trifft oft auf Mala Zimetbaum. Die beiden kommen ins Gespräch. Mala erkundigt sich nach einer Straße in Krakau, wahrscheinlich die, wo ihr Großvater gelebt hat. Die beiden Frauen entdecken bald ihre gemeinsame Freude an der französischen Sprache. Mit ihr leben sie immer wieder für kostbare Momente wie auf einer Insel mitten im tödlichen Meer des Lagers.

Es ist irgendwann im Frühjahr 1943, als Anna bei einer Begegnung mit Mala erzählt, dass ihr das Lied »Komm zurück« gut gefällt. Nur leider ein deutsches Lied. Sie kann nicht ahnen, welche Erinnerungen sie damit bei Mala angestoßen hat, die ihr sagt: »Das gibt es auch auf Französisch. Ich bringe es Dir bei.« Ob gesprochen oder gesungen – Mala Zimetbaum hatte jedes Wort, jede Strophe im Kopf: *»J'attendrai / Le Jour et la nuit / J'attendrai, toujours / Ton retour …«* – »Ich werde warten, / Tag und Nacht / werde ich warten, immer / auf deine Rückkehr …«

Ein Tor der Erinnerungen geht auf: Antwerpen 1938. Im Frühjahr verbreitet das belgische Radio ein Lied der französischen Chansonsängerin Rina Ketty – »J'attendrai«, es wird umgehend ein Hit. Auch Mala ist begeistert. Sie summt und singt es mühelos, denn die französische Sprache gehört zu ihrem Alltag, vor allem an ihrem Arbeitsplatz im Modehaus Lilian. »J'attendrai« bringt die Bilder einer anderen Zeit, einer anderen Welt ins Lager Birkenau: die Marinisstraat südlich vom eindrucksvollen Bahnhof Centraal, wo sie mit ihren Eltern wohnte; die quirlige Innenstadt und den modernen Wolkenkratzer De Boerentoren, wo das Modehaus lag. Ebenso die lebhaften Diskussionen mit den Gleichgesinnten vom Hanoar Hatzioni – »Wann werden wir ins heimatliche Palästina zurückkehren?« – und die Aufforderung in den Gruppenstunden: »Sei stark und mutig.«

Wenn Anna und Mala dieses Lied im Frauenlager Auschwitz-Birkenau gemeinsam singen, wo in Sichtweite des Krankenreviers der Schornstein des Krematoriums raucht, Tag und Nacht, geben sie ihre Stimmen einem verliebten Menschen, der sehnsüchtig und entschlossen auf die Rückkehr seiner großen Liebe wartet – und die Hoffnung nicht aufgibt.

24. Kapitel

ÜBER 20 000 GEFANGENE IM FRAUENLAGER

Das neue Orchester spielt Märsche zum Arbeitsbeginn – Ein »Familienlager« für Roma und Sinti entsteht – 4 Krematorien arbeiten jetzt Tag und Nacht – Postkarten an die Schwester

1943 bis Juli

»Nächstes Jahr in Jerusalem«: Mit diesem Zuspruch endet der erste von neun Tagen des jüdischen Pessachfestes. Es erinnert an den Auszug des jüdischen Volkes aus Ägypten, aus der Sklaverei in die Freiheit. Vierzig Jahre lang ziehen Männer, Frauen und Kinder unter der Führung des Propheten Mose durch die Wüste, getragen von der göttlichen Zusage »Nächstes Jahr in Jerusalem«. Es ist das höchste Fest und jedem, der mit dem Judentum verbunden ist, unauslöschlich ins Gedächtnis geprägt. Auch im Lager Auschwitz-Birkenau.

Am Abend des 6. April, dem ersten Pessachtag 1943, finden sich kleine Gruppen von Jüdinnen in den Blocks zusammen, erinnern sich an Segenssprüche und flüstern sich den hoffnungsvollen Jerusalem-Zuspruch zu. Es ist das Jahr 5703 nach dem jüdischen Kalender. Überlebende Frauen haben berichtet, dass sie an diesem Tag heimlich gebetet und kein Brot gegessen haben, so wenig es auch war, das im Lager verteilt wird. Es gehört zu den jüdischen Gesetzen, an Pessach kein gesäuertes Brot zu essen. Als die Vorfahren Ägypten verließen, hatten sie keine Zeit, Sauerteig für die lange Wanderung vorzubereiten. Rabbiner der liberalen Richtung sind überzeugt, dass diese religiösen Gesetze in lebensbedrohlichen Situationen aufgehoben sind und die Erhaltung jüdischen Lebens absoluten Vorrang hat.

Eine Woche vor Pessach, am 30. März 1943, ordnet SS-Obersturmbannführer Rudolf Höß, Kommandant im KZ Auschwitz, an, statt der bis dahin offiziellen Bezeichnung »FKL« für Birkenau – Frauenkonzentrationslager – in allen Schreiben und Dokumenten nur noch vom »FL« – Frauenlager – zu reden. Ein Versuch, nach außen zu verschleiern, was im Lager tatsächlich vor sich geht, denn über KZ sind inzwischen einige realistische Beschreibungen im Umlauf.

Am 20. April 1943, sechs Tage nach dem letzten Pessachtag, ist die 18-jährige Esther Bejarano, aufgewachsen in Saarbrücken und Berlin, eine von 158 Frauen, die von der Rampe im Güterbahnhof Auschwitz ins Lager Auschwitz-Birkenau marschieren. 1000 jüdische Männer, Frauen und Kinder sind mit dem Deportationszug angekommen, 543 von ihnen werden umgehend mit Lastwagen ins Gas gefahren, darunter Esthers Eltern und ihre Schwester. Esther, die überlebt, beschreibt ihren Gang durch das Tor von Birkenau, das die gleiche Aufschrift trägt wie im Stamm-KZ Auschwitz »Arbeit macht frei«: »Als wir durch das Tor kamen, wurden wir von SS-Frauen und SS-Männern begrüßt: ›So, ihr Saujuden, jetzt werden wir euch mal zeigen, was arbeiten heißt!‹«

Zuerst einem Arbeitskommando zugeteilt, wo sie außerhalb des Lagers völlig unsinnig schwere Steine von einer Seite auf die andere tragen muss, kommt Esther die Musikliebe der SS-Oberaufseherin Maria Mandl zugute. Die hat im April 1943 die Idee, im Lager Birkenau ein Frauenorchester zu gründen. Im Stammlager Auschwitz gab es seit 1941 ein Männerorchester.

Die Läuferinnen im Frauenlager müssen Aushänge in den Baracken verbreiten, die Musikerinnen unter den weiblichen Häftlingen auffordern, sich zu melden. Den Auftrag, ein Orchester zu organisieren, erhält Zofia Czajkowska, eine polnisch-politische Gefangene. Sie stellt bis Ende Mai ein Ensemble aus 15 nichtjüdischen Häftlingen zusammen. Instrumente gibt es im Überfluss, die jüdische Deportierte im Gepäck haben, das bei ihrer Ankunft in Auschwitz ohne jede Ausnahme einkassiert wird.

Mehr als deutsche Märsche und polnische Militärmusik schaffen die »Orchestermädchen« unter den gegebenen Umständen mit ihrer polnischen Dirigentin nicht. Aber das reicht erst einmal, um am Lagertor den Außenkommandos der Häftlinge aufzuspielen, wenn sie morgens zur Arbeit hinausmarschieren und am Abend zurückkehren. Nicht selten mit den Leichen von Frauen, die vor Erschöpfung gestorben sind und nun von den Lebenden in der hintersten Reihe mit letzter Kraft zurückgeschleppt werden.

Musikkennerin Maria Mandl bleibt nicht verborgen, dass sie mit diesem »Orchester« bei ihren SS-Kollegen kein Aufsehen erregt. Was sie zweifellos vorhat. Im Laufe des Mais sucht Zofia Czajkowska dann auch jüdische Musikerinnen unter den Häftlingen. Esther, die Klavier spielt, wird von ihrer Blockältesten vorgeschlagen und zur Dirigentin geführt: »Kannst Du Akkordeon spielen?« – »Ja!«. Dann soll sie bitte gleich vorspielen – den beliebten Schlager »Du hast Glück bei den Frau'n, Bel Ami.« Obwohl sie noch nie ein Akkordeon in den Händen hatte, verliert Esther Bejarano die Nerven nicht und bittet darum, sich eine halbe Stunde auf einem Akkordeon einspielen zu dürfen. Sie habe so lange nicht mehr üben können. Das ist einsichtig.

Es spricht für ihr musikalisches Können und ihre Entschlossenheit: Die 18-Jährige findet sich auf der Tastatur des Akkordeons zurecht. Die Dirigentin ist mit dem Vorspiel zufrieden. Esther wird ins Orchester aufgenommen und damit hat die Nr. 41948 einen ungeheuren Zuwachs an Lebens- und Überlebensqualität gewonnen. Das Orchester hat seinen eigenen Musikblock, eine Baracke, in die alle Musikerinnen direkt oder nach der Zeit im Quarantäneblock einziehen. Welten entfernt von den überquellenden Baracken, wo sich über ein Dutzend Frauen eine Pritsche teilen müssen.

Ein weiteres lebenswichtiges Privileg: keine brutale Arbeit

mehr für die musizierenden Frauen, weder außerhalb noch im Lager. Die »Orchestermädchen« sind ihr eigenes Arbeitskommando. Geübt werden Märsche für den Pflichtauftritt morgens und abends am Eingangstor. Für andere Kompositionen fehlt dem kleinen Orchester weiterhin die Kompetenz. Zofia Czajkowska, von Beruf Lehrerin, ist mit einem breiteren Repertoire wohl überfordert. Und etliche Instrumentenpulte sind immer noch nicht besetzt.

Mala Zimetbaum hat im Juni die Marschmusik vielleicht schon mitgesummt. Ihr Stammplatz als Läuferin und Chef-Dolmetscherin ist auch deshalb am Lagertor, weil sie dort häufig die aus- und einziehenden Arbeitskommandos für ihre SS-Vorgesetzten notiert. Ihre offizielle Arbeit nimmt mit den Frühlingsmonaten 1943 ständig zu. Mala braucht keine genauen Statistiken zu kennen. Sie erlebt hautnah, dass immer mehr Frauen ins Lager Auschwitz-Birkenau deportiert werden.

Am 15. April 1943 werden 16003 weibliche Häftlinge registriert. Am 1. Mai sind es 18787. Am 20. Mai müssen sich 20635 gefangene Frauen im Lager die Kojen teilen. Mala Zimetbaum ist entschlossen, ihre Kenntnisse als Läuferin und Chef-Dolmetscherin weiterhin zu nutzen, um Frauen das unmenschliche Leben im Lager zu erleichtern und einige vor dem Tod zu bewahren. Es bedeutet, trotz der steigenden Menschenzahl einen gewissen Überblick zu behalten – in den Baracken, aber auch im Krankenrevier, wo die Zustände noch katastrophaler werden. Und Mala muss einkalkulieren, dass bei den SS-Aufseherinnen bis zu den Funktionshäftlingen, die im Lager Gewalt über die Frauen haben, Anspannung und Nervosität wachsen.

Nicht nur im Frauenlager gehen die Zahlen in die Höhe. Am 21. Januar 1943 ordnet das Reichssicherheitshauptamt in Berlin an, dass im Reichsgebiet und in den besetzten Ländern alle »Zigeuner« aufgegriffen und in ein KZ verbracht werden. Das Endziel der Festgenommenen ist Auschwitz. Noch ist der Abschnitt BIIe im Lager Auschwitz-Birkenau nicht ganz vorbereitet, als am 26. Februar 1943 der erste Transport aufgrund des RSHA-Erlasses eintrifft. Im Gegensatz zu den Transporten mit jüdischen Häftlingen werden die ankommenden Roma und Sinti nicht selektiert, nicht nach Geschlechtern auseinandergerissen. Alle werden ins Lager Birkenau gefahren, die Familien können dort zusammenbleiben. Auch wenn sich bis zu 15 Familienmitglieder ein Bett teilen müssen. Wieder eine perfide Täuschung.

Der zweite Transport mit Roma und Sinti erreicht Auschwitz am 1. März. Allein im März folgen 22 Transporte. Am 11. März 1943 wird im sogenannten »Zigeunerfamilienlager« das erste Kind geboren, Anna Malik. Das kleine Mädchen ist ab sofort Nr. 1936, und vor diese Zahl wird auf ihrem Oberschenkel ein Z tätowiert. Eine Prozedur, die Erwachsene und ältere Kinder gleich bei der Ankunft im Lager am linken Unterarm über sich ergehen lassen müssen.

Am 22. März 1943 werden 1700 Roma und Sinti, Frauen, Kinder, Männer, aus den Baracken geholt und in die Gaskammern gebracht. Angeblich wegen Fleckfieberverdachts. Bis zum Jahresende 1943 werden knapp 23000 Menschen diesen Lagerabschnitt füllen und sind mit dem tätowierten »Z« markiert. Natürlich gilt auch für die Häftlinge der Roma und Sinti das Gesetz der Willkür.

Am 25. Mai ordnet der SS-Lagerarzt eine Sperre im Familienlager an. Am Ende hat er 528 Frauen und 507 Männer für das Gas selektiert. Vielleicht gehen sie den letzten Weg zu Fuß, denn die neuen Gaskammern und Krematorien befinden sich nur wenige Minuten außerhalb am westlichen Rand des Lagers.

Sichtbar lodern aus den Kaminen der Krematorien Tag und Nacht die Flammen. Der süßliche Leichengeruch und der Ruß weichen nicht mehr vom gesamten Lager. Am 28. Juni 1943 meldet die Zentralbauleitung in Auschwitz nach Berlin, dass alle vier Gaskammern mit den jeweiligen Krematorien ihren Dienst aufgenommen haben. Damit ist insgesamt eine Verbrennungskapazität von 4756 Leichen in 24 Stunden möglich. Die Erfurter

Firma Topf & Söhne hat die Verbrennungsleistung durch eine neue Technik noch gesteigert. Die meldet sie als Patent für einen »kontinuierlich arbeitenden Leichen-Verbrennungsofen für Massenbetrieb« an. Das Patent erhält die Firma auch – 1953 vom Bundespatentamt.

Wenn weniger als 200 Gefangene zu den Gaskammern gebracht werden, lohnt die Prozedur der Tötung durch Gas nicht. In den Krematorien I und II ist deshalb jeweils ein Raum für Erschießungen eingeplant. Hier müssen die Todgeweihten in Fünfer-Reihen antreten und werden durch Genickschuss ermordet. Immer sind SS-Lagerärzte dabei. Am 30. Mai 1943 bekommt die Riege der SS-Lagerärzte in Auschwitz Verstärkung. Dr. med. Josef Mengele, der auch einen Dr. phil. in Anthropologie hat, will hier Zwillingsforschung für seine Habilitation betreiben.

Der 32-jährige SS-Hauptsturmführer, bis Jahresbeginn Reichsarzt-SS, wird schnell durch seine Auftritte bei Selektionen der Häftlinge im Lager bekannt. Häftlingsärztin Ella Lingens-Reiner: »Er war ein auffallend hübscher und eleganter Mann. Charakteristisch für ihn war, dass er vielfach im Lager weiße Handschuhe trug.« Weitere Zeugnisse beschreiben, dass Mengele seine Entscheidungen über Leben und Tod bei den Selektionen mit Vergnügen traf und dabei Opernmelodien summte oder pfiff, mit Vorliebe aus *La Traviata* und *Rigoletto*.

Josef Mengele ist als Lagerarzt für das »Zigeunerlager« zuständig. Hier vor allem sucht er Zwillinge im Baby- und Kindesalter, um seine brutalen pseudowissenschaftlichen Menschenversuche durchzuführen. Zwischen 1000 und 1500 Zwillinge sind ihm insgesamt ausgeliefert; maximal 150 von ihnen haben die mörderischen Experimente überlebt. Manchmal greift Mengele selbst zur Pistole und tötet ein Kind, um nach der Sezierung dessen Organe unter die Lupe zu nehmen.

Seine »Spezialität« sind die Augen. Ella Lingens-Reiner, die mit Mengele zusammenarbeiten muss, erinnert sich an die »kleine Dagmar«: »Sie kam in Auschwitz zur Welt, und ich habe bei der Geburt geholfen. Sie ist gestorben, nachdem Mengele ihr Einspritzungen in die Augen gegeben hatte.« Nach dem Willen des Mediziners soll das kleine Mädchen die Augenfarbe wechseln und blaue Augen bekommen. Gut möglich, dass Mala Zimetbaum dem wichtigen Lagerarzt Nachrichten von den SS-Frauen Mandl und Drechsler bringt und er die Läuferin auch für seine Dienste nutzt. Beide SS-Frauen treten zusammen mit Dr. Mengele bei Selektionen im Lager auf, im Todesblock 25 und im Krankenrevier.

Bei einer Selektion im Krankenrevier gelingt es der Mutter von Kitty Hart, ihre kranke Tochter vor Mengele unter dem Stroh einer Pritsche zu verstecken. Im April 1943 sind die beiden polnischen Jüdinnen ins Lager Birkenau deportiert worden, Kitty ist 16 Jahre alt. Sie wird überleben und hat ihren KZ-Alltag beschrieben. Am Anfang muss sie in einem Außenkommando arbeiten. Nach einem kilometerlangen Marsch in Holzpantinen kommt der Befehl, aus einem Haufen riesige Feldsteine zu einem anderen Arbeitskommando zu schleppen: »Nach drei Gängen war ich am Ende. Mein Rücken war wie durchgebrochen und mein Magen schmerzte. ... Mein Darm entleerte sich mehr und mehr und der ganze Schmutz lief mir an den Beinen hinab. ... Sobald ich taumelte, raste eine SS-Frau mit einem Hund auf mich zu: ›Komm schon, du verstunkene alte Zitrone!‹ Ihre Peitsche traf meine Wange.«

Dieser und die folgenden Tage verlaufen nach dem gleichen Muster: »... gepeitscht und getreten von Frauen und gebissen von abgerichteten Hunden. Wir bekamen Magenkrämpfe vor Hunger.« Und das wenige Essen, das es gibt, macht krank: »Aber es war lebensnotwendig, nicht den Willen zum Durchhalten zu verlieren. Aufgeben war der erste Schritt zum Selbstmord.«

Am 13. Juli 1943 befiehlt die SS allen Häftlingen in den Lagern von Auschwitz – nur polnische und griechische Menschen bleiben ausgeschlossen –, eine Postkarte an die Familie zu schreiben. Der Inhalt wird vorgeschrieben: Sie seien gesund, es gehe ihnen gut, und man soll bitte ein Paket mit Lebensmitteln schicken. Mala Zimetbaum schreibt im Frauenlager Birkenau am 25. Juli eine Postkarte, auf Deutsch; die SS will wissen, welche Botschaften die Lager verlassen: »Liebe Jochka. Deine l(ieben) Karten habe ich erhalten, die Freude, die du mir damit bereitest hast, kannst du dir wohl voorstellen. Zu sehen und zu erfahren, dass es euch gut geht, gibt mir wieder neuen mut. Habe auch Karten von Charlotie bekommen. Warum schreibt die l(iebe) Mami nicht?«

Interessante und irritierende Botschaften. Niemand im deutschen Reich oder in den besetzten Ländern darf eine Karte ins KZ Auschwitz schicken. Schon der Name des Lagers ist tabu. Juden und Jüdinnen, die mit einem Transport in den Osten zum »Arbeitseinsatz« deportiert werden, verschwinden wie in einem schwarzen Loch. Aber hier steht es schwarz auf weiß: Mala Zimetbaum hat in einer Welt, in der die Vernichtung von Menschen über allem steht, Lebenszeichen von ihrer Schwester Jochka bekommen, die versteckt in Antwerpen lebt, und auch von ihrem Verlobten Charles, den sie zärtlich »Charlotie« nennt. Oder will sie damit die SS-Lagerleitung in die Irre führen?

Dann folgt auf der Karte eine deutlich verschlüsselte Botschaft: »Letztens sind alle Bekannte mit Etusch zusammen und es geht denen sehr gut.« Etusch, die Schwägerin von Mala und Jochka, ist 1940 bei der Geburt des kleinen Hermann gestorben. Im Nachhinein scheint die Aussage klar: Wie Etusch haben Bekannte aus dem Umfeld der Marinisstraat inzwischen im Lager den Tod gefunden. Bekannte, die über die Dossin-Kaserne in Mechelen nach Osten deportiert worden sind. Das Wissen kann Mala voraussetzen. Doch Jochka, die Besatzung und Krieg in Antwerpen überlebt, durchschaut den Hinweis nicht. Vielleicht, weil sich ihre Gedanken und Gefühle auf den folgenden Satz konzentrieren: »Über mir mache Dir keine Sorgen, ich bin Got Lob gesund arbeite als Dolmetscherin noch immer die zelbe Mala von die alte zeiten. In Gedanken immer bei Euch und erwartent baldige Antwort. Grüsse und Küsse Mala.«

Der befohlene Absender: »Straße: Birkenau – Ort Neu Berun«. Es ist nicht die letzte Postkarte, die Mala im Sommer 1943 aus Auschwitz-Birkenau an ihre untergetauchte Schwester in Antwerpen schreibt.

25. Kapitel

HAT MALA KONTAKT ZUM WIDERSTAND IM LAGER?

Giza Weissblum erkennt Mala im Lager wieder – Alma Rosé, deportierte Topmusikerin aus Wien, übernimmt das Frauenorchester – Tausende hören Konzerte im Lager – Mit riskanten Tricks gegen die Todesliste

1943 zweite Jahreshälfte

Diesmal verzichtet Mala Zimetbaum auf freudige Signale, kommt mit ihrer Postkarte vom 25. Oktober 1943 direkt zur Sache und gibt der »lieben Schwester« Jochka erstaunlich offen ihre Gefühle preis: »Ungeduldig erwarte ich schon nachricht von Dir, ... warum schreibst Du mir nicht? Du weist doch jede paar zeilen von Euch gibt mir neues Lebensmut.« Diesmal ist die Frage nach den Eltern und ihren kleinen Neffen, auf die sie bisher keine Antwort bekommen hat, ein emotionaler Hilferuf: »... wo sind unsere lieben Eltern, warum schreiben die nicht? Die l(ieben) Kinder was Machen, der gedanke daran macht mich ganz ferukt.« Schnell geht es dem Ende zu: »Passe nur gut auf du solst gesund bleiben. Mit viele Grüsse und Kusse erwarte ich baldige Antwort. Eure Mala.«

Keine Frage, dass Mala die sorgenvolle Ungewissheit um Eltern und Neffen schwer auf der Seele liegt. Zugleich sind die Ereignisse während der vergangenen Tage und Wochen im Lager bei aller Entschlossenheit, den Mördern ihres Volkes innerlich zu widerstehen, ein besonders bedrückender Angriff auf ihren Lebensmut gewesen. Während einer umfassenden Selektion sind am 22. Oktober, nur vier Tage vor dem Schreiben ihrer Postkarte, 1260 Frauen in die Gaskammer gebracht worden; darunter waren 394 Frauen aus dem Krankenrevier. Am 8. Oktober mussten 156 kranke Frauen aus dem Revier den Weg ins Gas antreten.

Auch wenn ihr die genauen Zahlen nicht bekannt sind, erfährt Mala am 22. September 1943, dass die Transporte mit deportierten Juden aus Belgien kein Ende nehmen. Von den beiden Transporten XXIIa und XXIIb aus Mechelen werden 875 Menschen, darunter 117 Mädchen und 124 Jungen, umgehend ins Gas selektiert. Vielleicht hat Mala von den belgischen Frauen, die aus diesen zwei Transporten vom Güterbahnhof Auschwitz als Arbeitssklavinnen ins Lager Birkenau geschickt werden, erfahren, dass seit diesem Monat auch alle Juden, die belgische Staatsangehörige sind, verhaftet und deportiert werden, nicht nur die staatenlosen. Rund einen Monat zuvor, am 21. August, wählt die Leitung im Frauenlager mit einem SS-Arzt 498 jüdische Frauen aus, die in Block 25 getrieben werden. 438 von ihnen sind aus Griechenland. Über sie wird eine Liste mit dem Vermerk »G.U.« angelegt, »Gesonderte Unterbringung«, abgezeichnet von SS-Oberaufseherin Maria Mandl.

Als Mala am 25. Oktober die Postkarte an Schwester Jochka schreibt, belastet noch ein anderes Ereignis ihr Gemüt, das alle Frauen im Lager in höchste Erregung versetzt hat. Zwei Tage zuvor werden aus dem KZ Bergen-Belsen jüdische Polinnen nach Auschwitz deportiert und im Lager Birkenau ins Krematorium II gebracht. In einem letzten Widerstandsakt weigert sich eine der Frauen, sich vor dem Gang in die »Dusche« auszuziehen. SS-Oberscharführer Josef Schillinger, der den Frauen mit anderen SS-Männern in den »Entkleidungsraum« gefolgt ist, versucht, ihr die Kleidung herunterzuziehen. Es kommt zu einem Handgemenge, die Frau entreißt Schilling die Pistole und erschießt ihn. Wie befreit stürzen sich die übrigen Frauen auf die anwesenden SS-Männer. Von draußen stürmen SS-Männer in den Raum. Nach der Aussage von Wiesław Kielar, Funktionshäftling im Revier des Frauenlagers, werden alle weiblichen Häftlinge erschossen.

Die Geschichte ist noch nicht zu Ende. Kielar beschreibt, dass die mutige Tat spontan Widerstand unter Häftlingen auslöst, die im Freien auf ihren Tod warten müssen: »Am Nachmittag des gleichen Tages setzte sich ein Teil der Menschen, die im Wäldchen neben dem Krematorium IV in einer Reihe standen, aktiv zur Wehr.« Wiesław Kielar hört die Schüsse der SS-Wachposten und läuft mit einem Kollegen zum Block 15, von wo sie einen breiten Blick auf das Gelände des Krematoriums haben: »Das Wäldchen war mit Leichen übersät. Hauptsächlich Männer. Sie waren noch angezogen.«

Frauen und Kinder haben sich zuvor schon im Freien ausziehen müssen und verschwinden nach und nach durch die offene Tür in den »Entkleidungsraum«. Mit Schreien, Drohungen und Schlägen werden sie zur Eile angetrieben. Als sich die Tür schließt, tritt »vollkommene Stille ein«. Doch schon wenig später wird die Stille unterbrochen: »Ein dumpfer, von weit her kommender Schrei der hunderte von Menschen kam trotz der dichten und dicken Mauern aus dem Innern der Gaskammern heraus. Das Zyklon B wirkte bereits.«

Trotz der fortlaufenden Mordaktionen leben am 1. November 1943 im Frauenlager Auschwitz-Birkenau 32 943 Häftlinge. Wegen der ansteigenden Zahlen ist das Lager im Sommer um den Abschnitt BIb, der bisher zum Männerlager gehörte, erweitert worden. Die bisher dort untergebrachten Männer ziehen weiter nach BIId.

Im Sommer 1943 organisieren Häftlinge im Frauenlager Birkenau erste Gruppen, die auf vielfältige Weise Widerstand leisten wollen. Hat die Läuferin Mala Zimetbaum Kontakt zu ihnen aufgenommen? Diese Entwicklung vielleicht sogar befördert? Im Rückblick gehen die Meinungen dazu weit auseinander, nicht zuletzt, weil es in keine Richtung dokumentierte Beweise gibt. Paulette Sarcey, aus jüdisch-polnischem Elternhaus, im Juni 1943 von Paris nach Auschwitz-Birkenau deportiert, hat Verbindungen zum kommunistischen Widerstand im Lager. Schon 1940 war sie als 16-Jährige in Paris im kommunistischen Untergrund aktiv. Paulette nennt Mala, mit der sie über viele Monate persönlich kommuniziert, rückblickend ein »Symbol der Solidarität« im Lager, ein »besonderes Mädchen«. Zum Stichwort »Widerstand« hat sie, durch ihre eigenen Kontakte gut informiert, ein abwägendes Urteil. Paulette Sarcey ist überzeugt, Mala Zimetbaum hatte »keine systematische Verbindung zum Widerstand im Lager«. Das heißt aber nicht, »dass es keine gab, aber sie hat sich nie dazu geäußert«. Als Erklärung fügt die Überlebende von Auschwitz-Birkenau ihre Sicht auf die Persönlichkeit von Mala hinzu: »Sie war menschlich, sie machte sich keine Illusionen. Sie handelte wie ein Solitär.«

Mala Zimetbaum hilft den versklavten Frauen vielfach und leistet Widerstand jeder Art im Lager, wenn sie überzeugt ist, dass ihr Einsatz eine Chance hat. Sie nutzt solidarisch alle Beziehungen, ohne sich selber an eine Gruppe zu binden. Doch auch eine Einzelkämpferin kann sich Widerstandsgruppen im Lager solidarisch verpflichtet fühlen. Und es gibt weitere Auskünfte einer Überlebenden zum Stichwort Widerstand. Giza Weissblum hat von allen Frauen im Lager die persönlichste Beziehung zu Mala Zimetbaum. Die beiden sind verwandt und kennen sich aus der Vorkriegszeit in Antwerpen.

Am 2. August 1943 kommen drei verschiedene Transporte in Auschwitz an. Aus Frankreich Transport Nr. 58; von den 1000 Gefangenen werden 727 an der Zugrampe ins Gas selektiert. Aus dem Transport vom Ghetto Bendsburg in Oberschlesien, seit dem Kriegsüberfall ist das ehemalige Bedzin von Deutschen besetzt, werden von etwa 2000 jüdischen Frauen, Männern und Kindern über 1600 sofort in den Gaskammern ermordet. Aus Belgien ist der Transport XXI angekommen, 681 Frauen und 91 Mädchen, 664 Männer und 117 Jungen. 1087 von ihnen, darunter alle Kinder, werden zu den Gaskammern gefahren. 255 Männer und 211 Frauen marschieren ins Lager Auschwitz-Birkenau, darunter Giza Weissblum.

Die 27-Jährige, in Tarnow geboren, hat 1937 mit ihrem Mann David Polen verlassen. Die beiden ziehen nach Antwerpen, wo schon ein Teil von Gizas Verwandtschaft lebt. Hier lernt sie Mala Zimetbaum kennen, denn Giza ist eine Nichte von Malas Schwager Efraim Isak Schipper, der mit ihrer Schwester Jochka verheiratet ist.

Nach dem Überfall und der Besetzung Belgiens durch deutsche Truppen im Mai 1940 sind Giza und ihr Mann im Widerstand aktiv. Giza verbreitet Untergrundzeitschriften in Antwerpen, die bei ihrem Gang durch die Stadt im Kinderwagen unter ihrem kleinen Sohn Simon liegen. Als die Situation in Antwerpen zu gefährlich wird, zieht sie zu ihrem Mann, der Arbeit bei einer Eisenbahnfirma in Charleroi gefunden hat. Für ihr Kind findet sie eine nichtjüdische Familie, die Simon wie ihren eigenen Sohn aufnimmt. Sie ist jede Nacht bei ihm und zugleich weiterhin im Untergrund als Kurier aktiv. Bei einem Gang durch die Stadt wird Giza Weissblum brutal in ein Auto gezerrt und von den SS-Männern in Zivil direkt ins Gefängnis gebracht. Sie ist verraten worden. Nach Verhören in Charleroi und Brüssel, bei denen sie schwer misshandelt wird, kommt sie ins Sammellager Mechelen in die Dossin-Kaserne. Dort kümmert sich eine Gruppe gefangener jüdischer Frauen um Giza.

Die Frauen halten auch nach der Ankunft im Lager Auschwitz-Birkenau zusammen. Giza hat ihnen von Mala Zimetbaum erzählt, auf die sie ihre ganze Hoffnung setzt. Deprimiert und verzweifelt vergehen die ersten vierzehn Tage im Quarantäneblock. An einem Abend wird Giza zum Reinigungskommando befohlen. Ungefähr zehn Frauen müssen täglich mit bloßen Händen sämtliche Exkremente und den Schmutz in den Lagerstraßen einsammeln und auf einen Wagen werfen, der von ihnen gezogen wird. Giza versucht, vor der Kapo wegzulaufen, vergeblich. An den »Scheißwagen« gekettet, zieht sie mutlos durch die Straßen: »Ich weine, weil ich nach zwei Wochen Mala immer noch nicht gefunden habe. Während ich den Wagen ziehe, sehe ich, dass aus dem Krankenrevier genesene Frauen kommen, von einer Läuferin begleitet. Die ist gut gekleidet; wie alle Funktionshäftlinge hat sie lange Haare und kein Kopftuch. Als sie nahe bei mir vorbeikommt, traue ich meinen Augen nicht. Ich halte an und rufe: ›Mala!‹ Die Kapo schlägt mich in den Rücken und beschimpft mich. Mala kommt näher und fragt sie: ›Warum bist du so aufgeregt, was hat sie getan?‹ Und wendet sich an mich: ›Was willst du? Wer bist du?‹ Ich bin erstaunt, dass sie mich nicht erkennt.«

Im Rückblick wird Giza Weissblum, die Auschwitz-Birkenau überlebt, klar, dass sie bei dieser unerwarteten Begegnung einen kahlen Kopf hat und miserabel gekleidet ist. »Ich bin Giza«, antwortet sie. »Mala erstarrt für einen Augenblick, dann fallen wir uns in die Arme. Sie fragt, ob auch die anderen aus der Familie hier sind.« Das muss Giza verneinen, und dann verspricht Mala ihr, dass sie sich von nun an nie mehr trennen werden. Mala erklärt der verdutzten Kapo, dass Giza ihre »Kusine« sei, und bittet darum, dass sie mit ihr jetzt zusammen in die »Sauna« gehen kann, um sich mit ihr zu unterhalten. Mala verspricht, Giza pünktlich zum abendlichen Appell in den Quarantäneblock zu bringen. Dass die Kapo zustimmt, beweist, welches Vertrauen alle Seiten im Lager in die Läuferin Mala haben. Nach der Sauna organisiert Mala für Giza ein ordentliches Kleid, ein Paar Schuhe und sogar eine Schürze.

Nach sechs Wochen Quarantäne kommt Giza mit der Gruppe belgischer Frauen, die sich schon in Mechelen zusammentaten, ins Arbeitslager und sie werden erst einmal einem Außenkommando mit schwerer Arbeit zugeteilt. Giza spricht mit Mala, die nach einigen Bemühungen erreicht, dass die ganze Gruppe zur Arbeit ins Schuhkommando versetzt wird. Das ist in einer Baracke, wo die Frauen bei ihrer Arbeit vor Wind und Wetter geschützt sind.

Mala besteht darauf, dass Giza jeden Abend nach dem Appell in ihren Block kommt, wo sie die drei anderen Läuferinnen trifft – Lea, Herta und Sala –, mit denen Mala zusammenwohnt und befreundet ist. Giza erzählt Mala von ihrer belgischen Frauengruppe, die sich heimlich als Untergrundbewegung gebildet hat. Und fragt, ob sie nicht ihnen allen helfen kann. Mala berichtet ihr, dass im Lager eine Gruppe von sehr solidarischen französischen Frauen existiert. Später wird sie den Kontakt zwischen der belgischen und der französischen Gruppe vermitteln.

Außerdem, so Giza Weissblum, stellt Mala durch ihren Mittelsmann einen Kontakt her zwischen Gizas Gruppe und Männern, die jeden Morgen durch das Tor ins Lager Birkenau kommen. Wahrscheinlich Häftlinge aus dem Stammlager Auschwitz, die für Arbeiten ins Frauenlager geschickt werden, wo ständig Reparaturen notwendig sind. Ein Hinweis, wenngleich ohne weitergehende Informationen, dass Mala Zimetbaum über das Frauenlager Birkenau hinaus im Herbst 1943 Kontakte zu männlichen Häftlingen im Stammlager Auschwitz hat. Giza Weissblums Aussage stützt die Vermutung, dass Mala ihre Bewegungsfreiheit nutzt, um Informationen zwischen den Widerstandsgruppen zu vermitteln. Sie riskiert es auch, Medikamente von einem Lager ins andere zu schmuggeln.

Lola Bryftreger-Rabinowicz, 1917 in Polen geboren, lebt zwei Jahre illegal in Frankreich und ab 1938 in Belgien. Ihr Mann Leibke Rabinowicz ist als Mitglied der kommunistischen Partei im Untergrund aktiv und wird bei einer Widerstandsaktion östlich von Brüssel im April 1943 tödlich verletzt. Da ist ihre gemeinsame Tochter gerade ein Jahr alt. Lola engagiert sich ebenfalls bei den Partisanen und wird im Juni 1943 von der Gestapo verhaftet. Im Lager Mechelen gehört sie zu den verhafteten jüdischen Frauen, die sich zu einer Gruppe zusammenschließen und Giza Weissblum aufnehmen. Lola, die ebenfalls mit Transport XXI nach Auschwitz deportiert wird und das Frauenlager Birkenau überlebt, berichtet, dass die Frauengruppe in der Dossin-Kaserne in Mechelen auch Kontakt zu gleichgesinnten männlichen Gefangenen hat.

Im Lager Auschwitz-Birkenau trifft sie einen alten Freund aus Frankreich, der als Elektriker zur Arbeit ins Frauenlager kommt und Verbindungen zu französischen und anderen Häftlingen im Untergrund herstellt: »Die Widerstands-Aktivitäten beginnen.« Und Lola ergänzt rückblickend: »Uns ist bei der Organisation auch von den vier Läuferinnen Mala, Sala, Lea und Herta geholfen worden ...« Der beginnende Widerstand im Frauenlager weiß, er kann sich auf Mala Zimetbaum verlassen, wenn es darum geht, Verbindungen herzustellen, Informationen von einer Gruppe an die andere zu vermitteln. Mala bewegt sich ohne jede Kontrolle und bekommt problemlos eine Genehmigung, sich im Männerlager aufzuhalten.

Die einzelnen Hinweise ergeben ein überzeugendes Bild. Das Vertrauen der Mörder und Täterinnen in die Läuferin und Chef-Dolmetscherin Mala ist grenzen- und zeitlos und Gleiches gilt für verschiedene Widerstandsgruppen, die sich im Sommer 1943 im Lager Auschwitz-Birkenau bilden. Sie sind überzeugt, selbst wenn Mala bei den Herrschenden in Ungnade fiele, unter keiner Folter würde sie ihr gewaltiges Wissen preisgeben. Mala Zimetbaum handelt klug, dieses doppelte Vertrauenskapital zu nutzen, indem sie ihre Bewegungsfreiheit an ihre Gedankenfreiheit koppelt und nicht durch die Bindung an eine bestimmte Widerstandsgruppe einschränkt. Die Annahme, dass Mala Zimetbaum keinen Kontakt zum Widerstand im Lager hat, ist durch mehrere Aussagen widerlegt. Es wird im nächsten Jahr eine gewichtige hinzukommen, die aufdeckt, was bisher nicht wahrgenommen wurde.

Zur Klugheit kommt die Kraft, nicht aufzugeben angesichts von Tausenden, deren Leben täglich in den Gaskammern endet und den Leichen toter Frauen, die sich immer aufs Neue neben den Baracken stapeln. Was nach Selbstverständlichkeiten aussieht, kann die Differenz zwischen Leben und Tod bedeuten. Lola Bryftreger-Rabinowicz ist überzeugt, »dank Mala haben wir überlebt«, weil sie den belgischen Frauen um Giza Weissblum Arbeitsplätze im Innern einer Baracke verschaffte.

Mala setzt sich ebenso ein, wenn der Tod die einzige menschenwürdige Alternative ist und eine sterbende Frau im Revier darum bittet, nicht den Horror in der Gaskammer erleiden zu müssen. Sarah Goldberg und Giza Weissblum berichten, dass Mala für eine schwerkranke Freundin von ihnen eine Ärztin organisiert, die bereit ist, die erlösende Spritze zu geben. Malas Einsatz im Lager gilt prinzipiell jeder Frau; jede von ihnen ist ein Mensch für sie, niemals eine Nummer. Vielleicht ist eine Quelle für die Kraft, mit der sie individuelle Schicksale bedenkt und inmitten massenhafter Vernichtung deren Würde bewahren kann, der subtile Einfluss, mit dem sie ein »Unternehmen« im Lager stabilisieren hilft, das Tausende der Häftlinge für Stunden in eine andere Welt versetzt. Auf Inseln der Glückseligkeit, in ein Meer tröstlicher Empfindungen.

Am 18. Juli 1943 kommt am Güterbahnhof Auschwitz »Abtransport N° 57« aus Frankreich an. Von den 1000 jüdischen Frauen, Männern, Kindern werden 440 auf Lastwagen getrieben, die direkt ins Gas fahren. Ein Dutzend der Frauen, die die Selektion überleben, wird von denen, die nach Birkenau marschieren müssen, getrennt. Sie landen im Block 10 vom Stammlager Auschwitz. Seit Dezember 1942 hat SS-Arzt Dr. Claus Clauberg im Frauenlager Birkenau seine ersten Experimente gemacht. Da er sich vor den vielen Epidemien dort fürchtet, wird seine Versuchsstation im März 1943 ins Stammlager verlegt. In einem Brief teilt der Gynäkologe am 6. Juni Heinrich Himmler mit, dass seine neue Methode für Zwangssterilisationen erfolgversprechend scheint: Frauen ohne Operation durch Einspritzung chemischer Mittel in die Eileiter unfruchtbar zu machen. Ende Juni sind dem Mediziner 300 weibliche jüdische Häftlinge im Block 10 für seine Experimente ausgeliefert und 40 Funktionshäftlinge als medizinische Hilfskräfte und Pflegerinnen eingesetzt.

Eine der Frauen, die aus dem Transport N° 57 für Claubergs Experimente ausgewählt werden, ist Alma Rosé. Alma wird 1906 in Wien in eine prominente Musikfamilie geboren: Ihr Vater gilt bis zum Einmarsch der Deutschen 1938 als Europas berühmtester Konzertmeister; er leitet die Wiener Philharmoniker, die Wiener Hofoper und tritt als Geiger mit dem Rosé-Quartett in allen Konzertsälen Europas auf. Almas Mutter ist eine Schwester des Komponisten Gustav Mahler. Die Familie ist sich ihrer jüdischen Herkunft bewusst und zugleich bestens in die Wiener Gesellschaft integriert.

Die jugendliche Alma hat ein Ziel: als anerkannte Geigerin ein unabhängiges Leben zu führen. Sie schaffte es. 1932 der nächste Schritt: Alma Rosé gründet die »Wiener Walzermädeln« und führt als Dirigentin das Frauenorchester – in dessen Zentrum Salonmusik steht, Walzer, Polkas, Operettenmusik – mit harter Arbeit auf höchstes Niveau und zu erfolgreichen Tourneen durch Europa.

1939 flieht die Familie von Wien nach London, und Alma folgt einer Einladung zu einem Konzertauftritt in Amsterdam, dem weitere folgen. Als die Deutschen am 10. Mai 1940 die Niederlande überfallen, sitzt sie in der Falle. Mit Geschick und viel Unterstützung gelingt es ihr, bis ins Frühjahr 1942 in den besetzten Niederlanden pro Woche drei Hauskonzerte zu geben. Am 15. Oktober 1942 erhält Alma Rosé die Aufforderung, sich in Westerbork zu melden, dem nationalsozialistischen Sammellager für jüdische Menschen in den Niederlanden. Sie versucht, über Frankreich in die Schweiz zu fliehen, wird am 19. Dezember 1942 in Dijon verraten und verhaftet. Vom französischen Sammellager Drancy führt der Weg über Paris ins Stammlager Auschwitz, Abteilung Dr. Clauberg.

Im Block 10 ist eine junge Niederländerin, über Westerbork nach Auschwitz deportiert, als Häftlingskrankenschwester eingesetzt. Sie erkennt Alma, die im Haus ihrer Eltern in Amsterdam gespielt hat, informiert die jüdische Blockälteste, und Alma darf sich etwas wünschen: bitte eine Geige. Die wird umgehend aus dem riesigen Fundus, wo das Gepäck der Deportierten landet, beschafft. Mit den ersten Tönen, die Alma auf der Geige zaubert, drängen ihre musikalischen Energien und Kompetenzen im Stammlager Auschwitz zu verwegenen Aktionen. Die Nr. 50381 auf ihrem linken Unterarm verliert ihre Bedeutung.

Sie gewinnt Frauen aus der Versuchsgruppe. Sie unterrichtet die Frauen in Tango und Csardas; es wird getanzt, und Alma spielt dazu auf. Sie organisiert Liederabende, dazu eigene Geigenauftritte. Alma lässt Gedichte vortragen, beschafft Blumendekoration und etwas festliche Kleidung. Was heimlich im kleinen Kreis geübt wird, erlangt Dr. Claubergs Zustimmung. SS-Offiziere kommen abends zum Block 10 und genießen, was Alma Rosé mit den weiblichen Häftlingen unter dem Titel »Cabarets« aufführt. Die Virtuosin mit ihrer Musik und ihrem energischen Auftritt immer im Zentrum. Der Gynäkologe schiebt medizinische Experimente mit dieser besonderen Frau erst einmal in den Hintergrund. Die »Cabarets« sprechen sich im Lager herum, mit durchaus anerkennendem Unterton.

Maria Mandl, SS-Oberaufseherin und Musikliebhaberin, gehört sicherlich zu den Ersten, die zu Almas musikalischen Abenden auftauchen. Und sie ergreift ihre Chance. Noch im August wird Alma Rosé von Mandl als Leiterin des Orchesters in Birkenau eingesetzt und löst Zofia Czajkowska ab. Für die Frauen im Orchester beginnt eine neue Zeit. Zwar bringen sie wie bisher am frühen Morgen Stühle und Notenpulte auf den Hügel am Lagertor, rund 300 Meter vom Musikblock entfernt. Weiterhin marschieren weibliche Häftlinge zur Marschmusik in Fünferreihen durch das Tor hinaus zu brutaler Arbeit. Doch zurück im Musikblock wird nun professionell geübt, mindestens zehn Stunden am Tag.

Alma Rosé ist eine fordernde Orchesterleiterin, die neue musikalische Maßstäbe setzt. Aber sie setzt sich auch für ihre Frauen ein. Sie bemüht sich um neue Instrumente und Noten, holt weitere Frauen als Kopistinnen. Alma zeigt Respekt gegenüber SS-Männern und Maria Mandl, hat aber keine Hemmungen, Forderungen zu stellen. Der Musikblock bekommt einen eigenen Ofen, und bald werden ihre Frauen vom Zählappell befreit. Sensationell angesichts des allgemeinen Elends im Lager. Das fördert die Musikqualität und ist zugleich eine bedeutende Verbesserung der Lebensqualität. Bald hat Alma das Orchester auf 45 bis 50 Frauen erweitert, mit denen sie neben den Märschen vor allem klassische Kompositionen einübt.

Die 16-jährige Hélène Scheps aus polnisch-jüdischer Familie wird in Brüssel inhaftiert und Anfang August 1943 von Mechelen ins Lager Auschwitz-Birkenau deportiert. Als sich herumspricht, dass sie eine gut ausgebildete Geigerin ist, holt Czajkowska sie ins Orchester. Dann erlebt Hélène, die Auschwitz überlebt, den Aufschwung und die Professionalisierung unter Alma Rosé: Aus dem »Krimskrams-Ensemble« wird ein »richtiges Orchester«. So unerbittlich und streng Alma Rosé während der endlos scheinenden Übungsstunden ist: Die totale Konzentration auf die Musik schafft einen eigenen freien Raum, lässt die mörderische Umgebung für viele Stunden vergessen. Hélène Scheps ist überzeugt: »Sie rettete uns damit das Leben.«

Die Dirigentin hat nicht nur ihre Frauen im Blick, sondern alle, die in das Lager gezwungen worden sind und für die jeder Tag ein Kampf ums Überleben bedeutet. Alma erreicht es, mit dem Orchester öffentliche Konzerte geben zu können. Zweimal wöchentlich für die Kranken im Revier: auf der grasbewachsenen Fläche vor den Baracken erklingen leichte Wiener Melodien, bei schlechtem Wetter im Inneren. Sonntags spielt das Frauenorchester vor dem Musikblock auf, bis die SS das im Spätherbst 1943 verbietet. Alma gibt nicht auf: Bald kann sie mit ihren Frauen jeden Sonntag in der Vorhalle der »Sauna« vom

Lager Birkenau auftreten. Dorthin werden die Frauen der Transporte, die die Selektion ins Gas überleben, geführt, um in den Haupträumen die Ankunftsprozedur – duschen, Rasur, Nummerntätowierung – zu durchlaufen.

Nun stehen sonntags tausend und mehr Frauen in der Vorhalle, dazu eine große Menge im Freien, und lassen sich durch die Musik zwei bis drei Stunden in eine andere Welt versetzen. Es herrscht eine feierliche Stille, während Stücke von Puccini und Verdi, Dvorák und Tschaikowsky gespielt werden, aber auch Schlager und Operettenlieder gesungen. Weibliche und männliche SS-Aufseher sind unter den Zuhörenden, und kaum ein Konzert vergeht ohne ein eindrucksvolles Geigensolo von Alma Rosé.

Die Dirigentin treibt ihr Orchester zu Höchstleistungen an, während in Sichtweite der »Sauna« und des Krankenreviers die Schornsteine der Krematorien rauchen. Alle wissen, dass etliche Frauen im Revier am nächsten oder einem folgenden Tag aus ihren Betten ins Gas verschwinden. Alma verkörpert die Entschlossenheit, trotz aller Verzweiflung nicht aufzugeben.

Eine Kraft, die sie mit Mala Zimetbaum verbindet. Wie Mala akzeptiert Alma die totale Herrschaft der SS, ohne ihr Selbstbewusstsein aufzugeben. Als bei einem Konzert im Freien SS-Aufseherinnen hörbar kichern, stoppt sie das Orchester und sagt laut: »So kann ich nicht spielen ...« Stille im Publikum. Mala Zimetbaum kommt häufig in den Musikblock, tauscht sich mit Alma vertraulich aus und nutzt ihr Ansehen im gesamten Lager, als sich üble Gerüchte über die Dirigentin verbreiten.

Weibliche Häftlinge haben die gefürchtete Maria Mandl im Büro im Gespräch mit Alma Rosé gesehen – und beide Frauen saßen sich gegenüber. Ein ungeheurer Tabubruch, denn die Gefangenen müssen stramm stehen vor der SS-Oberaufseherin, egal in welcher Situation. Dass eine jüdische »Nummer« der Mandl gleichwertig gegenübersitzt – undenkbar, ob Orchesterleiterin oder normale Barackenbewohnerin. Mala Zimetbaum, von Mandl gerufen, um Informationen abzuholen oder im Büro Übersetzungen anzufertigen, ist Zeugin, als Alma im Büro sitzt – von der SS-Frau dorthin beordert, die sich mit ihrer Dirigentin unterhalten will.

Eigentlich wissen alle im Lager, dass Alma sich einer solchen Aufforderung nicht entziehen kann. Darauf setzt Mala, als sie ihre persönliche Kenntnis vom misstrauisch beäugten Treffen der beiden Frauen sensibel im Lager verbreitet. Aber vor allem kann sie darauf vertrauen, dass ihre Schilderung und Interpretation der Büroszene als absolut verlässlich gilt. Die Fürsorge von Mandl für ihre Dirigentin geht so weit, dass sie Alma mehrfach versichert, die Orchesterleiterin sei die Letzte, die in Birkenau ins Gas geschickt werde.

Während ihrer erfolgreichen Karriere als Geigerin vor 1939 hat Alma Rosé ihre jüdischen Wurzeln nicht versteckt. Ob sie sich innerhalb des Orchesters und vielleicht auch mit Mala über dieses gemeinsame Erbe austauscht, als am 16. September 1943 mit dem Neujahrsfest Rosch Haschana das neue jüdische Jahr 5704 beginnt? Haben die Frauen vielleicht gemeinsam ein Gebet gesprochen, als am 29. September die jüdische Welt Jom Kippur feiert, den höchsten jüdischen Feiertag? Sind es Tage des Trostes oder der Verzweiflung, weil ihr Gott während der Zeit in Auschwitz in weite Ferne gerückt ist? Auf jeden Fall hat Mala genug Verbindungen, um zu wissen, auf welche Tage die jüdischen Feste im Jahr 1943 fallen.

Um internationale Organisationen zu täuschen, ist 1943 im Lager Birkenau ein »Familienlager« angelegt worden, in das mehrfach Transporte aus dem sogenannten »Ghetto Theresienstadt« in der besetzten Tschechoslowakei gebracht werden, ähnlich dem sogenannten »Zigeunerlager«. Zum Erstaunen der übrigen Häftlinge wird auch von ihnen niemand ins Gas geschickt, die Familien bleiben zusammen. Doch zwischendurch zeigen die Mörder, was insgeheim mit allen Menschen in den »Familienlagern« vorgesehen ist. Die 1260 Kinder und 53 Erwachsenen, die am 7. Oktober mit einem Transport des Reichssicherheitshauptamtes aus Theresienstadt in Auschwitz ankommen, werden am selben Tag in den Gaskammern von Auschwitz-Birkenau ermordet.

Verstand und Gefühl verbinden sich angesichts der Todesstatistiken von Birkenau zu einer Barriere, die zum Schutz der seelischen Balance unüberwindbar bleibt. Doch die mörderischen Aktionen müssen genannt werden, die unentwegt ohne Vorwarnung die Häftlinge in Auschwitz treffen – wie am 19. November 1943 die jüdischen Frauen im Lager Birkenau. 394 von ihnen werden bei einer allgemeinen Selektion in die wartenden Lastwagen verfrachtet und zu einer der Gaskammern außerhalb des Frauenlagers gefahren. Zwei Frauen, die sich im Lager versteckt haben, werden entdeckt und auf der Stelle erschossen.

Im Dezember betritt ein SS-Arzt das Frauenrevier: »Alle jüdischen Patientinnen runter von den Betten.« Häftlingskrankenschwester Margita Schwalbová ist anwesend und hat aufgeschrieben, was sie erlebt. Die Frauen müssen sich nackt ausziehen und vor dem SS-Arzt defilieren. Diesmal behält er die Karteikarten derjenigen in der Hand, die überleben, alle anderen sind für die Gaskammer ausgewählt: »Die Selektion dauert ungefähr zehn Minuten. Sie verläuft so schnell, dass kaum einer Patientin bewusst wird, welches Los sie trifft. … Von 120 Patientinnen sind es 105 Todesurteile.« Es trifft Frauen, die auf dem Weg der Besserung sind, die schwerste Tage überstanden haben. Doch die Ideologie der Mörder kennt keine Logik. Der SS-Arzt verlässt das Revier. Der Transport in die Gaskammern wird in einigen Tagen stattfinden.

Die Geschichte von Margita Schwalbová ist damit nicht zu Ende: »Da kam plötzlich Mala. Sie wusste schon, was im Revier vorgefallen war.« Ihre Augen sind »hart und resolut«. Die beiden Frauen teilen sich die »Rettungsversuche der Verurteilten«. Noch am selben Tag erscheint Mala Zimetbaum bei dem SS-Arzt mit einer »dienstlichen« Anweisung der Oberaufseherin.

Er soll einige Namen von der Todesliste streichen, weil diese Funktionshäftlinge wegen ihrer Aufgaben im Lager unentbehrlich sind. Bei einigen Frauen zögert er, lehnt ab; andere streicht er von der Todesliste. Es ist ein gewaltiges Risiko. Mala verlässt sich auf das Vertrauen aller SS-Leute in ihre Zuverlässigkeit. Auch diesmal hat der Arzt nicht den geringsten Zweifel an Malas »Auftrag«. Er kommt nicht auf die Idee, Rückfragen an Maria Mandl zu stellen. Es wäre das Todesurteil für Mala, denn sie handelt ohne jede Rückendeckung. Und wieder werden etliche Frauen vor dem Gang in die Gaskammer gerettet.

Ihr Engagement ist damit noch nicht am Ende. Margita Schwalbová: »Und so waren die Tage bis zum Reviertransport erfüllt von fieberhaften Interventionen und verzweifelten Rettungsversuchen. Mala blieb unermüdlich. Außer ihrem Trick mit der Oberaufseherin trachtete sie persönlich alles Menschenmögliche zu erreichen. Sie bat, sie forderte, stundenlang wartete sie vor dem Zimmer des Lagerarztes.«

Dann die Geräusche der Lastwagen vor dem Revier: »Uniformen, Knarren von Stiefeln, das Tor des Blockes fliegt auf und öffnet den Weg des Sterbens.« Die Pflegerinnen führen die Frauen, »die sie gestern noch fütterten, wuschen, liebkosten in den Tod … mit denen sie über das Ende des Krieges träumten«. Einige können allein gehen, doch den Todesgehilfen ist das zu langsam: »Die SS-Wachen greifen nach ihnen und werfen sie auf wartende Lastautos wie Eisenstücke, sie treten sie mit ihren beschlagenen Stiefeln und so brauchen einige kein Gas mehr.«

Am 30. November 1943 ist das Frauenlager Auschwitz-Birkenau mit 33 846 weiblichen Häftlinge definitiv überbelegt. Einzelselektionen mit 105 »Verurteilten« ändern nichts an der Überfüllung. Am 12. Dezember erscheint ein SS-Arzt mit SS-Männern und Aufseherinnen im Lager. Er weist 2106 Gefangene als krank bzw. arbeitsunfähig aus. Die Frauen werden am selben Tag in den Gaskammern ermordet. Es sind vor allem Jüdinnen. Für sie hat am 8. Dezember Chanukka, das Lichterfest, begonnen. Tausendfache Erinnerung an festliche Familientage, wenn täglich am achtarmigen Leuchter eine Kerze angezündet wird.

24. Dezember 1943. Durch die offenen Türen der »Sauna« klingen weihnachtliche Klänge ins Freie. Drinnen in der Vorhalle leitet Alma Rosé, umgeben von einer Menschenmenge, die Schulter an Schulter steht, ihr Frauenorchester durch das Weihnachtskonzert. Dazu gehören deutsche Weihnachtslieder, die sie sorgfältig mit jüdischen Kindern aus dem »Theresienstädter Familienlager« einstudiert hat.

Für Mala Zimetbaum geht ein volles Jahr im Lager Birkenau zu Ende. Über 15 Monate hat sie seit ihrer Ankunft an der Rampe vom Güterbahnhof Auschwitz im September 1942 überlebt und gehört damit zu einer winzigen Minderheit. Täglich wird sie mit dem bitteren Schicksal von Frauen konfrontiert, die im Gas umkommen, durch Hunger, Krankheiten, Prügel und brutalste Misshandlungen sterben oder vor aller Augen erschossen werden. Sie weiß, sie hat durch die Privilegien überlebt, die mit ihrer Tätigkeit als Läuferin und Dolmetscherin verbunden sind. Aber Mala hat sie zugleich genutzt, um mit List und Klugheit, Solidarität und Selbstbewusstsein anderen Frauen das Leben zu retten, wenigstens zu verlängern oder erträglicher zu machen.

Und wahrscheinlich hat sich zum Jahresende eine Entwicklung gefestigt, die für sie persönlich eine neue Kraftquelle bedeutet.

26. Kapitel

DER BEGINN EINER LIEBE

Mala Zimetbaum, Jüdin, und Edward Galiński, katholischer Pole, folgen ihren Gefühlen – Treffpunkt Röntgenraum im Frauenlager

Ende 1943

14. Juni 1940. Während deutsche Soldaten in Paris erstmals die Champs-Élysées hinuntermarschieren, trifft im Güterbahnhof Auschwitz der erste Transport für das KZ Auschwitz ein. Es sind 728 polnische Männer, die ins wenige Kilometer entfernte neu angelegte Konzentrationslager marschieren. Dort werden sie mit Schlägen und Gebrüll in die Keller gedrängt, alle Haare geschoren, jedem eine Nummer in den linken Unterarm tätowiert. Schnell zurück auf den Hof, in Fünferreihen zum ersten Appell aufstellen.

Es begrüßt sie SS-Hauptsturmführer Karl Fritzsch, der erste Schutzhaftlagerführer im KZ Auschwitz: »Ihr seid hier nicht in ein Sanatorium gekommen, sondern in ein deutsches Konzentrationslager, aus dem es keinen anderen Ausgang gibt als durch den Schornstein des Krematoriums. … Wenn in einem Transport Juden sind, dann haben sie kein Recht, länger zu leben als zwei Wochen, die Priester einen Monat und die übrigen drei Monate.« Unter den Zuhörern: Edward – »Edek« – Galiński, die Nr. 531, und Wiesław Kielar, die Nr. 290. Zwei junge katholische Polen, die wegen ihrer Aktivitäten im Widerstand gegen die deutschen Besatzer gefangen genommen wurden.

Knapp dreieinhalb Jahre später, gegen Ende des Jahres 1943, gehen Galiński und Kielar, inzwischen Freunde geworden, vom Stammlager Auschwitz kommend, durch das Tor ins Frauenlager Auschwitz-Birkenau. Ihr blauer Overall und der Werkzeugkasten auf den Schultern zeichnen sie als Installateure aus. Funktionshäftlinge, die im gesamten Lager hochwillkommen sind und keiner weiteren Kontrolle unterzogen werden. Zwei weibliche Funktionshäftlinge, die als Läuferinnen jenseits des Tores auf Aufträge der obersten SS-Frauen warten, heben für die beiden Männer den Schlagbaum hoch. »Sagt Mala, dass ich hier bin«, flüstert Edek den Frauen wie nebenbei zu. »Ja, ja«, antworten die beiden, die offensichtlich wissen, worum es geht. Es ist Mala Zimetbaum, mit der sich Edek wenig später treffen wird. Und wer ist Edek?

Als Edward Galiński am 5. Oktober 1939 sechzehn Jahre wurde, hatte Deutschland knapp fünf Wochen zuvor Polen überfallen. Deutsche Soldaten besetzten auch die Stadt Jarosław im südöstlichen Polen, wo sein Vater Lehrer an der Oberschule war. Edek schloss sich sofort dem Widerstand in Jarosław an, verteilte illegale Zeitungen und verbreitete mündlich die neuesten Nachrichten der BBC. Im Mai 1940 verhaftete die Gestapo in einer landesweiten Aktion in Polen Widerständler aus bürgerlich-intellektuellen Kreisen, darunter Edek Galiński und Wiesław Kielar und deportierte sie nach Auschwitz.

Beide sind so klug, sich im Lager handwerkliche Grundkenntnisse anzueignen. Sie werden beim Ausbau des Stammlagers und der weiteren Lager dringend gebraucht. Im Herbst 1943 gehören sie sozusagen zum festen Mobiliar, müssen im Vergleich zu den meisten Häftlingen nicht um ihr Leben fürchten, bekommen genug zu essen, werden in der Regel nicht gequält und haben einen breiten Bewegungsradius.

Das trifft sich gut mit der Situation von Mala Zimetbaum. Es ist nur eine Frage der Zeit, wann sie und Edek Galiński sich im Frauenlager oder im Stammlager begegnen. Wie es anfing zwischen den beiden, wie es sich entwickelte, darüber gibt es keinerlei Hinweise. Glaubhaft ist, was Anna Palarczyk, die Mala seit dem Winter 1942/43 persönlich kennt, überliefert hat.

Beide Frauen führte die gemeinsame Liebe zur französischen Sprache eng zusammen. Zu welchem Zeitpunkt Anna Mala fragt, ob es etwas Neues gibt, bleibt offen. Aber eindeutig ist die Antwort, und zwar auf polnisch: »Ich bin verliebt! Ich bin so verliebt! Ich bin wirklich glücklich!«

Was herzerwärmend und persönlich klingt, zeugt von der Widerstandskraft dieser beiden Menschen. Sie leben ihre Gefühle, der brutalen Todeserfahrung, mit der sie täglich konfrontiert werden, zum Trotz. Und sie stehen zu ihren Gefühlen: die junge Frau aus polnisch-jüdischer Familie und der junge polnische Katholik. Ihnen ist bewusst, dass die katholische Kirche in Polen von den Kanzeln verkündet, ein Pole kann kein Jude sein, und den Judenhass schon seit Generationen schürt. Und für jüdische Frauen und Männer ist es ein absolutes Tabu, einen nichtjüdischen Menschen zu lieben, noch dazu einen polnischen Katholiken. Mala Zimetbaum und Edek Galiński sind zwei starke Persönlichkeiten, nicht bereit, sich den Zwängen ihrer Herkunft zu beugen. Inmitten der Unmenschlichkeit von Auschwitz folgen sie ihren Gefühlen.

Wenn die deportierten jüdischen Familien am Güterbahnhof Auschwitz ankommen, werden sie auseinandergerissen. Ehefrauen und Ehemänner, die die Selektion ins Gas überstehen, werden auf die unterschiedlichen Lager für Frauen und Männer verteilt. Jeglicher Kontakt zwischen den Lagern ist offiziell streng verboten. Doch menschliche Solidarität macht es möglich, dass Paare sich über die Lagergrenzen hinweg treffen. Ein geschützter Treffpunkt ist der Röntgenraum in Baracke 30, die zum Krankenrevier im Frauenlager gehört. Hier hat im Winter 1942 SS-Arzt Claus Clauberg an jüdischen Frauen seine ersten Zwangssterilisationen ausprobiert, bevor er diese ab Frühjahr 1943 im Stammlager Auschwitz fortsetzte. Die Baracke ist klein, von der Lagerstraße weit entfernt und kaum einsehbar.

Für die Läuferin und Dolmetscherin Mala Zimetbaum ist der Aufenthalt im Krankenrevier eine Selbstverständlichkeit. Dass

Handwerkshäftlinge wie Edek Galiński sich im Revier aufhalten, fällt ebenfalls nicht auf. Es ist allen Verantwortlichen nur recht, denn ständig gibt es etwas zu reparieren. Heimlich ist das Beisammensein von Mala und Edek im Röntgenraum nicht. Sie können sich treffen, weil sie unter den Häftlingen im Revier Verbündete haben, die ihr Alleinsein schützen. Die aufpassen, dass sich niemand dem Röntgenraum nähert, und vorher warnen, wenn sich die SS-Oberaufseherin oder SS-Männer im Revier befinden. Edek und Mala, die sich zärtlich »Edziu« und »Mally« nennen, sind mit ihrer Liebe nicht isoliert. In dieser feindlichen Umgebung wohl zusätzlich ein gutes Gefühl.

Im Herbst 1943 gehört Edek zu einer Gruppe von Installateuren, die Wasserleitungen im Frauenlager legen. Täglich kommt er nach der Arbeit mit Wiesław Kielar zusammen. Die zwei Männer haben nur ein Thema: Sie wollen flüchten. Nach vielen Überlegungen sind sie überzeugt: Der sicherste Fluchtweg geht über das Lager Auschwitz-Birkenau, deshalb wird Edek sich dort um eine ständige Arbeit bemühen. Und ideal wäre es, wenn sie als SS-Offiziere verkleidet lässig das Lagertor passieren könnten.

Sie halten Ausschau nach einem SS-Mann, von dem sie glauben, dass er ihnen zwei Uniformen verkauft, wenn sie dafür gut bezahlen. Edward Galiński traut sich, bei einem Treffen mit Wiesław und einem SS-Mann eine 20-Dollar-Münze hochzuhalten und zu bemerken, er habe genug vom Lager: »Wenn ich eine SS-Uniform hätte, dann würde ich fortgehen ...« (Das Geld in den Kleidern und Taschen der Deportierten, die sie beim Eintritt ins Lager abgeben müssen, macht vielfach die Runde.)

Die Reaktion ist erstaunlich. Der SS-Mann lacht: »Wohin würdest du gehen? Der Winter steht vor der Tür. Hier droht euch nichts, und bis zum Frühling kann sich vieles ändern.« Die beiden Freunde sind beeindruckt. Recht hat er mit dieser offenen Antwort. Der Winter 1943/44 kommt; die Flucht ist für Edward und Wiesław kein Thema mehr. Doch der Röntgenraum im Block 30 bleibt für »Mally« und »Edziu« eine Konstante.

27. Kapitel

»MUTIG BIS ZUR VERRÜCKTHEIT«

Mala bleibt ihrem doppelten Leben treu – Ein Kunstporträt für den Geliebten – Die mörderische Ungarn-Aktion beginnt – 4 Krematorien schaffen die Verbrennung nicht mehr – Der Fluchtplan zu dritt wird konkret

1944 – Januar bis Mai

Am 1. Januar 1944 steht der Weihnachtsbaum immer noch vor einem Krematorium, mit kleinen bunten Glühbirnen behängt. Bis zum 15. Januar werden 700 weibliche Häftlinge durch unregelmäßige Selektionen vom Frauenlager Auschwitz-Birkenau in die Gaskammern geschickt und die Leichen ins Krematorium transportiert. Am 2. Februar müssen 800 jüdische Frauen – junge und alte, kranke und gesunde – ihre Baracken in Richtung Gaskammern verlassen. Mal wieder eine Machtdemonstration: Niemand ist vor der Willkür der SS-Herrschaft sicher.

Alles geht seinen gewohnten Gang im neuen Jahr. Dazu gehören die Transporte deportierter jüdischer Männer, Frauen und Kinder nach Auschwitz. Im Februar 1944 kommen sie aus Belgien, Frankreich und den Niederlanden. Von allen Ankommenden werden am Bahnhof knapp 2000 direkt ins Gas selektiert, darunter 122 Kinder aus den Niederlanden. Im Frauenlager geht es weiter mit Zählappellen und Entlausungsaktionen. Tausende von Frauen müssen bei Schnee und Frost über Stunden nackt im Freien stehen, jetzt auch sonntags. Wer zusammenbricht und zu Boden geht, wird mit Peitsche oder Knüppel traktiert. Es ist die billigste Weise, Leben zu vernichten. 1944 schneit es in Birkenau bis Ende April.

Mala Zimetbaum bleibt ihrem doppelten Leben treu: Für das herrschende SS-Personal eine Läuferin und Dolmetscherin, die alles, was man ihr aufträgt, klug erledigt, grenzenlos vertrauenswürdig. Das gleiche Vertrauen bringen ihr die Häftlinge entgegen: »Jeder im Lager kannte Mala. ... Durch ihr Geschick und ihre Risikobereitschaft hat sie vielen Frauen das Leben gerettet.« Das schreibt die Überlebende Sara Nomberg-Przytyk, die Mitte Januar 1944 nach Auschwitz-Birkenau deportiert wird und im selben Monat Mala kennenlernt, die »fließend polnisch sprach«. Für die polnische Jüdin, Lehrerin aus Lublin, ist Mala Zimetbaum »mutig bis zur Verrücktheit. Es gab keine Aktion, die ihr zu schwierig war«.

Über alle Transporte informiert, zeigt sich Mala weiterhin den Frauen, die aus Frankreich und Belgien ins Lager kommen, und bietet ihre Hilfe an: »Vier Tage nach Ankunft kommt eine junge Frau zu mir: ›Ich bin Mala, wenn du etwas brauchst, egal was, wende dich an mich.‹« Dann gibt sie Sonia Wassersztrum, einer polnischen Jüdin, die Anfang April 1944 mit einem belgischen Transport nach Auschwitz deportiert wird, Papier und Kreide, damit sie Mala informieren kann, wenn sie Hilfe braucht. Ebenfalls im April bringt Mala vom Stammlager Auschwitz heimlich Medizin für eine herzkranke Frau ins Krankenrevier von Birkenau.

Jede einzelne Frau ist ihrer Retterin unendlich dankbar. Eine seelische Medizin, mit der Mala Zimetbaum schon über anderthalb Jahre aushält, ohne aufzugeben. Mit dem Wissen, dass zur gleichen Zeit in den verschiedenen Auschwitz-Lagern insgesamt Zehntausende Frauen, Kinder, Männer ihr Leben verlieren – in den Gaskammern, erschossen, zu Tode misshandelt, verhungert, verdurstet, bei den Zählappellen zusammengebrochen. Manche Mordaktionen werden von perfiden Täuschungsmanövern begleitet.

Am 5. März 1944 müssen die Erwachsenen im »Theresienstädter Familienlager« auf Befehl der SS-Leute eine Karte an ihre Verwandtschaft schreiben. Die vorgeschriebene Botschaft: »Es geht uns gut.« Am 8. März werden 3791 jüdische Männer, Frauen, Kinder aus Theresienstadt in die Gaskammern getrieben. Ihre Karten werden am 25. März von der SS verschickt.

Mala Zimetbaum weiß, dass die Gefangenen im Frauenlager es ihr gönnen, wenn sie ihre Privilegien auch für sich nutzt. Weil Mala die Kraft, die sie daraus zieht, zugleich solidarisch für andere einsetzt. Sie kann selbstbewusst einen Ort im Lager aufsuchen, wo sie Entspannung findet in einer anderen Welt – dem Reich der Musik. Für die Privilegierten im Lager ist der Musikblock des Frauenorchesters, seit Alma Rosé es leitet, ein beliebter Aufenthaltsort und Treffpunkt geworden – zum Entspannen, zum Träumen, zum Zuhören, zum Auftanken. Nicht zuletzt die Lagerleitung, die über Leben und Tod entscheidet, scheint sich hier wohl zu fühlen.

Betritt ein SS-Mann oder eine SS-Aufseherin den großen Raum im Musikblock, wo das Orchester permanent übt, dann gibt Alma Rosé ihren Frauen das Zeichen zum Abbruch. Tief durchatmen, jetzt spielen wir, um unser Lebensrecht zu bekräftigen. Die Mächtigen der Lagerhierarchie können sich etwas wünschen. Alma Rosé hat mit ihrem Orchester inzwischen ein beachtliches Repertoire einstudiert.

Zu den Frauen, die auf ihrem Instrument als Solistinnen etwas bieten können, gehört die Cellistin Anita Lasker. Die deutsche Jüdin wird im Dezember 1943 mit ihrer Schwester Renate von Breslau nach Auschwitz-Birkenau deportiert und bald für das Frauenorchester entdeckt. Der SS-Arzt Dr. Mengele gehört zu denen, die öfters im Musikblock auftauchen. Einmal bittet der Mann, der bei unzähligen Selektionen und seinen medizinischen »Zwillingsexperimenten« mit sanftem Lächeln tödliche Entscheidungen trifft, die neunzehnjährige Anita, für ihn die *Träumerei* von Robert Schumann zu spielen.

1996 wird die Auschwitz-Überlebende und inzwischen bekannte Cellospielerin von einem Interviewer der BBC gefragt, ob sie damals im Lager Birkenau wusste, was diese Leute taten. Anita Lasker-Wallfisch antwortet: »Natürlich wussten wir, was sie taten. Aber was war die Alternative?« Nichts anderes hätte wahrscheinlich Mala Zimetbaum geantwortet. Auch sie muss damit rechnen, dass zusammen mit ihr im Publikum die gefürchtete SS-Führerin Irma Grese mit Peitsche und Hund sitzt, den sie auf Frauen im Lager hetzt, sobald sie den Musikblock wieder verlässt. Widerstand hat vielfältige, subtile Formen. Das verbindet Mala Zimetbaum mit Alma Rosé und den Frauen des Orchesters. Nicht ohne Grund haben die beiden Frauen engen Kontakt.

Am 2. April 1944 gibt das Frauenorchester ein Sonntagnachmittagskonzert im Lager. Anschließend ist Alma Rosé zur Geburtstagsfeier der Leiterin der »Bekleidungskammer« eingeladen. Wieder zurück im Musikblock, überfallen die Dirigentin Schwindel, Schüttelfrost und starke Kopfschmerzen. Alma bekommt hohes Fieber, muss sich übergeben. Noch in der Nacht wird Maria Mandl informiert, die mit einem SS-Arzt herbeieilt. Alma Rosé wird auf einer Bahre ins Krankenrevier gebracht, erhält ein Einzelzimmer.

Am nächsten Tag schwirren wilde Gerüchte durch das Lager: Sollte die Orchesterleiterin vergiftet werden? Mehrere Ärztinnen, die sich um die offensichtlich Schwerkranke kümmern, vermuten eine Hirnhautentzündung. Am 4. April, Alma ist bewusstlos, schaut Dr. Mengele vorbei, ordnet eine Lumbalpunktion an. Niemals ist ein weiblicher Häftling im Revier so behandelt und umsorgt worden. Ihre engste Vertraute, die Pflegerin Margita Schwalbová, ist die ganze folgende Nacht bei ihr. Alma ist meist bewusstlos. Margita hält ihre Hand. Am 5. April 1944, noch vor dem Morgengrauen, hört Alma Rosés Herz auf zu schlagen.

Was folgt, ist einmalig in der Geschichte des Frauenlagers Auschwitz-Birkenau. Im Block 4 A wird der angekleidete Leichnam von Alma Rosé – Häftling Nr. 50381 – aufgebahrt. Maria

Mandl persönlich geht zum Musikblock und sagt den Frauen des Orchesters, dass sie von ihrer Leiterin Abschied nehmen können. Alma Rosé konnte stur und pedantisch sein, um die Spielerinnen zu musikalischen Höchstleistungen anzutreiben. Aber Anita Lasker-Wallfisch, die Auschwitz überlebt, ist überzeugt, dass alle, die Alma in dieser harten Zeit gekannt haben, sich einig sind: »Sie war streng, gerecht, niemals unterwürfig und unbeirrbar, sich und uns – allem zum Trotz – nicht entwürdigen zu lassen. Ohne sie hätte niemand von uns überlebt.«

Einen genauen zeitlichen Hinweis gibt es nicht. Doch ungefähr um diese Zeit am Beginn des Frühlings geht Mala Zimetbaum zu Zofia Stępień. Die polnische Jüdin, 1920 geboren, wird im März 1943 nach Auschwitz-Birkenau deportiert, weil sie im Widerstand aktiv war. Die SS nutzt sehr bald ihre malerischen Fähigkeiten. Zofia muss SS-Grußkarten und Dekorationen für Baracken zeichnen. Aber sie malt auch unbemerkt Porträts von Frauen im Lager, mit schönen Kleidern, prächtigen Frisuren – die Zukunft, auf die sie alle hoffen. Mala begegnet ihr als Kranke und verzweifelte Mutter im Revier. Zofia weiß nicht, was mit ihrer verschwundenen Tochter geschehen ist. Es gelingt Mala, ein Foto der Tochter unter den Dokumenten aufzustöbern, und sie findet einen Weg, dass die Mutter es behalten kann.

»Sie kam zu mir und bat mich um ein Porträt für ihren Liebsten«, erinnert sich Zofia, die Birkenau überlebt, an das nächste Treffen. Gern erfüllt sie diesen Wunsch, sitzt in Malas kleinem privaten Zimmer am Tisch – nirgendwo sonst gab es das für die Häftlinge im Lager: »Ich hatte Bleistifte, ich saß an diesem Tisch und zeichnete. Das waren meine glücklichsten Momente, es waren keine anderen Gefangenen in der Nähe.« Mala bietet ihr Brot mit Margarine an, ein ungeheurer Luxus. Zofia nutzt diese Episode, um zu versichern, dass Mala wegen ihrer Privilegien nicht beneidet wird, weil sie den gefangenen Frauen vermittelt, es gibt noch Hoffnung, das Leben ist nicht zu Ende. Unter anderem mit »wichtigen Nachrichten« vom Kriegsverlauf:

»Wir haben sie verehrt, sie war schön und ernst und niemals kokett.« Mala Zimetbaum hat Edward Galiński die Porträtskizze übergeben. Vielleicht bei einem ihrer Treffen in Block 30, im Röntgenraum. Und weil Edek das Bild seinem Freund Wiesław Kielar anvertraute, hat es Auschwitz überdauert.

Mehr denn je gehört es 1944 zu Malas Widerstandsaktionen, die Frauen im Lager über den Krieg zu informieren. Sie hört in den Büros der SS-Frauen und SS-Männer, wo sie ihre Aufträge erhält, nicht nur die Nachrichten. Manchmal gelingt es ihr, heimlich eine deutsche Zeitung zu entwenden und im Lager weiterzugeben. Die Informationen machen Hoffnung – einerseits. Die russische Armee rückt immer weiter nach Westen vor. Engländer und Amerikaner sind Anfang September 1943 in Italien südlich von Neapel an Land gegangen. Doch im Gegenzug besetzen die Deutschen Rom, und den Alliierten gelingt es nicht, aus Süditalien in Richtung Alpen vorzustoßen. Und dann mit dem Frühlingsbeginn 1944 eine niederschmetternde Nachricht.

Am 19. März besetzen deutsche Truppen Ungarn. Das Land ist seit 1940 mit dem nationalsozialistischen Deutschland verbündet. Der Versuch, sich angesichts einer drohenden Kriegsniederlage Anfang 1944 von Hitler-Deutschland abzuwenden, scheitert. Den deutschen Divisionen folgt ein Sonderkommando von 200 SS-Leuten unter der Führung von Adolf Eichmann, Spezialist für die »Endlösung« im Reichssicherheitshauptamt in Berlin. Denn während der antijüdische Vernichtungshass in den besetzten Ländern Westeuropas seit 1942 die Deportationszüge nach Auschwitz füllt, leben in Ungarn Anfang März 1944 noch rund eine Million Juden in Freiheit. Die deutschen Besatzer sorgen dafür, dass es damit schnellstmöglich vorbei ist.

Am 2. Mai 1944 kommen in Auschwitz die ersten zwei Transporte aus Ungarn an. Von den 3800 jüdischen Frauen und Männern zwischen 16 und 50 Jahren werden 2658 Menschen sofort in die Gaskammern gebracht. Am 4. Mai treffen sich in Wien deutsche SS-Experten und beschließen einen koordinierten

Zeitplan für die Deportation aller Juden in Ungarn. Von Mitte Mai bis Mitte Juni sollen täglich mehrere Eisenbahntransporte mit je 3000 Deportierten aus Ungarn in Auschwitz ankommen und der allergrößte Teil, abgesehen von einigen wenigen Arbeitskräften, der »Endlösung« zugeführt werden.

Die Verantwortlichen in Auschwitz für die konkrete Ausführung dieser gigantischen Vernichtungsaktion, die alle bisherigen übertrifft, bewahren strengstes Stillschweigen. Doch die Häftlinge – ob im Stammlager Auschwitz oder im Frauen- und Männerlager in Auschwitz-Birkenau – spüren, wie bei den SS-Leuten Spannung und Nervosität wachsen. SS-Obersturmbannführer Rudolf Höß, jetzt der Standortälteste und verantwortlich für die »Ungarn-Aktion«, ordnet Anfang Mai an, den begonnenen Bau einer Rampe mit drei Eisenbahngleisen mitten ins Lager Birkenau bis Mitte des Monats beschleunigt abzuschließen. Am westlichen Rand vom Lager Birkenau in der Nähe der Krematorien wird begonnen, größere und kleiner Gruben für Leichenverbrennungen auszuheben. Der seit Frühjahr 1943 geschlossene kleine weiße Bunker II mit seiner Gaskammer wird wieder geöffnet. Doch bevor es mit der »Ungarn-Aktion« richtig losgeht, sollen die noch vorhandenen Insassen eines größeren Bereichs im Lager Birkenau verschwinden.

Am 15. Mai 1944 beschließt die Kommandantur des Stammlagers Auschwitz, am nächsten Tag das »Zigeuner-Familienlager«, in dem noch rund 6000 Frauen, Kinder, Männer leben, zu liquidieren. Doch es geschieht Unerhörtes: Ohne dass die Verantwortlichen etwas davon erfahren, gibt der Lagerführer diese Information heimlich an Roma und Sinti im Lager weiter. Er ist gegen diesen tödlichen Beschluss.

Am Abend des 16. Mai wird der Zugang zum »Zigeuner-Familienlager« gesperrt. Wagen fahren vor, aus denen bewaffnete SS-Männer steigen, die das Lager umkreisen. Die Menschen im Lager werden aufgefordert, ihre Unterkünfte zu verlassen und nach draußen zu kommen. Aber nichts rührt sich.

Das gab es noch nie: Die männlichen Häftlinge haben sich nach der Warnung mit Messern, Spaten, Steinen und Brecheisen bewaffnet, bereit, sich zu verteidigen und sich nicht kampflos mit ihren Familien in die Gaskammern führen zu lassen. Und wieder geschieht Unerhörtes: Ein Pfiff des Kommandos signalisiert allen bewaffneten SS-Männern in und außerhalb des Lagers, dass die Aktion unverrichteter Sache abgebrochen wird. Für alle Menschen im »Familienlager« geht nach dieser Widerstandsaktion das Leben weiter. Vielleicht, weil an diesem Tag mit voller Wucht die »Ungarn-Aktion« beginnt und die SS-Männer keine Kraft vergeuden dürfen.

Am Morgen des 16. Mai 1944 wird allen Häftlingen im gesamten Lager Birkenau befohlen, in den nächsten Stunden ihren Block nicht zu verlassen. Auf dem neuen dreifachen Gleisanschluss, der auf einer hohen Rampe bis tief ins Lager führt, kommt der erste Transport aus Ungarn an, wie alle bisherigen aus dem westlichen und südlichen Europa vom Reichssicherheitshauptamt in Berlin organisiert. Es sind drei Güterzüge mit je 40 bis 50 Waggons. In einem Waggon sind rund 100 jüdische Frauen, Männer, Kinder zusammengepfercht. Insgesamt müssen sich bis zu 5000 Menschen an der Rampe in Fünferreihen aufstellen, werden in zwei Gruppen geteilt und unverzüglich aus dem westlichen Ausgangstor des Lagers, nur wenige Minuten entfernt, hinausgeführt.

»Eine führte man zu dem weißen Haus … Die andere kam an unserm Zaun und Rasen auf dem Weg zum Krematorium III vorbei. … Während die Mütter ihre Kinder fest an sich drückten, blickten die Männer verunsichert um sich, manche sehr besorgt. Andere hingegen lächelten …« Die 18-jährige polnische Jüdin Kitty Hart, 1943 nach Auschwitz-Birkenau deportiert, hat von der »Effektenkammer« direkt außerhalb des Männerlagers in Birkenau einen freien Blick auf das Ende der Rampe am westlichen Lagertor. In ihren Erinnerungen beschreibt sie, was am 16. Mai 1944 geschieht.

Bis Mitte April ist sie im Frauenlager, als dort für eine »neue Nachtschicht im Effektenkommando« geworben wird: »Wer von euch will, kann mitmachen.« Kitty meldet sich und zieht wenige Tage später am frühen Morgen zu den Klängen des Frauenorchesters mit rund 200 Frauen hinaus an ihren neuen Arbeits- und Lebensplatz. Was niemand wissen kann: Die personelle Erweiterung der Effektenkammer gehört zur Schwerpunktplanung der »Ungarn-Aktion«.

Die Kammer – von den Häftlingen seit langem mit der Bezeichnung »Kanada« markiert – besteht aus mehreren Blocks. Allein für die Arbeit der Frauen stehen vier Baracken bereit. Als Kitty dort an ihrem ersten Tag ankommt, liegt neben dem letzten Block »ein riesiger Haufen, er sah wie ein Berg aus und war höher als ein dreistöckiges Gebäude. Alle möglichen Sachen sind da aufgehäuft: Koffer, Kleiderbündel, Schuhe, Kinderwagen und sogar Spielzeug«.

Alles, was die Deportierten aufgrund falscher Versprechungen an Gepäck, an persönlichen Erinnerungsstücken mitgeschleppt haben, wird von Sonderkommandos an den Rampen auf Lastwägen geladen und landet bei den Effektenkammern. Vor den Baracken wird es von Häftlingen grob in männliche und weibliche Sachen unterteilt – und zu Bergen aufgestapelt. In den Baracken für die Frauensachen sind bisher tagsüber 200 weibliche Häftlinge und in der Nachtschicht 150 angestellt, um jedes einzelne Stück zu untersuchen und auszusortieren. Bei den Männern sind es tagsüber 400 und nachts 150. Anschließend wird alles Brauchbare als gewaltiges Raubgut vom Deutschen Reich eingezogen. Die Verantwortlichen im Lager wissen, die Arbeitskräfte in »Kanada« müssen um ein Vielfaches vergrößert werden, wenn ab Mitte Mai Hunderttausende jüdische Menschen aus Ungarn in die Krematorien getrieben werden. Auch ihnen wird vorgetäuscht, für den »Arbeitseinsatz« persönliches Gepäck mitzunehmen.

Kitty braucht nur um den Berg von Habseligkeiten der Deportierten herumzuschauen, dann sieht sie die Schornsteine der Krematorien I und II, die mit den entsprechenden Gaskammern verbunden sind. Aber sie verkörpern nur einen Teil des Grauens. Auf der anderen Seite der »Effekten-Blocks« liegen die Wohnbaracken der weiblichen Arbeitshäftlinge. Kitty nennt sie »sehr luxuriös« im Vergleich zu denen im Frauenlager. Die Baracken haben sogar ordentliche Fenster. Kaum hat sie sich in ihrem neuen »Zuhause« umgeschaut, da zieht eine Frau Kitty ans Fenster: »Das musst du sehen.«

Nur knapp 50 Meter von den Wohnbaracken entfernt liegt Krematorium III mit seiner Gaskammer: »Eine Menschenkolonne, die aus der Richtung der Bahnlinie kam, schlurfte in eine lange, niedrige Halle.« Kitty wendet sich nicht ab, um es bezeugen zu können: »… das, was ich sah, war Mord. Nicht an einem Einzelnen, sondern an Hunderten unschuldiger Menschen auf einmal.« Wie alle Häftlinge in Auschwitz weiß Kitty um den Tod im Gas. Doch nun verfolgt sie im April 1944 erstmals konkret durch das Fenster ihrer Baracke eine Mordaktion:

»An diesem niedrigen Gebäude war außerhalb eine Leiter angebracht. Eine Gestalt in SS-Uniform kletterte rasch hinauf. Oben legte sie eine Gasmaske und Handschuhe an und warf etwas, das wie weißes Pulver aussah, in eine Dachöffnung und beeilte sich, so schnell wie möglich, die Leiter hinunterzukommen und wegzulaufen.« Es dauert nicht lange, und »verzweifelte Schreie sind zu hören, von Menschen, die erstickten«. Kitty presst die Hände gegen ihre Ohren: »Aber die Schreie sind so laut, dass man denken konnte, die ganze Welt müsste sie hören. ›Es ist vorbei.‹ Jemand schüttelt mich. ›Alles in Ordnung, es ist ruhig geworden. Sie sind nun alle tot.‹« In dieser ersten Nacht, bevor sie an ihre neue Arbeit gehen, schläft keine der Frauen in der luxuriösen Baracke: »Alles, was wir bisher nur gehört und vermutet hatten, fand jetzt hier vor unseren Augen statt. Die Todesfabriken waren *hier*.« Gehen die Frauen aus den Wohnbaracken hinaus, taucht am Horizont das 4. Krematorium auf.

Um die Organisation dieser selbst für Auschwitz ungewohnten Massenvernichtung in den Griff zu bekommen, werden alle Menschen aus den ersten ungarischen Deportationszügen direkt in die Gaskammern geführt. Kaum hat sich die tägliche Ankunft mehrerer Züge eingespielt, erscheint Dr. Josef Mengele mit SS-Männern auf der neuen Rampe mitten im Lager Birkenau. Alle Deportierten müssen an ihm vorbeimarschieren. Sein gezielter Blick sucht Zwillinge unter den Kindern, um sie für seine brutalen pseudowissenschaftlichen Experimente auszusondern. Kitty erinnert sich, dass bei den Selektionen an der Rampe die SS-Männer weiße Handschuhe tragen.

Krystyna Zywulska, als polnische Jüdin 1943 nach Auschwitz deportiert, arbeitet schon länger im »Kanada«. Mit den anderen Häftlingen beobachtet sie Anfang Mai durch das Fenster der Schreibstube, wie vermehrt mit Holz beladene Lastwagen vorbeifahren: »Schon seit einigen Tagen war eine gereizte Stimmung. Eindeutig stand etwas bevor.« Sie erfährt, dass etwa 500 weibliche Häftlinge zusätzlich zum Sortieren aus dem Frauenlager ins »Kanada« gekommen sind. Am 16. Mai sieht Krystyna wie Kitty Hart, dass sich unzählige Menschen an der Eisenbahnrampe ballen und dann in zwei Gruppen in Richtung Krematorien geschickt werden und »ins Gas« gehen. Aber das ist noch nicht das Ende.

»Ungefähr eine Stunde später stieg aus dem vierten Krematorium, das direkt hinter unserem Wohnblock lag, eine Feuersäule empor. Gleichzeitig begann es aus der daneben ausgehobenen Grube zu qualmen. Zunächst war es nur ein Rauchfaden, dann wurden immer dichtere Rauchwolken sichtbar ... Der Wind trieb die dunkle, drohende Wolke in unsere Richtung ... Der Rauch brachte auch den Geruch der verbrannten Körper zu uns.« Die 30-jährige Krystyna schließt das Fenster, weil der Geruch unerträglich ist. Doch dann öffnet sie es wieder, damit sie mit ihren Kolleginnen nicht erstickt. In diesem Moment zerreißt »ein unmenschlicher, gellender Schrei von Tausenden von

Stimmen die Stille. Es dauerte zwei bis drei Minuten.« Eine der Frauen in der Schreibstube sagt: »Dieser Schrei kam aus den Gräben. Diese Menschen werden bei lebendigem Leibe verbrannt.«

Die von SS-Obersturmbannführer Rudolf Höß angeordnete Aushebung von Gruben erfüllt ab dem 16. Mai ihren Zweck. Die Krematorien können die anfallenden Leichenberge nicht verarbeiten. Die Gaskammern sind überfüllt, und die SS-Männer nehmen es nicht so genau. Kitty Hart ist eine der Augenzeuginnen, da sie auf kontrollierten Gängen mit anderen Frauen »dicht an den Gruben vorüber mussten, wo die Leichen, oft sogar die Lebenden, in die Flammen geworfen wurden«. Es war den Häftlingen streng verboten, in die Gruben zu sehen: »Wer das tat, musste wärtig sein, selbst aus der Reihe gerissen und einer solchen Grube überantwortet zu werden.« Aber sie nimmt das Risiko auf sich zu einem Blick aus den Augenwinkeln. Die Achtzehnjährige sieht die »ununterbrochen schmorenden und glühenden Körper, die von den Männern des Sonderkommandos von Zeit zu Zeit umgewendet wurden, um durch einen beständigen Zug die Flammen immer neu anzufachen«.

Auch Rabbiner Emil Davidovic, der überlebte, ist ein Augenzeuge: »Auf dem nächtlichen Marsch von Monowitz nach Birkenau kam unsere Kolonne an offenen Feuern vorbei, wo wir gesehen haben, dass man Kinder hineinwirft.«

Die Berge der Habseligkeiten, die vor den Baracken von »Kanada« angehäuft werden, wachsen ins Unermessliche. Wie reagieren die Frauen, die schnellstmöglich alles, was die Ermordeten auf ihrem letzten Weg mitnehmen, entsorgen müssen? Kitty Hart: »Wir waren alle wahnsinnig. Das war das einzig Vernünftige, das man sein konnte.« Aber einige Frauen ertragen den Wahnsinn nicht lange. »Sie werfen sich in den Elektrozaun«, der am Rand der Wohnbaracken das Lager Birkenau umgibt.

Nach Ankunft der ersten Ungarn-Züge werden die Blocksperren im Frauen- und Männerlager, deren Baracken links und rechts von der Rampe liegen, aufgehoben: »Wir können durch den Stacheldraht die Ankunft neuer Häftlinge beobachten … Täglich kommen Transporte von tausenden ungarischer Juden … Wir stehen einige Meter von ihnen entfernt … Wir stehen in stummem Schaudern … Ein Hochbetrieb wie auf einem Großstadtbahnhof: Koffer, Körbe, Rucksäcke, das Weinen von Kindern, Rufen von Namen – dann Fünferreihen und Abmarsch.« Seit Margita Schwalbová im März 1942 von Slowenien nach Auschwitz deportiert wird und ab August mit ins Frauenlager Birkenau wechselt, erlebt sie als Pflegerin im Krankenrevier immer aufs Neue mörderische Aktionen. Doch nun muss sie erfahren, dass es noch Steigerungen der Unmenschlichkeit gibt.

Es ist ein extrem heißer Sommer. Manche versuchen sich mit einem Regenschirm vor der glühenden Sonne zu schützen. Manchmal macht eine der Frauen, die im Lager hinter dem Stacheldraht die aus Ungarn ankommenden Deportierten beobachten, unbewusst einen Schritt nach vorn und sagt leise »Meine Schwester …« – »Meine Mutter« – »Meine Tante«. Wissend, wenn in Kürze Flammen aus den Kaminen schlagen und der Himmel vom gigantischen Feuer der Leichengruben errötet, haben ihre Liebsten Unsagbares erlitten.

Auch Wiesław Kielar, der als Handwerker zwischen den Lagern der Männer und Frauen hin- und herpendeln kann, erlebt hautnah die »Ungarn-Aktion«: »Große Transporte mit ungarischen Juden waren angekommen. So viele wie jetzt hatte es bisher noch nie gegeben. … Aus den Waggons stürzten Massen von Menschen heraus. Männer, Frauen, Greise, Jugendliche und Kinder. … Nur eine verschwindende Minderheit kam ins Lager …« Auch Kielar schildert die zwei Menschenströme, die zu den verschiedenen Krematorien geführt werden: »Der süßliche Rauch der verbrannten Körper verschleierte mit seinen Schwaden die ganze Umgebung.«

In diesem zeitlichen Zusammenhang erwähnt Wiesław Kielar »unsere bereits gediehenen Vorbereitungen zur Flucht, deren Termin sich von Tag zu Tag näherte«. Unsere Flucht: das kann sich nur auf seinen engsten Freund Edek Galiński beziehen. Und welchen Platz nimmt Mala Zimetbaum in diesen Vorbereitungen ein? Wo doch »Edziu« und »Mally« in tiefer Liebe verbunden sind?

28. Kapitel

EINE JÜDISCHE FRAU GEFÄHRDET DIE FLUCHT

Das Fluchtmotiv: Der Welt sagen, was in Auschwitz geschieht – Mala wirkt stiller und trauriger – Stolz und Hass bleiben – Edeks Freund verweigert sich der Flucht – Mala vertraut ihre Pläne 5 Frauen und 1 Mann an

1944 Mai

»Als Mala mir anvertraut, dass sie mit Edek Galiński flüchten will, bin ich nicht sehr begeistert. Denn Malas Rolle im Lager ist von großer Bedeutung für den Widerstand. … Edek hat vor, in der Uniform eines SS-Mannes seine Freundin, als männlicher Gefangener verkleidet, angeblich zu einer Arbeit außerhalb des Lagers zu führen. Dafür braucht er einen Passierschein. Mala kann aufgrund ihrer Arbeit beim Wachpersonal einen Schein entwenden. Sie ist bereit dazu und schlägt Edek vor, mit ihm zu fliehen.« Giza Weissblum gehört zu den Menschen, die detailliert von den Fluchtplänen erfahren. Es sind nicht viele. Aber Mala macht sich genaue Gedanken und will ihre Fluchtüberlegungen nicht völlig im Dunkeln lassen.

Wiesław Kielar und Edek Galiński haben im Herbst 1943 den grundsätzlichen Entschluss gefasst, aus dem Lager zu fliehen. Als ihre Pläne im Frühjahr 1944 konkret werden, weihen sie vertrauenswürdige Männer in ihrer Lagerumgebung ein. Einer beschafft heimlich eine SS-Uniform und eine Pistole für Edek. Jozef Szymlak, der als ziviler Fliesenleger im Lager arbeitet und in Richtung der slowenischen Grenze wohnt, ist bereit, die beiden in der ersten Nacht nach der Flucht bei sich zu Hause unterzubringen. Als Wiesław Kielar Jahrzehnte später über seine Zeit in Auschwitz – *Anus Mundi* – schreibt, nimmt die Geschichte der Flucht und warum sie schließlich allein von Edek und Mala riskiert wird, breiten Raum ein.

Kielar macht keine genauen Kalenderangaben. Aber da er die endgültige Entscheidung zur Flucht im Zusammenhang mit den zunehmenden Fluchtfällen im Lager erwähnt, wird sie im April, Mai 1944 gefallen sein: »Das Datum der Flucht legten wir auf Juni, weil dann das Korn bereits hoch sein und das Zurücklegen der weiten Strecke, die zu den bewaldeten Bergen in der Nähe von Bielsko führte, erleichtern würde.« Weil sich keine zweite SS-Uniform für Kielar organisieren ließ, wie ursprünglich geplant, »beschlossen wir, dass Edek, der besser Deutsch konnte als ich, als SS-Mann einen Häftling – das heißt mich – unter Bewachung zu seinem Außenkommando … bringen sollte«.

Der Fluchttermin im Juni rückt näher, und alles scheint klar zu sein. Da beginnt Edek eines Abends gegenüber Kielar »ziemlich weit her über sein Verhältnis zu Mala zu sprechen«: »Das wunderte mich, weil er bis jetzt so diskret war, dass er dieses Thema eher mied und jedenfalls mir gegenüber sein Herz niemals in diesem Maße öffnete, wie er es jetzt tat.« Edek wird sehr persönlich: »… er hinge an ihr … es fiele ihm sehr schwer, sich von ihr zu trennen, besonders weil sie doch malariakrank wäre … wenn er nur daran dächte, dass sie früher oder später das Schicksal aller Juden würde teilen müssen …« Dem Freund wird klar, dass Edek sich erstmals direkt zu seiner Liebe bekennt und auf diese umständliche Weise vorschlägt, Mala soll ebenfalls mit auf die Flucht gehen. Seine Frage ist sehr direkt: »Edek, weiß Mala etwas von unseren Absichten?« – »Nein, sie weiß von nichts. Und das quält mich. Ich kann sie nicht länger in Unkenntnis halten. Ich kann sie nicht verlassen … Mala kommt mit uns!« Nun wird Edek sehr direkt: »Der Fluchtplan bleibt unverändert. Nur Mala als Häftling wird dazu kommen. … Wir gehen zu dritt. Das wird eine Nummer!«

Die wachsende Entschiedenheit des Freundes weckt Kielars

Zweifel. Kein schlechter Plan – »aber mit einer Frau«? Die ist für ihn ein großes Risiko, noch dazu malariakrank! Mala wird es nicht schaffen, am ersten Fluchttag 30 Kilometer stramm zu gehen. Sie ist eine Frau und noch dazu eine Jüdin: »Kann man denn auf eine mögliche Hilfe der Leute draußen bauen, wenn man in ihr eine Jüdin kennt?« Für Wiesław Kielar ist die Antwort klar. Aber Edek Galiński lässt sich nicht erschüttern: »Risiken gibt es überall, aber wenn man etwas wirklich will, kann man immer Abhilfe schaffen. Also, beschlossen!« Das Schweigen des Freundes signalisiert Zustimmung. Dahinter jedoch steht ein gemischtes Bild von Mala Zimetbaum, die Wiesław »lediglich aus den Erzählungen von Edek kannte«: »Wahrscheinlich blieb sie dank ihrer Schönheit und ihrer guten Sprachkenntnisse am Leben. … Ihrem einnehmenden Wesen verdankte sie ihre gute Behandlung durch die Deutschen, obwohl sie Jüdin war. Dank ihrer Opferbereitschaft und Kameradschaftlichkeit erfreute sie sich allgemeiner Beliebtheit.«

Die selbstbewusste, aktive und kühl kalkulierende Mala Zimetbaum ist Edeks Freund offenbar verborgen geblieben. Aber genau diese Qualitäten sprechen aus dem Fluchtplan und seinen Zielen, wie sie Giza Weissblum von Mala erfährt. Danach ist Mala eine treibende Kraft, bestens informiert und fühlt sich weder als weiblicher Klotz am Bein noch als bloße Mitläuferin. Während Edek für die Flucht schon Kontakt mit einer Gruppe von Partisanen in der Umgebung von Auschwitz aufgenommen hat, ist Mala überzeugt, über Zakopane, wo die Schwester von Kielar lebt und hilfreich sein wird, heimlich in die Schweiz zu gelangen, um die Welt wachzurütteln. So Giza Weissblum in ihrem rückblickenden Zeugnis über das, was Mala ihr vor der Flucht anvertraute.

Sarah Goldberg gehört zur Gruppe der Jüdinnen, die im August 1943 mit Giza Weissblum von Belgien nach Auschwitz deportiert wurden. Sie ist überzeugt, dass Mala sie indirekt vor einer Selektion ins Gas rettete, als sie mit Typhus im Krankenrevier lag. Sarah geht davon aus, dass Mala und Edek die Flucht riskierten, weil »beide der Welt sagen wollten, was im Lager geschah, überzeugt, dass die Mächtigen in der Welt nicht wussten, dass hunderttausende im Gas ermordet wurden …«

Als Margita Schwalbová, die als Pflegerin im Krankenrevier eng mit Mala zusammenarbeitet, um Frauen vor der Fahrt in die Gaskammer zu bewahren, von der Flucht erfährt, wird ihr »langsam klar, was Malas Flucht bedeutete«. Margita ist überzeugt, Mala wollte mit ihrer Flucht nicht nur ihr eigenes Leben retten: »Vertraut mit den tiefsten Geheimnissen des Lagers, der Liebling der Lagerleitung, floh Mala mit Beweismaterial, um ihre große Anklage in die ganze Welt hinauszurufen.«

Ob Mala Zimetbaum konkretes »Beweismaterial« mit auf die Flucht nahm? Es gibt dafür keine Beweise. Aber damit ist nicht widerlegt, dass sie entsprechende Dokumente in der Schreibstube des Frauenlagers entwenden konnte und durch Kontakte zum Stammlager Auschwitz und dortigen Widerstandsgruppen der Häftlinge von ihnen mit geheimem Material versorgt worden ist. Das lässt sich am Verlauf der Flucht mühelos rekonstruieren. So unbefriedigend es ist: Ob pro oder kontra Beweismaterial bei Malas Flucht, alle Annahmen müssen offenbleiben. Das Fehlen historischer Beweise darf nicht zu irreführenden Thesen verleiten.

Was aber unbezweifelbar ist: Dass Mala Zimetbaum durch ihre umfassenden Aktivitäten als Läuferin und Chefdolmetscherin seit Beginn 1943 einen außergewöhnlichen Überblick über alles hat, was im Frauenlager Auschwitz-Birkenau und darüber hinaus geschieht. Und zweifellos die intellektuelle Fähigkeit, diese Informationen im Gedächtnis zu behalten und geordnet mündlich wiederzugeben.

Als ab 16. Mai 1944 die Transporte mit den deportierten jüdischen Menschen aus Ungarn täglich mehrfach auf der Rampe im Lager Birkenau einfahren, ist Mala über Edeks Fluchtpläne informiert und hat ihm signalisiert, dass sie mitkommen wird.

Außer Giza Weissblum hat sie noch drei weitere Frauen ins Vertrauen gezogen, mit denen sie nicht nur die Aktivitäten im Lager, sondern seit langem ihr Privatleben in der gemeinsamen Unterkunft teilt – die Läuferinnen Sara Goldblum, Herta Roth und Lea Schyjowitz. Es ist keine leichte Entscheidung. Allen ist klar, dass Malas Kolleginnen nach der Flucht sofort der Mitwisserschaft verdächtigt werden. Aber das absolute Vertrauen, das die vier Frauen zueinander haben, rechtfertigt diese Information. So können Sara, Hertha und Lea sich auf das Ereignis, das im Juni buchstäblich über die Bühne gehen soll, vorbereiten, absprechen. Mala hat die Chance, mit diesen Vertrauten ihre Fluchtpläne durchzusprechen, und die drei stärken ihr den Rücken. Eine von ihnen besorgt unauffällig den Passierschein für Edek in der Schreibstube des Lagers.

Täglich sieht Mala die Tausende von jüdischen Frauen, Männern und Kindern aus Ungarn, die aus den Waggons steigen. Muss sich teilweise an ihnen vorbei ihren Weg bahnen. Sie weiß, welches Schicksal die Menschen erwartet, und erfährt wahrscheinlich noch einiges mehr an Hintergrundinformationen in den Büros der SS, wo sie ihre Aufträge erhält. Mala wird in wenigen Wochen aus diesem Grauen flüchten: Ein Grund, sich vor dem unerträglichen Leiden zurückzuziehen, keinerlei Risiken mehr einzugehen? Es würde mit ihrer Persönlichkeit kaum übereinstimmen.

»Mala traf während der Ausübung ihres Dienstes mit den Neuankömmlingen zusammen. Sie ging in die Nähe der Krematorien, die von einem kleinen Wäldchen umgeben waren. Dort saßen Mütter mit ihren Kindern, Greise und Greisinnen, Frauen und Männer warteten, bis für sie Platz in den Gaskammern frei wurde. Die Kinder liefen im Gras umher mit Blumen in der Hand und lachten. Das Lager war in Rauch und süßlichen Gestank eingehüllt.« Margita Schwalbová sieht nach ihren ersten Kontakten mit Mala Zimetbaum hinter den freundlichen Augen eine zweite Schicht von eiserner Härte, ja Hass, die den Widerstand der jungen Frau antreibt. Jetzt verknüpft Margita die Treffen von Mala mit den Menschen aus Ungarn, die entspannt im Gras sitzen und nicht wissen, dass ihr Tod nur wenige Meter entfernt ist, mit einer Veränderung, die tief geht:

»Malas Augen verfinsterten sich, sie wurden härter und entschlossener. Eines Tages sagte sie mir: ›Weißt du, dass niemand von uns Auschwitz überleben wird? Wenn die Rote Armee auch nur eine halbe Stunde von uns entfernt sein wird, bleibt der SS noch genügend Zeit, uns alle zu vernichten. Und das Schreckliche dabei ist, dass man in der Welt scheinbar nicht weiß, was hier geschieht und es keinen lebenden Zeugen nachher geben wird, der eine Anklage erheben könnte.‹« Margita verschweigt nicht, dass die sich immer noch steigernde Unmenschlichkeit, denen jetzt die jüdischen Menschen aus Ungarn ausgeliefert sind, Malas tiefste Gefühlsschichten erschüttern. Eine Frau, die seit über einem Jahr mit eiserner Disziplin ihr Gefühlsleben im Griff hält, eine Voraussetzung, um im Lager Auschwitz-Birkenau Menschenleben zu retten.

Unabhängig von Margita Schwalbová berichtet Giza Weissblum, dass Mala täglich von jenseits des Stacheldrahts Kinderschreie hört und die Menschen sieht, die ahnungslos ihrem Mord entgegengehen. Der Gedanke liegt nahe, aufzugeben, nicht weiterzukämpfen. Doch Giza ist überzeugt: »Mala war nicht bereit, ein so grausames Schicksal zu akzeptieren … Sie wollte flüchten, um die Welt zu alarmieren und über diese schockierenden Tatsachen zu reden.« Sarah Goldberg, die zum Kreis um Giza Weissblum im Lager gehört, weiß aus eigener Erfahrung, dass Edek Galiński Kontakte zum polnischen Widerstand hat. Sie schreibt in ihren Erinnerungen: »Beide wollten der Welt sagen, was hier passierte …« Und zwar bevor die SS alle Juden ungehindert in die Gaskammern schicken kann.

Nicht nur Mala ist bewusst, was hinter der täuschenden Idylle der Menschen steckt, die vor den Krematorien im Gras lagern. Alle im Lager wissen, was die Schreie bedeuten, die über

Wochen im Abstand von Stunden bei Tag und bei Nacht durch das Lager gellen und die Häftlinge versteinern lassen. Ein polnischer Aufseher sagt in einem der Nürnberger Prozesse nach 1945 aus: »Als die Ausrottung der Juden in den Gaskammern auf dem Höhepunkt war, wurde der Befehl erteilt, dass die Kinder in die Krematoriumsöfen oder in die Grube in der Nähe des Krematoriums geworfen werden sollten, ohne vorher vergast zu sein. *Smirnow* (russischer Ankläger): Wie soll ich das verstehen? Warfen sie sie lebendig ins Feuer oder töteten sie sie zuerst? *Zeuge*: Sie warfen sie lebendig hinein. Ihre Schreie konnte man im Lager hören.« Dies wird von weiblichen Häftlingen bestätigt, die Auschwitz-Birkenau überlebten.

Seweryna Szmaglewska, seit Oktober 1942 politische Gefangene im Frauenlager Birkenau, schreibt sofort nach ihrer Befreiung 1945 auf, was nie vergessen werden darf. Und dazu gehört: »Die Kinder wurden lebend in die Gruben geworfen. Das Geschrei dieser Kinder konnte man im ganzen Lager hören.« Häftlinge versuchten, sich einen Überblick über diese Kindermorde zu verschaffen. Es gab nur ein Mittel: Die Anzahl der Kinderwagen zu schätzen, die ins Magazin nach »Kanada« kamen. Es sind »manchmal hunderte, manchmal tausende«. (Szmaglewskas Buch *Die Frauen von Birkenau*, 1945 in Polen erschienen, wurde erstmals 2020 in deutscher Übersetzung publiziert.)

Dass Mala Zimetbaum sich in diesen Wochen verändert, scheint für Margita Schwalbová nicht erklärungsbedürftig: »Sie war verschlossener, stiller, ernster und trauriger. Ihre Augen waren tief, als hätten sie tausende Tote in sich begraben.« Doch Margita liegt offensichtlich daran, aus dieser emotionalen Veränderung Malas keine falschen Schlüsse zu ziehen: »Aber über all der Trauer loderte hoch die Flamme des Stolzes und Hasses.« Auch wenn sie es zulässt, ihren Gefühlen mehr Raum und Ausdruck zu geben, nicht nur Hoffnung, sondern auch tiefe Betroffenheit zu vermitteln: Mala resigniert nicht; sie gibt nicht auf. Es widerspräche ihrer Persönlichkeit, die alle im Lager erlebt haben.

Mala Zimetbaum handelt unter größten persönlichen Risiken, seit sie im Frühjahr 1943 für die Frauen im Lager Birkenau als Läuferin sichtbar wird und ihre Privilegien nutzt, um die Leiden einzelner Häftlinge zu mindern, deren Leben zu verlängern und wenn eben möglich zu retten. Ihr Fluchtprojekt, so deutet es Margita Schwalbová, die Malas Pläne nicht kennt, aber ihr nahesteht, geht nun über die Rettung Einzelner hinaus. In der Zeit unmenschlichster Zuspitzung im Vernichtungslager Auschwitz-Birkenau sieht Mala es als ihre Pflicht an, die Welt zu informieren und als Zeugin aufzutreten. Dass von dieser Absicht keine papierenen Dokumente überliefert sind, ist angesichts der Situation in Auschwitz selbstverständlich. Aber von den fünf Menschen, die Mala über ihre Flucht informiert – vier Frauen und ein Mann, alle Häftlinge, die Auschwitz überleben –, haben drei Zeugnisse hinterlassen, die diese Deutung stützen.

Als Giza Weissblum von Mala erfährt, dass sie in die Schweiz flüchten will, um dort die Welt wachzurütteln, verschweigt sie nicht, dass sie diesen Plan kritisch sieht. Und sie ist mit dieser Meinung nicht allein. Mala Zimetbaum nutzt ihre Kontakte über das Frauenlager hinaus, um einem weiteren Menschen mitzuteilen, dass ihre Flucht keine Privatsache ist. Sie hat erfahren, dass Romek Hutterer, ein ehemaliger polnisch-jüdischer Nachbar in der Marinisstraat in Antwerpen, als Häftling im Auschwitz-Außenlager Budy arbeitet. Die beiden hatten sich oft mit anderen Gleichaltrigen in der Marinisstraat zu Gesprächen getroffen. Was sie verband, war ihr Engagement in zionistischen Jugendgruppen. Eines Tages im Mai 1944 sagt ein polnischer Arbeiter, der sich frei zwischen den Lagern bewegen kann, dem belgischen Häftling, eine junge Frau möchte wissen, ob er Romek aus Antwerpen sei. Der bejaht. Am nächsten Tag fügt der Pole hinzu, die junge Frau wünsche, dass Romek sie im Frauenlager besuche. Der ist einverstanden, denn er hat sich erinnert, das kann nur Mala sein.

Eigentlich ist es den Häftlingen in Budy verboten, sich im sieben Kilometer entfernten Birkenau aufzuhalten. Aber auch diesmal klappt Malas Organisation. Im Frauenlager bringen die Läuferinnen Romek zu Mala, berichten ihm auf dem Weg, dass Mala aufgrund des Vertrauens von Maria Mandl den Häftlingen so viel wie möglich hilft, und halten anschließend vor dem Zimmer Wache. Drinnen unterhalten sich die beiden auf Flämisch, damit niemand von ihrem Gespräch etwas aufschnappen kann. Mala hat offensichtlich volles Vertrauen zu dem Nachbarn aus Jugendtagen und eröffnet ihm, dass sie sich entschieden hat zu fliehen. Sie will über alles berichten, was sich hier ereignet.

Romek erwidert, er verstehe ihre Motive, würde ihr aber raten, im Lager zu bleiben, denn damit helfe sie den Menschen hier: »Was du in Birkenau machst, ist wichtiger als alles andere.« Das Gespräch ist schnell zu Ende. Mala ist nicht weiter an einer Diskussion interessiert. Romek Hutterer hat erstmals dem französischen Mala-Zimetbaum-Biografen Gérard Huber in einem Interview in Israel 2005 über dieses Wiedersehen in Auschwitz-Birkenau, wo ihm Mala ihre Fluchtintentionen offenlegt, berichtet.

Seit der weibliche Häftling Tatiana Maik der Läuferin Mala Zimetbaum einen Band mit französischen Gedichten von Paul Verlaine schenkte, den sie in »Kanada«, wo alles Gepäck der Deportierten und Ermordeten landet, entdeckt hat, wird Mala »ihre beste Freundin« im Lager Birkenau. Gut 25 Jahre später berichtet Tatiana Maik dem französischen Schriftsteller Christian Bernadac, was Mala ihr zwei Wochen vor ihrer Flucht anvertraut: »Ich werde flüchten … Man bereitet alles vor für mich. Aber bald danach wirst du an der Reihe sein und alle Männer und Frauen. Die Résistance hat einen Plan, aber ihr Frauen werdet den ersten Akt ausführen, eine Art Streik; danach wird das *Sonderkommando* die Öfen zerstören, und der Stacheldraht wird niedergerissen.« Tatiana verschlägt es die Sprache. Sie verspricht Mala, mit niemandem darüber zu reden, und denkt nicht weiter darüber nach.

Ohne die mündlichen und schriftlichen Zeugnisse und Erinnerungen von Menschen, die auf ihre Zeit und ihr Leben zurückblicken, wäre Geschichte ein schwarzes Loch. Es ist überfällig, die historischen Zeugnisse und Erinnerungen von Frauen aufzudecken und ernst zu nehmen. Die Berichte und Interviews der überlebenden Frauen von Auschwitz-Birkenau sind diesbezüglich eine Verpflichtung an die Geschichtswissenschaft, die sich über Jahrzehnte nach 1945 nur auf die Erinnerungen männlicher Häftlinge berufen hat. (Zu Mala Zimetbaums erstaunlicher Offenbarung an Tatiana Maik: Am 7. Oktober 1944 beginnen über 600 jüdische Männer des *Sonderkommandos*, die in den Gaskammern, Krematorien und Leichengruben zu sämtlichen Arbeiten rund um die Ermordung der jüdischen Deportierten gezwungen sind, den Aufstand. Mehr dazu im »Nachwort«.)

Über alle Konzentration auf ihre Fluchtpläne vernachlässigt Mala ihre Untergrundarbeit im Lager nicht. Am 6. Juni 1944 gelingt den Alliierten die Landung mit ihren Soldaten in der Normandie. Die hoffnungsvolle Nachricht spricht sich im Lager herum, findet aber kaum Glauben. Erst als Mala Zimetbaum den Häftlingen bestätigt, dass die Meldung den Tatsachen entspricht, kommt Freude auf unter den gefangenen Frauen.

Es ist wohl nicht nur die Liebe, die Mala veranlasst, das Fluchtrisiko zusammen mit Edek Galiński einzugehen. Er bleibt meist im Schatten von Mala Zimetbaum, ist gut fünf Jahre jünger als sie und macht auf Margita Schwalbová »noch den Eindruck eines Jünglings«. Doch Edek war gerade 17 Jahre alt, als er sich nach dem Überfall Deutschlands auf Polen dem Widerstand anschloss. Vier Jahre als politischer Häftling in Auschwitz liegen hinter ihm, und das nicht nur als Mitläufer. Sarah Goldberg, polnische Jüdin aus Brüssel, dort im Untergrund aktiv, wird im August 1943 nach Auschwitz-Birkenau deportiert.

Sie gehört zum Kreis um Giza Weissblum, lernt Mala kennen. Sarah Goldberg überlebt und berichtet: »Ich habe durch Malas Freund Edek Galiński erfahren, dass mein Schwager hier ist.« Über Edek habe sie dem Schwager Nachrichten ins Männerlager schicken können und ein Paar Handschuhe, die für seine Arbeit wichtig waren. Edek Galiński ist wie Mala dank seiner Bewegungsfreiheit im Lager im polnischen Widerstand aktiv, ohne sich einer Gruppe fest anzuschließen. Sein Plan ist, sich nach der gelungenen Flucht polnischen Partisanengruppen anzuschließen.

Mit dem Frühling wächst die Zahl derer, die aus den verschiedenen Auschwitzer Lagern flüchten, merklich. Es sind vor allem männliche nichtjüdische Häftlinge, russische Kriegsgefangene und polnische Häftlinge. Zwischen dem 22. Mai und 1. Juni riskieren 22 Gefangene die Flucht. Da die grundsätzliche Entscheidung zwischen Edek Galiński und Wiesław Kielar gefallen ist, wollen sie das gute Wetter nutzen: »Der Fluchttermin wurde festgesetzt!« Kielar nennt keinen genauen Zeitpunkt, doch alles spricht dafür, dass die beiden diesen Entschluss Ende Mai, spätestens Anfang Juni 1944 gefasst haben. Über den Wochentag besteht Einigkeit: »Samstag um die Mittagszeit.« Genau genommen: Samstag, 24. Juni 1944, ca. 14 Uhr. Auch SS-Leute möchten am Wochenende entspannen. Ab Samstagmittags sind die Räume am Lagertor, wo die Ankommenden und Hinausgehenden kontrolliert werden, nur minimal besetzt. Und die Kontrollen großzügiger.

Alles klar? Nicht für Wiesław Kielar. Seine Bedenken, dass Mala mit auf die Flucht genommen wird, hat er Edek gegenüber einmal eindringlich geäußert, aber nicht wieder. Sein Freund muss davon ausgehen, dass die Flucht zu dritt abgesprochen ist. Doch Kielar wiederholt in *Anus Mundi*, seinem ausführlichen Rückblick auf die Jahre in Auschwitz: »Ich war der Meinung, dass die Frau ein Klotz am Bein wäre, dass sie uns Pech bringen würde …« Nun, wo der Zeitpunkt festliegt, gesteht er seinem

Freund, dass er nicht mitkommen wird, sondern einen anderen Plan hat.

Edek und Mala sollen am Samstag allein flüchten. Wenn alles gut geht, werden die beiden am Montag erfolgreich in Kozy ankommen, einem großen Dorf auf dem Weg in Richtung Slowakei. Dort wohnt Jozef Szymlak, der als Zivilarbeiter in Auschwitz beschäftigt und in die Fluchtpläne eigeweiht ist. Ihm soll Edek die SS-Uniform und den Passierschein, die die Flucht aus dem Lager möglich machen, übergeben. Wenn er mit Mala sicher Kozy erreicht hat, braucht er beides nicht mehr. Der polnische Vertraute wird Uniform und Passierschein zurück ins Lager bringen und Kielar heimlich zustecken. Der will dann mit einem Freund die erfolgreiche Flucht von Edek und Mala wiederholen.

Wiesław Kielar ist erleichtert, nachdem ausgesprochen ist, was er bisher verborgen hat: »Edek war gar nicht überrascht. Er hatte es anscheinend erwartet … Edek ließ mich nicht spüren, dass ich feige war.« Dass Wiesław Kielar das Risiko dieser Flucht zu groß ist und er es deshalb nicht eingehen will, ist ein ehrliches Eingeständnis. Doch ebenso ehrlich hat er mehr als einmal ausgesprochen, was für ihn das größte Risiko ist – Mala Zimetbaum, eine Frau, noch dazu eine Jüdin.

Was Wiesław Kielar betont, dass Mala schwach und malariakrank sei, wird von Lea Schyjowitz, die mit Mala zusammenlebt und von ihr informiert wird, bestritten. Mala habe sich bewusst in den Wochen vor der Flucht ab und zu krankgemeldet, damit sie weniger im Lager in Erscheinung trete und sozusagen nicht sofort vermisst wird. Außerdem nutzt Mala zur Vorbereitung der Flucht ein Privileg, das nur den Läuferinnen zusteht: Sie lässt sich die Haare wachsen. Denn nach gelungener Flucht aus dem Lager wird sie im von Deutschen besetzten polnischen Gebiet einen angeblichen SS-Mann als Freundin begleiten. Bevor sie und Edek in den Wäldern untertauchen, die in Richtung Slowakei führen.

29. Kapitel

MALA UND EDEK ÜBERLISTEN DIE SS: DIE FLUCHT AUS AUSCHWITZ-BIRKENAU GELINGT

Edek trägt eine SS-Uniform, Mala den Overall eines männlichen Häftlings – Der Overall fliegt ins Kornfeld – Den SS-Mann begleitet nun eine nette Frau

1944 – 24. Juni

24. Juni 1944: Für die Christen ein Samstag, für Mala Zimetbaum, die 24 Jahre ihres Lebens zusammen mit ihrer jüdisch-polnischen Familie gelebt hat, ist es »Schabbat«: Der 7. Tag nach Erschaffung der Welt, an dem Gott sah, dass sein Schöpfungswerk »gut war«, und sich von seiner Arbeit erholte. Deshalb ist im Judentum am Schabbat Ruhe geboten, und niemand, der sich zur orthodox-jüdischen Gemeinschaft bekennt, wird mehr als 2000 Schritte tun.

Kommt Mala in einen schrecklichen Gewissenskonflikt, weil der Schabbat sich eindeutig am besten für eine Flucht eignet? Nein, denn als fromme Jüdin weiß sie, dass alle göttlichen Gebote aufgehoben sind, wenn es darum geht, Menschen aus Lebensgefahr zu retten, oder aktive Handlungen zum Schutz des Lebens nötig sind. Schon im 2. und 3. Jahrhundert sind sich jüdische Gelehrte einig: »Siehe, der Schabbat ist euch übergeben, nicht ihr seid dem Schabbat übergeben.«

Mala bereitet sich am Vormittag des 24. Juni mit Giza Weissblum und den drei Läuferinnen auf die Flucht vor. Alles ist bis ins Kleinste ausgetüftelt und koordiniert. Im Toilettenbereich der SS-Hauptwache nahe beim Haupteingang des Lagers hat Edek einen männlichen Arbeitsoverall für Mala versteckt. Dort kann sich die Läuferin Mala unkontrolliert aufhalten und umziehen. Doch zuerst kommt Giza in Malas Block und bringt ihr ein einfaches Frauenkleid. Im Unterschied zu den Kleidern im Lager ist es auf dem Rücken nicht mit einem roten Kreuz markiert, an dem man sofort die Häftlinge erkennt. Giza und die drei Läuferinnen stopfen das Kleid hinter den gewaltigen Hüftgürtel, den Mala sich organisiert hat. Denn das Kleid darf niemand im Lager sehen. Verlassen wird Mala das Lager als männlicher Häftling im Overall, der von einem SS-Mann – Edek in seiner neuen Uniform – ins nächste sieben Kilometer entfernte Arbeitslager Budy gebracht wird. Eins von 40 Arbeitslagern, die die SS rund um Auschwitz angelegt hat.

Giza Weissblum: »Wir haben uns verabschiedet. Mala war ruhig. Wir alle bewunderten sie und beneideten sie um ihren Mut.« Niemand weint. Giza begibt sich heimlich zu einem Block, wo sie von einem kleinen Fenster aus Mala sehen kann, wenn sie das Lager verlassen wird. Mala geht die Lagerstraße zur Hauptwache entlang, die drei anderen Läuferinnen vorweg. Dorthin, wo ihr täglicher Standort ist, wenn sie auf die Rufe der führenden SS-Frauen und SS-Männer warten, um deren Nachrichten zu übersetzen und im Lager zu verteilen.

Es ist zwölf Uhr. Ein SS-Mann, dessen Dienst beendet ist, verlässt die Wache mit einem Motorrad. Die Sonne scheint glühend heiß vom Himmel. Die Lagerstraßen sind leer, auch das ist eingeplant. Wie an Samstagen üblich, ist Oberaufseherin Maria Mandl nicht anwesend. Läuferin Herta Roth begleitet Mala ins Innere der Wache. Die anderen zwei Läuferinnen beobachten draußen an ihrem Standort die Umgebung, jederzeit bereit, die beiden zu warnen, falls unerwartet jemand auftauchen sollte, mit dem es Probleme geben könnte.

Drinnen sitzt nur noch eine SS-Frau. Man kennt sich gut. Mala hat ihr eine Flasche Wodka mitgebracht. Die Frau bedankt sich, schenkt sich ein Glas ein. Mala und Herta wissen, bei dem einen Glas wird es nicht bleiben. Während Herta eine intensive

Unterhaltung mit der Aufseherin beginnt, verlässt Mala unauffällig den Raum. Sie begibt sich in den hinteren Abschnitt, wo die Toiletten der SS sind, die auch von den Läuferinnen benutzt werden dürfen. Dort hat Edek den Overall für sie versteckt und im Vorraum ein Waschbecken aus Porzellan deponiert. Das fällt nicht weiter auf, weil Waschbecken für die Waschräume der SS-Männer selbstverständlich sind. Wovon Tausende Häftlinge in ihren Baracken nur träumen können.

Mala zieht den Overall an, das Frauenkleid bleibt weiter in ihrem großen Gürtel versteckt. Zurück im Vorraum, trifft sie auf Herta, die Mala hilft, das Waschbecken umgekehrt auf den Kopf zu setzen und ihre Haare darunter zu verstecken. Das Becken ist schwer, aber es erfüllt seinen Zweck. Malas Gesicht ist fast ganz dahinter versteckt, und der Overall über ihrer schlanken Figur signalisiert zweifelsfrei, dass hier ein männlicher Häftling kommt. Herta geht zur Tür, schaut, ob die Straße zum Eingangstor des Lagers frei ist und nicht etwa zufällig Maria Mandl aufkreuzt. Von der ist nichts zu sehen, und dass ein Arbeitskommando unter SS-Aufsicht die Straße repariert, ist kein Problem. Herta winkt Mala aus der Hauptwache hinaus, die SS-Frau dort ist mit ihrem Wodka beschäftigt.

Aus ihrem Versteck sieht Giza, wie Mala in Richtung Haupteingang geht. Was sie nicht mitbekommt: dass Herta, die auf der Straße zurückbleibt, unvermittelt laut auf Slowakisch singt: »längere Schritte, längere Schritte«. Mala kapiert sofort, dass ihre kurzen Trippelschritte nicht zu ihrem Aussehen als männlicher Häftling passen, und ändert ihren Gang. Und dann wartet an der Straße ein SS-Mann, macht eine Handbewegung, dass der Häftling mit dem Waschbecken auf dem Kopf vor ihm hergehen soll. Edek, der sich inzwischen im nahen »Kartoffelbunker«, wo die SS-Uniform für ihn versteckt wurde, umgezogen hat, ist mit den Gewohnheiten der SS-Männer bestens vertraut. Viele Male ist er vorneweg unter ihrer Beobachtung zu einer Montage außerhalb des Lagers geführt worden.

Giza Weissblum hält hinter ihrem kleinen Fenster den Atem an: Die beiden passieren unbehelligt das Haupttor des Lagers und biegen nach rechts ab in südliche Richtung. Alles läuft wie geplant. Damit haben Mala und Edek die erste Kontrollkette hinter sich gebracht. Sie bewegen sich nun fort von dem elektrischen Stacheldraht, der den engeren Bereich von Auschwitz-Birkenau – vor allem das Frauen- und Männerlager – umgibt und alle fünfzig Meter mit einem hölzernen Wachturm verbunden ist. Auf dem befinden sich SS-Männer mit Maschinenpistolen, die sie bei dem kleinsten Verdacht einer Flucht betätigen. Ein SS-Mann, der einen Häftling vor sich hertreibt – nichts Besonderes.

Was Giza nicht mehr sehen kann: Ob Mala und Edek ebenso problemlos die zweite Postenkette passieren, die den gesamten Lager-Komplex Auschwitz-Birkenau umgibt. Eigentlich auch dort nichts Besonderes, dass ein SS-Mann mit einem Häftling zum Arbeitslager Budy marschiert, noch einige Kilometer südlich, um ein Waschbecken montieren zu lassen. Edek Galiński spricht gut Deutsch, falls seine SS-Kollegen Fragen haben, und er kann einen Passierschein vorzeigen.

Der Plan ist, das Lager Budy links liegen zu lassen. Beim Weitergehen wird Mala in einem der hohen Kornfelder am Weg verschwinden, das Waschbecken und den Overall ablegen und als junge Frau im Kleid wieder zum Vorschein kommen. Falls Mala und Edek auf dem anschließenden Weg eine SS-Patrouille begegnet, wird die nicht misstrauisch werden. Vielleicht wünscht sie ihrem Kollegen, der offensichtlich das Wochenende mit seiner hübschen polnischen Freundin genießt, augenzwinkernd viel Vergnügen. Lange Haare, ein Kleid ohne Markierung auf dem Rücken – das kann kein geflohener weiblicher KZ-Häftling sein.

30. Kapitel

DAS FRAUENLAGER IST BEGEISTERT

Die SS-Frauen sind empört – Keine romantische Idee – Ein Kassiber von Edek – Der verhängnisvolle Anruf

1944 – Juni bis Juli

Am Sonntag, 25. Juni 1944, kann Josef Kramer, Kommandant vom Lager Auschwitz-Birkenau, es nicht länger aufschieben. Der 36-jährige gelernte Buchhalter, zuvor von 1934 an im KZ Dachau, setzt ein Fernschreiben auf. Um 10.20 Uhr geht Nr. 6351 an das Reichssicherheitshauptamt in Berlin und »alle oestl. Stapo(leit)-Kripo(leit)stellen« und Grenzpolizeikommissariate, besonders in Kattowitz. Es ist kurz und knapp, wie bei solcher Mitteilung üblich: »Betrifft: Schutzhaftjuedin Malka Zimetbaum, geb. 26.1.18 zu Brzesko, eingeliefert am 17.9.1942 von RSHA. Personenbeschreibung: 1,65 grosz. Braune Haare. Spricht Franz., Fläm., Engl., Deutsch u. Poln. Besondere Kennzeichen: am linken Unterarm eintaetowierte Nr. 19880. – Zimetbaum ist am 24.6.1944 aus dem KL Au. Roem. II entflohen. – Die sofort eingeleitete Suchaktion blieb bisher ohne Erfolg.« So unbändig wie die Wut der Lagerführung über diese Flucht ist die Begeisterung der gefangenen Frauen, als sich am Samstagabend im Lager Birkenau herumspricht, dass Mala geflohen ist.

Als die Arbeitskolonnen der weiblichen Häftlinge am 24. Juni 1944 gegen 17 Uhr durchs Tor zurück ins Lager marschieren, spielt wie üblich das Frauenorchester. Nach dem Tod von Alma Rosé im April 1944 wird Sonia Winogradowa aus der Ukraine, die bisher den Klavierpart im Orchester spielte, von der SS zur Nachfolgerin ernannt. Ihr fehlen jegliche Erfahrungen als Orchesterleiterin und Dirigentin. Doch für die Mitspielerinnen ist entscheidend, dass das Orchester nicht aufgelöst wird und sie ihren privilegierten Status innerhalb des Lagers behalten. Für ein paar Märsche morgens und nachmittags am Lagertor reicht es.

Wie üblich nach der Tagesarbeit folgt für alle Häftlinge im Lager der Appell. Unter den tausenden Frauen sind vier, die mit gewaltigem Herzklopfen antreten. Giza Weissblum und drei Läuferinnen wissen, Mala Zimetbaum wird nicht erscheinen. Sie hoffen inständig, dass sie inzwischen mit Edek einen großen Teil des Fluchtweges hinter sich gebracht hat und nicht durch ein schnelles Manöver von SS-Leuten wieder eingefangen werden kann – sobald ihre Abwesenheit bemerkt wird.

Die Läuferinnen warten eine gewisse Zeit, dann melden sie, dass Mala Zimetbaum, die Nr. 19880, fehlt. Um nachträglich nicht in Verdacht zu geraten, denn ihnen muss als Ersten auffallen, wenn die Läuferin Mala nicht wie üblich erscheint. Die Suche nach Mala beginnt. Als Margot Drechsler informiert wird, ist sie irritiert und außer sich. Niemand sagt es, doch der Gedanke liegt nahe: Ist Mala geflohen? Unmöglich für die SS-Frau; hat sie doch Mala grenzenlos vertraut und bestens behandelt. Sicher ist Mala krank, vielleicht ohnmächtig geworden und liegt irgendwo im Graben. Selbst die Drechsler macht sich hektisch auf die Suche, will nicht glauben, dass dieser weibliche Funktionshäftling, eine wichtige Stütze innerhalb der Lagerverwaltung, verschwunden ist. Auch Maria Mandl erscheint, Margot Drechslers Vorgesetzte, und macht ihr Vorwürfe, Mala Zimetbaum zu viele Freiheiten erlaubt zu haben. Beide Frauen wissen, dass eine Flucht von höchster Brisanz wäre. Als Chefdolmetscherin hatte Mala den größtmöglichen Einblick in alle Unterlagen.

Ein SS-Mann wird auf dem Motorrad ins Stammlager Auschwitz I geschickt, um die Kommandantur zu informieren. Wie üblich, wenn eine Flucht entdeckt wird, beginnen die Sirenen zu heulen, bald auch im Männerlager. Dort bringt der Appell ans Licht: Es fehlt ein Häftling, und nach einiger Zeit ist klar: Edward Galiński.

Mit der hektischen Suche nach Mala Zimetbaum schwirren Gerüchte durch das Lager. Aber schnell geht es unter den Frauen von Mund zu Mund: Mala ist geflohen! Suzanne Birnbaum, die vertrauten Kontakt zu Mala hatte, berichtet: »Wir sahen einander verblüfft an – und zufrieden. Falls Mala das getan hat, wird sie alle Vorsichtsmaßnahmen ergriffen haben. ... Sie wird sicherlich Dokumente mitgenommen haben, um der Welt die Gräueltaten zu beweisen, die hier begangen werden, und man wird erfahren, was wir alles erleiden.«

Zahlreich sind die Zeugnisse der überlebenden Frauen, die über diesen aufregenden Abend berichten. Keine geht davon aus, dass Mala geflohen ist, nur um ihr Leben zu retten. Allen ist gegenwärtig, mit welcher Akribie, welchem Mut und innerer Überzeugung Mala Zimetbaum weiblichen Häftlingen in Birkenau Qualen erleichtert, das Leben verlängert und nicht wenige vor dem Tod im Gas gerettet hat. Im Zusammenhang mit der Flucht fasst Raya Kagan, die im Juni 1942 von Paris nach Auschwitz deportiert wird und im Frauenlager persönlichen Kontakt zu Mala hat, deren Bedeutung noch einmal zusammen: »Mala vergaß nie, dass Birkenau ein Vernichtungslager ist. Immer bemühte sie sich, zu helfen, zu erleichtern, zu retten.«

Bei einer solchen Persönlichkeit ist für die Frauen im Lager das Fluchtmotiv eindeutig. Margita Schwalbová bestätigt es in ihren Erinnerungen: »Mala wollte mit ihrer Flucht nicht nur ihr eigenes Leben retten. Mala ... floh mit Beweismaterial, um ihre große Anklage in die ganze Welt hinauszurufen. Das Lager war erregt ... Die Häftlinge debattierten, sie hatten lächelnde Gesichter, jede und jeder zitterte vor Sorge und sehnlichstem Wunsch, die Flucht möge gelingen.« Auch wenn es Vermutungen sind, was das »Beweismaterial« betrifft: Sie gründen nicht in diffusen Gefühlen, sondern in realistischen lebenserhaltenden Erfahrungen mit Mala, gemacht angesichts von blutroten Flammen, die aus den Türmen des Krematoriums lodern. Den Frauen ist sehr bewusst: Malas Flucht ist keine spontane romantische Idee, sondern eine wohlkalkulierte, dennoch extrem risikoreiche Aktion.

Als die Pariser Jüdin Louise Alcan, im Januar 1944 nach Auschwitz-Birkenau deportiert, von Malas Flucht mit »einem polnischen Widerstandskämpfer« erfährt, ist sie begeistert – »Das ist absolut wunderbar«. Und sie fügt hinzu: »Wir sind sehr aufgewühlt. Möge es ihr gelingen! Ständig flüchten Menschen, aber vor allem Männer.« Für die Jüdin Rebecca Liwschitz, in Antwerpen geboren, erklärt sich nun die letzte Begegnung mit Mala: »Sie hat mich besucht, mich angelächelt, mich umarmt und, bevor sie fortging, mich noch einmal umarmt. Ich wusste nicht, warum ...«

Vor allem Männer: Die nachträgliche Statistik bestätigt es. Die Hälfte der 802 Häftlinge, die aus den Auschwitzer Lagern flüchten, sind Polen; insgesamt sind es 757 Männer und 45 Frauen. Eine nachweislich erfolgreiche Flucht gelingt 144 Gefangenen. Mindestens 327 Menschen werden bei ihrem Fluchtversuch gefasst; davon viele erschossen, andere in Strafkompanien gesteckt. Was bei den gefangenen Frauen im Lager am Samstagabend ebenfalls die Runde macht: Mala Zimetbaum ist die erste jüdische Frau, die eine Flucht aus Auschwitz-Birkenau riskiert. Auch im Männerlager ist die heimliche Freude und Anerkennung groß. Wiesław Kielar hört, wie es um ihn herum kein anderes Thema gibt: »Mala Zimetbaum und Edek Galiński wurden zum Symbol der Freiheit.«

Am Abend, als die Frauen dicht an dicht in ihren Baracken-Kojen liegen, gehen die Überlegungen weiter. Der Stolz, dass die Jüdin Mala die Flucht gewagt hat, mischt sich mit der Angst, ob sie es schafft. Die Hoffnung steigt gewaltig, als auch am Sonntag keine Spur von den Geflohenen entdeckt wird. In seinem Büro im Stammlager Auschwitz setzt Kommandant Josef

Kramer das Fernschreiben ab, das die Vernichtungs-Zentrale in Berlin und alle Polizei- und SS-Stellen im weiten Umkreis um Auschwitz über die Flucht informiert.

Es ist voraussehbar, dass die drei Läuferinnen Herta, Sala und Lea sofort der Komplizenschaft und Mithilfe bei der Flucht verdächtigt werden. Sie verlieren ihre Posten, werden ins Stammlager geschafft. Mit dem Wochenanfang folgt in der politischen Abteilung ein Verhör auf das andere. Doch die drei lassen sich von brutalen Schlägen nicht einschüchtern. Standhaft wiederholen sie, was sie vorher abgesprochen haben: Sie haben nichts von der Flucht gewusst, geschweige denn Mithilfe geleistet. Am Montag gehen die weiblichen Häftlinge wieder ihrer Zwangsarbeit nach, während ihre freudigen Gedanken weiterhin um Malas Flucht kreisen. Niemand im Lager erfährt, dass es einen Menschen gibt, der aus erster Hand vom Fortgang der Flucht erfährt.

Als Wiesław Kielar am Wochenbeginn in einer »hölzernen Bude« im Lager bei einer Gruppe von Männern steht, löst sich einer von ihnen, schaut ihn an, dann die tätowierte Nummer auf seinem Arm. Er bewegt sich langsam auf den Ausgang zu, Wiesław folgt ihm. Der Unbekannte blickt sich um, niemand beobachtet sie. Dann nimmt er die Mütze ab, unter der ein kleiner Zettel steckt. Ein Kassiber von Edek Galiński an seinen Freund, mit dem er über viele Monate Pläne für eine gemeinsame Flucht gemacht hat.

Der völlig überraschte Wiesław liest: »Ohne Schwierigkeiten erreichten wir die Stelle. Mala trug die Waschschüssel einige Kilometer – tapferes Mädchen!« Kaum waren sie am Lager Budy vorbei, schreibt Edek, warfen sie den Overall und die Schüssel ins Kornfeld. Am Abend kamen sie in Kozy an: »Wir übernachteten in einem Heuschober am Rande des Dorfes. Mala fühlt sich gut, nur ihre Schultern schmerzen. Am Abend gehen wir weiter. Servus!« Der Unbekannte, ein polnischer Zivilarbeiter in Auschwitz, erzählt Wiesław, dass er den beiden einen seiner Heuschober in Kozy zur Verfügung gestellt und so von Edek die heimliche Botschaft für Wiesław bekommen habe. Auf ihrem weiteren Fluchtweg am Sonntag sind sie offensichtlich nicht von SS-Patrouillen, die die Gegend intensiv nach den Flüchtenden durchsuchen, entdeckt worden.

Für Wiesław, den Freund, ist die Nachricht erst einmal ein Schock. Edek hat nicht, wie geplant, seine SS-Uniform bei Jozef Szymlak gelassen, der in Kozy wohnt, wo die beiden eigentlich übernachten wollten. Szymlak sollte die Uniform zurück nach Auschwitz bringen und Wiesław geben. Ohne die Uniform hat sich für Wiesław die eigene Flucht zerschlagen. Doch er gesteht Edek zu, die Situation vor Ort in Kozy anders beurteilt zu haben. Nach der Flucht eine SS-Uniform zurück ins noch strenger kontrollierte Lager zu schmuggeln, wäre für Szymlak wohl ein zu großes Risiko geworden.

Die Tage vergehen, bald ist eine Woche nach dem unvergesslichen Abend am 24. Juni 1944 herum. Mala und Edek bleiben verschwunden. Die Anspannung unter den gefangenen Frauen im Lager Auschwitz-Birkenau lässt nach. Nicht zuletzt, weil für jede Einzelne der Kampf ums Überleben weitergeht und ein Alltag, der beständig vor Augen führt, dass »totale Vernichtung« das oberste Ziel der Deutschen im Lager ist und bleibt. Auch wenn die Neuigkeiten, die über den Kriegsverlauf durchsickern, den Gefangenen Hoffnung machen. Doch noch wird der größte Teil Europas von den deutschen Besatzern beherrscht.

Am 25. Juni 1944 müssen Häftlinge, die im Effektenlager »Kanada« das Gepäck und die Überbleibsel der im Gas Ermordeten sortieren, die leeren Kinderwagen in Fünferreihen aufstellen und zum nahen Bahnhof transportieren. Über eine Stunde sind sie damit beschäftigt.

Am 30. Juni kommen zwei Transporte an der Rampe im Lager Birkenau an. Aus den Viehwaggons werden jüdische Frauen, Männer und Kinder getrieben. Ein Transport deportiert 2044 Menschen aus Athen und Korfu, 1423 von ihnen werden sofort in die Gaskammern geführt. Im anderen sind rund 1000 jüdische Männer, Frauen und Kinder aus Italien zusammengepfercht. Carpi, 20 Kilometer nördlich von Modena, ist der zentrale Bahnhof, von dem seit September 1943 Züge mit italienischen Deportierten in die Vernichtungslager im Osten fahren. An diesem Tag sterben 769 von ihnen in Auschwitz-Birkenau.

Am gleichen Tag meldet der oberste SS-Führer in Budapest, dass die Deportationen aus den Zonen I – IV abgeschlossen und 381 661 jüdische Menschen seit Mai 1944 abtransportiert worden sind. Sie wurden zum überwiegenden Teil in den Gaskammern von Auschwitz-Birkenau ermordet. Damit ist die »Ungarn-Aktion« im Großen und Ganzen abgeschlossen. Aber weiterhin kommen einzelne Züge mit Deportierten, und jedes Mal steht Dr. Josef Mengele an der Rampe, um Zwillinge für seine todbringenden Experimente herauszusuchen. Bei dem Transport am 29. Juli hat er unter den ungarischen Jüdinnen vier Zwillinge herausgreifen lassen.

Am 30. Juli kommt der 76. Transport seit dem Sommer 1942 aus Frankreich in Auschwitz an, 1100 jüdische Frauen, Männer, Kinder haben die Fahrt in den Viehwaggons überstanden. 479 von ihnen werden sofort in die Gaskammern gebracht, die anderen auf Arbeitskommandos verteilt. Immer größer wird der Bedarf der deutschen Besatzer an Arbeitskräften, denn der Krieg, jetzt im sechsten Jahr, verschlingt immer mehr deutsche Soldaten auf den Schlachtfeldern quer durch Europa.

Die brutalen Verhörmethoden der politischen Abteilung zeigen keinerlei Wirkung bei den Läuferinnen. Die SS-Männer geben auf, von ihnen etwas über Malas Flucht zu erfahren, und stecken die drei in eine Strafkompanie mit besonders schwerer Arbeit. Doch weil sie als Läuferinnen im Lager Birkenau offensichtlich unverzichtbar sind, geschieht, womit sie nicht gerechnet haben. Lea Schyjowitz: »Am Ende wurden wir gegen alle Erwartungen wieder als Läuferinnen eingesetzt.«

Immer stärker wird die Gewissheit, dass die Flucht gelungen ist. Giza Weissblum spricht ab und an mit ihren belgischen Freundinnen im Lager darüber, wie weit Mala es wohl inzwischen geschafft hat. Vielleicht ist sie sogar schon in der Schweiz angekommen? Eine junge Frau und ein junger Mann haben ein Zeichen des erfolgreichen Widerstandes gesetzt.

Falls die SS Mala Zimetbaum und Edek Galiński auf die Spur kommt, würde zuerst die Politische Abteilung im Stammlager Auschwitz I davon erfahren. Dort ist Raya Kagan als Funktionshäftling für Büroarbeiten eingesetzt: »Seit der Flucht zitterten wir jeden Morgen, wenn wir in die Baracke der Politischen Abteilung zur Arbeit geführt wurden, ob eine Nachricht dort war, dass beide wieder gefangen worden sind. Eine solche Nachricht wäre zuerst in die Abteilung gelangt, die Häftlingsfluchten zu bearbeiten hatte … Vierzehn Tage vergingen und die Hoffnung, dass Mala und Edek endgültig entkommen waren, wuchs in unseren Herzen. Dann kam der verhängnisvolle Anruf: ›Gefasst. Sie sind zunächst in Bielitz in Haft.‹« Es ist der 6. Juli 1944.

31. Kapitel

IN EINZELZELLEN IM TODESBLOCK

»Ich war unendlich glücklich« – Schmeichelnde Verhörmethoden und Folter – Keine Namen werden verraten – Unterstützung durch andere Häftlinge – Charles Sand, der Ex-Verlobte, eine Nummer in Auschwitz – Im Männerlager wird ein Galgen aufgestellt

1944 – Juli bis September

Was im Stammlager Auschwitz schnell kein Geheimnis mehr ist, erfahren bald auch die weiblichen Häftlinge im Frauenlager Birkenau. Giza Weissblum: »Plötzlich, wie ein Donnerschlag, überfiel uns die Nachricht, dass Mala und Edek gefasst wurden und auf dem Weg zurück ins Lager sind. … Wir konnten es nicht glauben. Wir wollten es nicht glauben.« Die überlebenden Frauen mit persönlichem Kontakt zu Mala Zimetbaum haben diesen traurigen Augenblick fest in Erinnerung behalten. Sarah Goldberg: »Unser Schmerz war gewaltig«. Jenny Spritzer: »Es traf uns schrecklich.« Margita Schwalbová: »Ich wollte es vorerst nicht glauben. Ich kämpfte gegen die Wirklichkeit an. Vergebens, die Nachricht wurde bestätigt. Und all meine Freude, all meine Hoffnung und mein Glaube, die rosig durch meine Tage funkelten, sanken schwer und tief auf den Boden meiner Seele …« Es fließen viele Tränen.

Nach dem traurigen Erschrecken tauchen sofort Fragen auf: Wie und wo sind Edek und Mala gefasst worden? Vor allem: Welchen Fluchtweg haben sie genommen? Gerade weil es keinerlei Hinweise gibt und die Flucht dieser beiden Menschen etwas Außergewöhnliches ist, wuchert die Fantasie in verschiedenste Richtungen. In Krakau soll Mala in einem Lokal entdeckt worden sein; dann beide in einem Zug, in einem Hotel in Katowice, Edek bei einem Zahnarzt, in einem Geschäft, Mala verlor plötzlich die Nerven und wollte nach Russland.

Die Frage nach dem Fluchtweg und vor allem nach den Menschen im Lager und außerhalb, die Mala und Edek bei ihrer Flucht geholfen haben, sind der entscheidende Grund, warum die beiden im Block 11 im Stammlager Auschwitz in verschiedenen Zellen im Kellergeschoss des Ziegelbaus untergebracht werden, dem sogenannten Todesblock. Und nicht umgehend im Hof dieses Blocks an der schwarzen Wand – wie Tausende Häftlinge vor ihnen – erschossen. Margita Schwalbová hat in ihren Erinnerungen über die Zeit in Auschwitz-Birkenau nach der traurigen Erkenntnis über das Ende dieser Flucht eine Verbindung zur Haft im Block 11 hergestellt: »Wir wussten, dass Mala stark ist und ihre Helfer nicht verraten wird. Aber wir wussten auch, dass Malas Flucht keine gewöhnliche Flucht war, ein bloßer Versuch einer Rettung ihres eigenen Lebens. Und dessen war sich auch die SS bewusst. Mala wurde in der ›politischen Abteilung‹ verhört.«

Kommandant Josef Kramer lässt sich Zeit für diesen außergewöhnlichen Fall. Am 27. Juli geht an dieselben Adressaten wie zuvor die Fluchtmeldung unter der Nummer 7309 ein Fernschreiben, dass »Galiński Eduard« und »Zimetbaum Malka« in Bielitz (poln. Bielsko) »wiederergriffen« und am 7. Juli ins Lager Auschwitz »rücküberstellt« wurden.

Um diese Zeit hat Wiesław Kielar von Edek Galiński längst einen Kassiber aus Block 11 erhalten, in dem der Freund kurz die Festnahme skizziert. Wahrscheinlich, um die Fluchtgerüchte, von denen auch er gehört hat, zu korrigieren. Danach stießen die beiden in den Bergen oberhalb der Stadt Żywiec auf eine deutsche Grenzkontrolle, wurden festgenommen und nach Bielitz ins Gefängnis gebracht. Diese Information wird bestätigt durch weibliche Funktionshäftlinge, die in der Politischen Abteilung vom Stammlager Auschwitz arbeiten, wo Mala verhört wird. Entweder sind sie bei den Verhören dabei und führen Protokoll oder schauen anschließend in die Akten. Als Überlebende haben sie Zeugnis abgelegt, wie Raya Kagan, die »die Protokolle einsehen konnte«: »Gemeinsam wanderten sie dann in der Richtung zur Grenze der Slowakei.« Mala und Edek haben offenbar beschlossen, nicht erst nach Osten ins polnische Zakopane zu gehen, wo ihnen die Schwester von Wiesław Kieslaw Hilfe zugesagt hat, sondern so schnell wie möglich die Grenze zu überqueren.

Auch wenn die Slowakei 1939 ein Verbündeter des nationalsozialistischen Deutschlands wird, der Weg über den Gebirgszug der westlichen Baskiden ist ein beliebter Fluchtweg, um dem direkten Machtkreis der SS-Besatzung in Polen zu entkommen. Żywiec liegt 30 Kilometer südlich von Kozy, wo die beiden die erste Nacht in einem Heuschober am Rand des Dorfes verbrachten. Entgegen dem ursprünglichen Plan geht Edek Galiński in der SS-Uniform weiter. Die ist nun, weitab von Auschwitz und seinen Außenlagern, eher verdächtig; ebenso wie die angebliche Freundin. Denn welches Paar steigt zu einem kleinen Ausflug mühsam über 800 Meter hinauf in eine Grenzregion? Mala und Edek kommen nur langsam voran. Sie müssen am Tag überschaubare Lichtungen meiden, auf Nebenwegen durch die Wälder und das Unterholz schleichen, am besten nachts. Dabei an Nahrung zu kommen ist nicht einfach.

Unabhängig von allen Schwierigkeiten, Anspannungen und tödlichen Gefahren erleben Mala und Edek, seit Monaten in Liebe verbunden, eine ganz neue Situation: Seit sie am 24. Juni mittags die SS-Postenketten von Auschwitz erfolgreich hinter sich gelassen haben, sind die beiden erstmals allein. Bei Tag und bei Nacht frei in ihrem persönlichen Verhalten zueinander – eine emotionale Premiere und zugleich eine Bewährungsprobe ihrer Verbundenheit.

Lilly Majerczyk arbeitet als Funktionshäftling in der Schreibstube vom Stammlager Auschwitz für SS-Obersturmbannführer Wilhelm Boger, zuständig für Flucht und Fahndung, und ist anwesend, wenn er Mala verhört. Sie nutzt die Chance zu kurzen heimlichen Gesprächen, wenn Mala im Flur wartet, auch wenn es strikt verboten ist. Einmal fragt sie Mala, ob sie die Flucht nicht bereue. Die spontane Antwort hat die deportierte Jüdin Jenny Spritzer, als Sekretärin in der Politischen Abteilung eine Kollegin von Lilly, überliefert: »Nein, wenn ich heute wieder Gelegenheit haben würde, ich täte es aufs neue. Ich war drei Wochen unendlich glücklich.« Auch wenn es nur 13 glückliche Tage waren, ist dies nicht Teil einer Mythenbildung, sondern die konkrete Aussage einer Augenzeugin, die sofort weitergegeben wird. Denn Lilly und Jenny begegnen sich täglich an ihrem gemeinsamen Arbeitsplatz.

Die zeitliche Ungenauigkeit von Mala ist unschwer nachvollziehbar auf einer Flucht ohne Uhr und Kalender und mit dem Versuch, in eine andere Welt zu entkommen. Gleiches gilt für das Leben im Lager Auschwitz-Birkenau. Nirgendwo hängen Kalender. Alle deportierten Frauen müssen ihre Uhren abgeben, wenn sie, von der Bahnsteigrampe kommend, nackt rasiert und zu einer Nummer tätowiert werden. Von nun an ist nur noch zeitlicher Verlass auf den mörderischen Appell am frühen Morgen und am späten Nachmittag. Selbst die Jahreszeiten verschwimmen ineinander. Wo nur der rote Widerschein der Krematoriumstürme, das Gebrüll und die Brutalität der SS-Frauen und SS-Männer, der Kapos und Blockältesten Bestand haben und nur der Aufruf zur Selektion für Dutzende oder Hunderte von Frauen verlässlich ins Gas führt, geht jedes konkrete Zeitgefühl verloren.

Der 36-jährige Wilhelm Boger wird im Lager der »Satan von Auschwitz« genannt; er ist berüchtigt für seine brutalen Foltermethoden. Das erklärt, warum Edek Galiński in seinem ersten Kassiber an Wiesław Kieslar über die täglichen Verhöre schreibt, die Politische Abteilung behandele sie »unerwartet milde«. Mala wurde sogar Kaffee und Kuchen angeboten.

Edek informiert den Freund weiter, dass die SS erfahren will, »auf welche Weise sie flüchteten, und vor allem, woher sie die Uniform und die Waffe bekommen hatten«. Aber das würde sie »selbstverständlich nie erfahren«. Während sich der »Satan von Auschwitz« beim Verhör von Mala und Edek im Stammlager in den fortschreitenden Julitagen erst einmal für die »Zuckerbrot-Methode« entschieden hat, geht im Lagerkomplex Auschwitz-Birkenau der gewohnte grausame Alltag weiter. Von »Peitschen-Methode« zu sprechen, wäre eine unmenschliche Untertreibung.

Um die geplante Ermordung aller jüdischen Menschen im »Familienlager Theresienstadt«, BIIb, zu verschleiern, selektiert die SS am 9. Juli 1944 1000 jüdische Frauen und schickt sie ins Frauenlager BIa von Birkenau. Am nächsten Tag, 10. Juli, folgt dem verlogenen Schein die mörderische Absicht. Aus dem Familienlager werden 3000 jüdische Frauen und Kinder in die Gaskammern gebracht. Und das ist noch nicht das Ende, denn nichts soll vom »Familienlager Theresienstadt« übrig bleiben. Fast 4000 Menschen, die am 11. Juli im Lager erwachen, falls sie überhaupt schlafen konnten, werden das Ende des Tages nicht mehr erleben.

Im Stammlager erfährt Edek, dass Wilhelm Bogers Taktik, ihm mit aufgesetzter Freundlichkeit Informationen über die Fluchthelfer zu entlocken, schnell an ihr Ende gekommen ist, da sie auf entschiedenes Schweigen stößt. Als Jenny Spritzer dem gefangenen Edek erstmals in der Politischen Abteilung auf dem Flur begegnet, denkt sie unwillkürlich: »Wie schön er ist und wie fein seine Züge.« Als sie ihn wenig später zusammen mit Kolleginnen wieder auf dem Flur sieht, »war er schwer entstellt, mit einem dicken blauen Auge, sein Kopf war aufgeschlagen, und das Blut rann ihm über das Gesicht«. Aber Edek geht aufrecht, lächelt die Frauen an »und haucht: ›Küsst Mala für mich. Sagt ihr, es gehe mir gut‹.«

Die beiden sind im Block 11 in Einzelzellen, weit voneinander entfernt, untergebracht. Da alle, die hier als Funktionshäftlinge Dienst tun, die beiden zutiefst bewundern und heimlich versuchen, ihnen die Gefangenschaft zu erleichtern, können Edek und Mala Nachrichten austauschen. So bereiten sie sich auf die getrennten Verhöre vor und verabreden, Boger zu erklären, beide hätten sich je eine SS-Uniform für die Flucht beschafft. Ohne Namen zu nennen, hoffen Edek und Mala, mit dieser Aussage Verwirrung unter den SS-Männern auszulösen und sie auf falsche Spuren zu setzen.

Nach dem Zeugnis des Häftlings Bolesław Staron, der eine Weile die Zelle mit Edek Galiński teilt, hat der Kapo ein heimliches Treffen von Edek und Mala im Bunker organisiert – so wird das Kellergeschoss vom Block 11 genannt. Als die weiblichen Häftlinge in der Politischen Abteilung den Kapo bitten, die beiden mit ausreichender Nahrung zu versorgen, erfahren sie, dass er Mala schon mit Extra-Portionen versorgt.

Nach anfänglicher Zurückhaltung werden der 25-jährige Bolesław und Edek Freunde. Einen Monat lang ist ihre Zelle völlig verdunkelt. Nur wenn das Essen kommt, geht das Licht an. Jeden Abend erlebt Bolesław, was Edek ein Herzensbedürfnis ist: »Edek stellte sich ans Fenster und sang ein italienisches Lied, eine Serenade. … Seine schöne Stimme hallte durch das Lager. Er sang, damit Mala wusste, dass er am Leben war.«

Auch wenn die Eisenbahntransporte mit den jüdischen Deportierten seit dem Mai 1944 über die neu gebaute Rampe bis ins Lager Auschwitz-Birkenau fahren, wird die Mordstatistik weiter sorgfältig in der Verwaltung im Stammlager geführt. Am 23. Juli erreicht ein Transport aus Ludwigsdorf, polnisch Chmielno in Niederschlesien, mit 435 jüdischen Männern Birkenau. 85 von ihnen werden ins Männerlager, 370 in die Gaskammer geführt. Am 27. Juli sind die Waggons des Transports aus einem Arbeitslager bei Dębica im südöstlichen Polen mit 1700 jüdischen Männern gefüllt. 1237 von ihnen werden sofort ins Gas geschickt.

In allen von den Deutschen eroberten Ländern denken sich die Besatzer an jüdischen Feiertagen besonders sadistische Aktionen für ihre jüdischen Gefangenen aus. Das gilt auch für den 28. Juli im Frauenlager Birkenau. Die Kombination von glühender Sommerhitze und völlig überlasteten Krematorien führt zu einem heißen Aschenregen, der Plätze und Straßen im Lager bedeckt: »… unter unsern nackten Füßen fühlte er sich an wie der Sand an den Stränden, wo freie Menschen ihren Urlaub verbringen.« So hat es die Frauenärztin Gisella Perl erlebt, die im Mai 1944 mit ihrer Familie aus Rumänien nach Auschwitz-Birkenau deportiert wurde. Ihre Fachkenntnisse werden im Krankenrevier des Lagers gebraucht, bei den mörderischen Zwillingsexperimenten von Dr. Josef Mengele muss sie assistieren. Ihr Mann, ihr Sohn und ihre Eltern werden nach der Ankunft von der Rampe ins Gas gebracht, weil sie Juden sind.

Kaum sind die weiblichen Häftlinge nach einem stundenlangen demoralisierenden Stehappell am frühen 28. Juli wieder in den Baracken, werden sie zurück ins Freie gescheucht. Was dann geschieht, hat Gisella Perl, die überlebte, aufgeschrieben: »… wir mussten uns in die Asche setzen und uns wurde wiederholt gesagt, das sind die letzten Reste von unseren Eltern, Ehemännern, Kindern. Sie würden uns jetzt ein Konzert geben …« Die »lächelnden, frisch-rasierten SS-Männer in ihren glitzernden Uniformen und die gut genährten, ausgeruhten SS-Frauen« kommen mit gemütlichen Stühlen und setzen sich vor die »zweiunddreißigtausend wandelnden Skelette, die ohne einen Laut auf das warten, was nun kommen soll«. Mitte Juli 1944 sind im Frauenlager offiziell 31 404 weibliche Häftlinge notiert worden.

Auf der Mitte des Platzes zwischen den Baracken ist eine Bühne errichtet, auf die plötzlich Häftlinge in gestreifter Gefangenenkleidung marschieren, ein Musikinstrument in der Hand. Sie nehmen ihren Platz ein und beginnen zu spielen: »Bis spät in die Nacht spielen sie geschmacklose Lieder, aufwühlende, sexy Melodien; Musik, die den Körper anspricht, nicht die Seele, während die vier Krematorien lebendiges Fleisch in graue Asche verwandeln.« Die Mörder und Mörderinnen von Auschwitz-Birkenau haben diesen Tag gewählt, um die jüdischen weiblichen Häftlinge mit dieser Vergnügungsmusik intensiv zu quälen.

Denn am 28. Juli 1944 ist Tischa Be'aw, einer der größten und traurigsten jüdischen Feiertage, nach dem jüdischen Kalender der 9. Aw im Jahr 5704. Mit einem 25-stündigen Fasten gedenken die jüdischen Gemeinschaften weltweit der Zerstörung des Tempels in Jerusalem durch die römischen Besatzer im Jahre 70 n. Chr., der bis heute nicht wieder aufgebaut wurde. In den Gesichtern der geknechteten Frauen, die zum Zuhören gezwungen sind, sieht Gisella Perl nichts als blanke Verzweiflung. (Ihr Bericht über ihre Zeit in Auschwitz erschien 1948 in New York und 2020 in deutscher Übersetzung, siehe Literaturhinweise.)

Am nächsten Tag, dem 29. Juli, werden im »Zigeuner-Familienlager« die Männer gezählt. Es sind 1495. Bei einer weiteren Zählung am 30. Juli ist die Anzahl auf 1518 gestiegen; kein Hinweis auf die anwesenden Frauen. Die Gefangenen werden keine weiteren Gedanken an diese Aktion verschwendet haben. Sie wissen aus ihrer Lager-Erfahrung: Es ist alles Willkür.

Und wer weiß es besser als Mala Zimetbaum? Zwei Jahre im Lager liegen hinter ihr, in denen sie nach außen erfolgreich alle Forderungen und Befehle ihrer SS-Vorgesetzten ausführt und sich dem unmenschlichen System anzupassen scheint. Zugleich folgt sie unbeirrt einem inneren Kompass aus Solidarität und Empathie und setzt heimlich und wohlüberlegt die unmenschlichen Gesetze der Vernichtungspolitik an so vielen Frauen im Lager, wie es ihr möglich ist, außer Kraft. Auch für ihre Verhöre mit Wilhelm Boger hat sie sich für eine zweigleisige Taktik entschieden, von der sie nicht abgeht: keine Namen nennen, aber nicht schweigen über das, was im Lager geschieht.

Während Edeks nackte Fußsohlen zur Vorbereitung auf das Verhör mit feinen Metallruten geschlagen werden, bietet Boger Mala in seinem Büro sogar einen Stuhl an und fragt höflich: »Warum sind Sie geflüchtet, Sie hatten es doch gut im Lager?« Dounia Ourisson, eine Jüdin aus der Ukraine, in Paris aufgewachsen und von dort 1942 nach Auschwitz deportiert, arbeitet als Dolmetscherin im Referat von Wilhelm Boger. Obwohl Mala fließend Deutsch spricht, hat er sie zum Verhör kommen lassen. Dounia ist überzeugt, er will demonstrieren, was denen passiert, die zu fliehen versuchen. Malas Antwort: »Ich wollte nicht mehr mit ansehen, wie Tausende von Menschen mit unschuldigen Kindern täglich in die Gaskammer gehen. Wir wissen, dass ihr jedes Jahr Hunderttausende von Menschen vergast.« Der SS-Mann lässt sich auf eine Diskussion ein: »Ja … Wir machen uns von denen frei, die nicht mehr arbeitsfähig sind. … Aber wer hat das gesehen?«

Statt diesen zynischen Hinweis als Rückzieher zu nutzen, redet Mala Zimetbaum Tacheles: »Ich selbst und alle in den Blocks haben die vier Krematorien vor Augen. Wir haben schöne und junge Frauen, Kinder und kräftige Männer gesehen. Sie betreten die Gaskammern und nach einer Viertelstunde werden ihre Leichen in die brennenden Gruben geworfen, weil die Krematorien überlastet sind. Das ist ebenso mit den Transporten der ungarischen Juden passiert.« Vergeblich versuchen Lilly und Elfi, die ebenfalls anwesenden Funktionshäftlinge, mit Hand zeichen, Mala in ihrem Wahrheitsdrang zu stoppen. Wilhelm Boger wechselt das Thema: »Sie haben mit dem Polen ein Verhältnis gehabt, nicht wahr?« Entschieden verneint Mala diese Frage. Edek reagiert ebenso auf diese Frage beim Verhör, die für ihn als Nichtjuden »Rassenschande« bedeutet hätte.

Im Frauenlager erwarten Giza Weissblum und andere weibliche Häftlinge in diesen Wochen täglich, stündlich, dass sie zu Verhören in die Politische Abteilung gebracht werden. Unvorstellbar, dass Mala und Edek unter der Folter keine Namen nennen. Doch so ist es. Keine der vielen Frauen im Lager, zu denen Mala Kontakt hatte, wird befragt. Dafür erhält Giza Weissblum eines Tages eine schriftliche Botschaft, die Mala durch helfende Hände aus dem Bunker schmuggeln konnte: »Ich weiß, was mich erwartet. Ich bin auf das Schlimmste vorbereitet. Seid mutig und erinnert euch an alles.«

Auch Wiesław Kieslar erhält einen weiteren Kassiber von Edek, »kurz und in schlechterer Stimmung«. Von einem engen Freund Edeks hört Kieslar, dass auch Mala bei den Verhören »nicht mehr mit Glacéhandschuhen« angefasst wird. Dounia Ourisson spricht bei Malas Anblick von »Spuren der Foltern«. Die Wochen vergehen. Die Solidarität der Funktionshäftlinge im Stammlager Auschwitz mit Edek und Mala lässt nicht nach. Edek kann einen dritten Kassiber aus seiner Zelle an Wiesław Kieslar schmuggeln.

Er ist, so der Freund, »in noch düsterer Stimmung geschrieben«. Edek teilt mit, »dass sie auf das Urteil warten, dass sie niemanden verraten hatten, dass Mala sich tapfer hielt«. Da er durch die heimliche Unterstützung der Funktionshäftlinge im Bunker Kontakt zu Mala hält, kann er für sie beide sprechen: »Sie erwarteten das Schlimmste. Lebendig werden sie sich aber nicht in die Hände des Henkers begeben.« Dass beide gemeinsam ihr selbstbestimmtes Ende geplant haben, ergibt sich auch aus den Erinnerungen von Jenny Spritzer an ihre Zeit als »Sekretärin in Auschwitz«. Mala schmuggelt einen Brief aus dem Bunker an die weiblichen Funktionshäftlinge in der Politischen Abteilung, auf deren Kooperation sie sich verlassen kann. Sie bittet darum, »sie sofort wissen zu lassen, wann sie exekutiert werden sollte. Sie hätten beide Gift zur Verfügung und könnten sich dann das Leben nehmen«. Inzwischen ist August, doch es tut sich nichts. Offenbar gibt es vom Reichssicherheitshauptamt noch keinen Befehl für ein Todesurteil.

Im Lager Auschwitz-Birkenau geht der mörderische Alltag auch im Hochsommer weiter. Da es viele Kontakte zum Stammlager gibt, wird sich dort herumgesprochen haben, was am Abend des 2. August 1944 in Birkenau geschieht. Bewaffnete SS-Männer umstellen das »Zigeuner-Familienlager« und einige Baracken außerhalb, in denen sich ebenfalls Roma und Sinti befinden. Dann fahren Lastwagen in das Lager. Die SS treibt 2897 Frauen, Männer und Kinder auf die Wagen, die anschließend bei den Gaskammern vorfahren. Weil die Krematorien auf Grund von Überbelastung wieder einmal nicht in Betrieb sind, werden die Leichen der Ermordeten wenig später in Gruben geworfen und im Freien verbrannt.

Am gleichen Tag, dem 2. August 1944, bringt der 26. belgische Transport seit dem 4. August 1942 jüdische Deportierte aus der Dossin-Kaserne nach Auschwitz. Auf der Rampe im Lager Auschwitz-Birkenau steigen 276 Männer, 240 Frauen, 23 Mädchen und 24 Jungen aus den Viehwaggons. 202 von ihnen, darunter alle Kinder, werden sofort ins Gas geführt. Unter denen, die als Arbeitshäftlinge ins Lager geschickt werden, ist der 24-jährige Charles Sand und damit auf grausame Weise seiner früheren Verlobten Mala Zimetbaum ganz nahe. Keiner von beiden wird je von dieser Nähe erfahren.

Dass Charles sich einen Platz in Malas Herzen bewahrt hat, darf vorausgesetzt werden. Ebenso dass Malas Verhaftung im Juli 1942 für Charles einen unheilbaren Lebensbruch bedeutet. Ein kleines Notizbuch hat sich erhalten, in das er ab 1. Januar 1944 fortlaufende Zahlen einträgt – 529, 530, 531 … Und am 31. März steht dort »nouvelles de Mala«, ohne jeden Hinweis, was diese »Neuigkeiten« sein könnten. Charles hat sich nach Malas Verhaftung in die Brüsseler Vorort-Gemeinde Schaerbeek zurückgezogen, die unter der deutschen Besatzung für Juden in Belgien etwas sicherer war als Antwerpen. Hier findet er eine Anstellung in einem Büro. Doch im Sommer 1944 wird er von den Besatzern verhaftet und am 17. Juni ins jüdische Sammellager der Dossin-Kaserne gebracht. Am 31. Juli muss er als Nummer 146 den Transportzug nach Auschwitz besteigen. Im Lager

Auschwitz-Birkenau wird er durch Tätowierung zur Nummer B-3619.

Einen Tag nach dem 26. Transport jüdischer Menschen aus Belgien erreicht der 77. Transport aus Frankreich am 3. August 1944 das Lager Auschwitz-Birkenau. 1300 jüdische Frauen, Kinder, Männer haben die Fahrt in den Viehwaggons lebend überstanden, nur damit 826 von ihnen anschließend dem Tod im Gas ausgeliefert werden. Von der Insel Rhodos kommt am 16. August ein Transport mit 2500 Männern, Frauen und Kindern; 1900 erleiden sofort den Tod in den Gaskammern. Am 28. August 1944 kommen aus dem KZ Mauthausen an der Donau 853 männliche Häftlinge an. 759 von ihnen werden umgehend im Gas ermordet.

Genaue Dokumente, wie lange sich die Verhöre von Mala und Edek hinzogen, gibt es nicht. Die wenigen Lebenszeichen, die sie heimlich an Vertraute schmuggeln, gehen mit dem August zu Ende. Wahrscheinlich hat Boger aufgegeben, aus den beiden noch nützliche Informationen herausfoltern zu können, und wartet auf Nachricht aus Berlin.

Ungefähr um diese Zeit stehen weibliche Häftlinge, die in der Politischen Abteilung arbeiten, in den vergangenen Wochen heimliche Kontakte zu Mala hatten und sie während der Verhöre beobachten konnten, vor einer kleinen Baracke, von wo es für sie zum Mittagessen geht. In dieser Baracke müssen die Häftlinge warten, wenn sie verhört werden sollen. Raya Kagan, die auf dem Weg zum Mittagessen ist, entdeckt, dass »Mala am Fenster stand und zu uns schaute«. Als die überlebende Raya diese Szene festhält, ist ihr der Eindruck, den Mala auf sie macht, in guter Erinnerung: »Ich sah wieder ihre klugen Augen, ihren offenen, aufrichtigen Blick, die schöne Stirn und die Ruhe und Sicherheit ihrer Haltung.«

Obwohl die Häftlinge in der Baracke bewacht werden und es gefährlich ist, stellt Raya eine Frage: »Wie geht es dir, Mala?« Mala zögert nicht: »Sie antwortet ruhig, mit einem Anflug von

Ironie: ›Mir geht es immer gut‹.« In anderem Zusammenhang fügt Raya Kagan hinzu: »Sie sagte es auf Deutsch: ›Mir geht es immer wohl‹.« Sollen die deutschen Bewacher es ruhig mithören. Es ist der letzte überlieferte Kontakt mit Mala Zimetbaum im Stammlager Auschwitz.

Am 25. August 1944 kapituliert der deutsche Stadtkommandant von Groß-Paris entgegen dem Befehl Hitlers, die Stadt kämpfend zu zerstören, vor den französischen Widerstandsverbänden. US-Truppen dringen bis ins Zentrum vor. Am 4. September erreichen britische Panzer Antwerpen; am Abend haben sie Stadt und Hafen unter ihrer Kontrolle. Am 5. September 1944 fährt ein Transport mit 1019 jüdischen Frauen, Kindern und Männern aus den Niederlanden ins Lager Auschwitz-Birkenau. 549 werden sofort in der Gaskammer ermordet. Unter denen, die als arbeitsfähig ausgewählt werden, sind Otto und Edith Frank mit ihren Töchtern Anne und Margot. Sie sind in ihrem Versteck im Hinterhaus an der Amsterdamer Prinsengracht, wo sie seit dem Juli 1942 leben, verraten worden. Für den 12. September 1944 hat das Reichssicherheitshauptamt einen Transport mit 300 jüdischen Kindern aus dem Gebiet um Kaunas in Litauen nach Auschwitz-Birkenau organisiert. Allen ist der Tod im Gas bestimmt.

Als die weiblichen Häftlinge im Frauenlager am 15. September wie üblich nach dem Arbeitstag zum Appell angetreten sind, hören sie unerwartet den Befehl: »Gleich nach dem Appell versammeln sich alle Juden auf der Lagerstraße. Die Arier bleiben in ihren Blocks, die gesperrt werden.« Suzanne Birnbaum, die diesen Tag in ihren Erinnerungen festhält, beschreibt die Reaktionen: »Nur die Juden, warum? Wird es eine Monster-Selektion geben? Was werden sie mit uns machen? Wir sind sehr verunsichert.« Denn aus Erfahrung wissen die Frauen: Den willkürlichen Befehlen, die zum Alltag im Lager Auschwitz-Birkenau gehören, folgen in der Regel neue unvorstellbare Grausamkeiten.

Am gleichen Tag zur gleichen Zeit kommt Wiesław Kielar nach der Arbeit ins Männerlager Birkenau zurück. Schon von weitem bemerkt er »auf dem Platz neben der Küche, direkt an dem großen Wasserbehälter, einen einsamen Galgen«. Kielar hat wenige Nächte zuvor einen Traum gehabt und ist überzeugt, dass der nun Realität wird: »Ich wusste bereits, für wen er aufgestellt war. Mein makabrer Traum bewahrheitete sich. Ich musste also die Exekution meines Freundes diesmal im wachen Zustand miterleben.«

Sein Freund, das ist Edek Galiński.

32. Kapitel

DIE SCHLINGE WARTET SCHON

Edek Galiński fügt sich nicht – »Es lebe Polen«

1944 – 15. September

Irgendwann in den über acht Wochen, die er im düsteren Bunker verbringt, gelingt es Edek Galiński, seine geliebte »MALLY ZIMETBAUM« mit ihrer tätowierten Nummer 19880, seinen eigenen Namen »GALINSKI EDWARD« mit der Nummer 531 und den Tag ihrer Flucht, »6.VII.44«, in die Zellenwand zu ritzen. Er weiß, eines Tages wird er diesen Ort hinter sich lassen. Aber die Welt soll sich erinnern können.

Bevor der Appell am 15. September 1944, einem Freitag, beginnt, erfährt Wiesław Kielar von einem vertrauten Kapo, dass Edek am Nachmittag vom Stammlager nach Birkenau ins Männerlager gebracht worden ist. Er befindet sich jetzt in einer Kammer neben der Lagerküche. Der Kapo hat Edek die Hände auf dem Rücken mit Draht fesseln müssen. Das Drama, das folgt, hat Wiesław Kielar ebenfalls in seinem Rückblick an die Zeit in Auschwitz festgehalten.

Den Häftlingen im Männerlager ist das Ritual vertraut, das dem Appell folgt, wenn neben der Küche einer oder mehrere Galgen errichtet sind: »Wir begaben uns jetzt alle, das ganze Lager, wie es unter diesen Umständen Brauch war, vor die Küche und bildeten ein großes Viereck, in dessen Mitte der Galgen stand. … Nach einiger Zeit öffnete sich die Tür der Kammer und Edek erschien. … Er ging sehr gerade, blass, mit einem leicht aufgedunsenen Gesicht.« In zwanzig Tagen, am 5. Oktober, würde Edek 21 Jahre alt.

Trotz der vielen Menschen ist es vollkommen still. Man hört nur das Knirschen der Stiefel im Kies. Edeks Henker geht hinter ihm. Wiesław schiebt sich in die erste Reihe, denn er ist sicher, dass sein Freund ihn sehen möchte. Tatsächlich kommt er ihm so nahe, dass Edek ihn fast berührt und er hätte hören können, wenn Wiesław Edeks Namen geflüstert hätte: »Aber sogar dessen war ich in diesem Augenblick nicht fähig. Ich stand wie gelähmt. Diese schreckliche Machtlosigkeit.« Edek geht vorbei, ohne den Freund zu bemerken.

Der Galgen ist auf ein Podium gebaut, und unter der Schlinge, die vom Querbalken herunterhängt, steht ein Hocker. Edek betritt das Podium und stellt sich, ohne zu zögern, auf den Hocker. Es ist weiterhin still. Nach einer Weile tritt ein Mann aus der Reihe der SS-Männer hervor, in der Hand einen Zettel, und verliest das Urteil in deutscher Sprache. Kaum hat er begonnen, zielt Edek mit dem Kopf durch die Schlinge, stößt sich mit den Füßen vom Hocker ab und hängt in der Luft. Wiesław erinnert sich an einen Kassiber des Freundes: »Lebend würde er sich nicht in die Hände des Henkers begeben!«

Die SS-Männer schreien, der Henker »fasste Edek in der Mitte, stellte ihn wieder auf den Hocker und lockerte die Schlinge«. Das Urteil wird zu Ende verlesen und dann noch einmal auf Polnisch wiederholt. Edek steht regungslos. Doch in die Stille nach dem Ende des Vorlesens ruft er »plötzlich mit erstickter Stimme: ›Es lebe Polen …‹« Der Henker zieht schnell den Hocker weg, auf dem Edek steht, als ob er jede weitere Äußerung unmöglich machen will. Die Schlinge zieht sich fest um Edeks Hals zusammen: »Der Körper Edeks spannte sich zuckend und blieb dann kraftlos hängen, der Kopf fiel auf die Seite. Er lebte nicht mehr … Die Strahlen der untergehenden Sonne warfen blutige Schatten auf den massiven schwarzen Wasserbehälter. … Das Lager stand regungslos.«

Die Tausende von Häftlingen verschwinden in der beginnenden Dunkelheit. SS-Männer ziehen sich aus dem Lager zurück. Immer noch ist es totenstill. Plötzlich auf Polnisch das Kommando: »Mützen ab!« Für Wiesław ist klar: »Das ganze Lager erwies dem Toten die letzte Ehre.« Einer der sich zurückziehenden SS-Männern brüllt: »Alles raus! Wegtreten!« In wenigen Minuten ist der Platz um den Galgen leer: »Es blieb nur noch Edek …«

Zurück in seiner Baracke weint Wiesław »vor Ohnmacht und Schmerz«. Die Mitgefangenen versuchen, ihn zu trösten. Da erscheint ein Läufer in der Tür: Wiesław soll mitkommen in die Hauptschreibstube. Edeks Freund ist entsetzt: »Also ist es auch mein Ende.« Obwohl Edek ihm in den Kassibern versichert hat, dass weder er noch Mala in den Verhören irgendwelche Namen genannt haben. Auf dem Weg dorthin sagt ihm der Läufer, dass in der Schreibstube nur Funktionshäftlinge warten, kein einziger SS-Mann. Als Wiesław unsicher in der Tür steht, sagt einer von ihnen mit weicher Stimme zu ihm: »Du brauchst keine Angst zu haben.« Der Lagerälteste fügt hinzu: »Dieser Edek … war ein anständiger Kerl. … Er hat niemanden verraten!«

Offensichtlich hatte Edek Vertrauen in den Kapo, der ihm die Hände mit Draht fesselte, und gab ihm einen Zettel für Wiesław Kielar. Seine Bitte: Wenn der Freund das Lager lebendig übersteht, soll er diesen Zettel Edeks Vater geben. Wiesław erhält einen »zu einem winzigen Päckchen gefalteten Zettel«, soll schnell wieder zurück in seinen Block gehen und mit niemandem darüber reden.

Im Block öffnet Edeks Freund im Beisein von zwei Vertrauten das Päckchen: »Auf dem Zettel waren die Namen Edeks und Malas und ihre Lagernummern … und in Papier eingewickelt ein Haarbüschel: die kurzen Edeks und ein goldblondes Löckchen Malas. Diesmal heulten wir alle drei.«

Am 15. September 1944 werden außer Edek fünf weitere polnische Häftlinge im Männerlager Auschwitz-Birkenau öffentlich gehängt. Einer hat in einem Brief die Situation im Lager kritisch dargestellt. Drei sind geflüchtet und wieder gefasst worden, und einem 22-Jährigen wird vorgeworfen, heimlich im Radio »Feindsender« gehört und die Nachrichten im Lager verbreitet zu haben.

33. Kapitel

DIE UNVERGESSLICHE BLUTIGE OHRFEIGE

Zurück im Frauenlager – Mala zückt eine Rasierklinge – SS-Blamage vor Tausenden – »Meine Schwestern, fürchtet Euch nicht!« – Gnadenschuss, Gift oder lebendig verbrannt? – Eine Kraft über den Tod hinaus

1944 – 15. September

Auch Mala Zimetbaum macht sich keine Illusionen. Sie hat ebenfalls zwei Namen in der düsteren Zelle im Bunker von Block 11 in die Wand geritzt. Dort steht MALA ZIMETBAUM neben GALINSKI EDWARD, beide mit ihren KZ-Nummern. Die Welt soll nicht vergessen, dass es Menschen waren, die in Auschwitz-Birkenau, zu Nummern entwürdigt, schreckliche Tode starben.

Am 15. September 1944, auf den Tag genau zwei Jahre nach Malas Ankunft im Frauenlager Auschwitz-Birkenau, stehen dort Tausende von weiblichen Häftlingen um einen zentralen Platz, wo sich die beiden Hauptstraßen des Lagers kreuzen. Nach der Rückkehr von der Arbeit um 17 Uhr ist beim Appell allen Jüdinnen befohlen worden, sich hier zu versammeln. Auch die weiblichen jüdischen Häftlinge im Effektenlager »Kanada« müssen ins benachbarte Frauenlager gehen. Die Arierinnen sollen in ihren Baracken bleiben. Es ist totenstill, als plötzlich Mala Zimetbaum von einem SS-Mann in die Mitte des Platzes gestoßen wird. Es ist der Unterscharführer Johann Ruiters, zuständig für die Arbeitsverwaltung im Lager. Die Gefangene und alles, was mit ihr geschehen soll, steht offensichtlich unter seiner Kontrolle.

Giza Weissblum hat diesen Augenblick und was danach geschieht, mehrfach schriftlich bezeugt: »Mala geht stolz wie immer, den Kopf hoch.« Ruiters befiehlt Mala, wenige Schritte vor dem Kreis der weiblichen Häftlinge anzuhalten. Giza Weissblum hat sich bewusst in die erste Reihe gestellt: »Mala starrte uns an, aber ich hatte das Gefühl, sie sieht uns nicht. ... Die Lagerkommandantin Frau Mandl erscheint. Sie liest etwas vom Blatt ab, aber ich hörte kein Wort. Ich schaute nur auf Mala.«

Suzanne Birnbaum, die im Januar 1944 von Paris nach Auschwitz-Birkenau deportiert wird und von Mala vor einer Selektion ins Gas gerettet wurde, steht in der Menge, die in »vollkommener Stille« auf Mala schaut. Sie hat in ihren Erinnerungen die Worte der Maria Mandl festgehalten: »Juden, wir werden euch heute Abend ein Beispiel geben: die Gefangene Mala, die entfliehen wollte und die wir wieder gefasst haben. Ihr werdet ihrem Tod beiwohnen, denn sie ist verloren.«

In diesem Augenblick, schreibt Suzanne Birnbaum, mussten sie alle zum Krematorium schauen, »in dem Tag und Nacht die Körper der vergasten Juden verbrannt werden«. Denn gerade hat eine Frau, die zur mörderischen SS-Elite des Lagers gehört, bestätigt, was die umstehenden Frauen für Mala befürchten: »Eine Erschütterung ging durch unsere Körper, ein unendlicher Schmerz, eine große Verzweiflung, nichts für sie tun zu können, um sie zu retten; sie, die so viel für uns getan hat.«

Diese dramatischen Stunden sind von mehreren Augenzeuginnen, die überlebt haben, in ihren Erinnerungen beschrieben worden. Sie alle sind nicht nur Mala Zimetbaum als Läuferin und Chefdolmetscherin begegnet, sondern hatten einen mehr oder weniger engen persönlichen Kontakt zu ihr.

Die Rückblicke stimmen nicht in allen Einzelheiten überein. Bei den meisten kommt Mala an diesem Tag zu Fuß ins Frauenlager, der SS-Mann hinter ihr; andere haben in Erinnerung, dass sie auf einer Karre stand, die von weiblichen Häftlingen gezogen wurde. Die einen erinnern sich an einen Galgen, der aufgestellt war; andere haben keinen gesehen. Dass unterschiedliche

Bilder in den Köpfen bleiben, ist nachvollziehbar. Die Frauen, die diese schrecklichen Stunden mit Mala erleben müssen und in Erinnerung behalten, werden seit Monaten erniedrigt, sind anschließend noch für viele Monate täglich von unvorstellbaren Qualen und Todesgefahren bedroht. Immer neue konkrete Bilder des Grauens folgen, die niemals mehr aus ihren Köpfen verschwinden werden. Doch in den wesentlichen dramatischen Fakten, die sich vor aller Augen abspielen, stimmen alle Zeuginnen überein, auch was die gesprochenen Worte der Hauptbeteiligten, vor allem Mala Zimetbaums, betrifft.

Bei allen Ängsten, was die SS sich diesmal an mörderischen Aktionen ausgedacht hat, ist mit Mala selbst in diesem Augenblick Hoffnung verbunden. Tatiana Maik, der Mala anvertraut hat, dass es einen Aufstand im Lager geben wird, bei dem die Frauen eine wichtige Rolle spielen, muss die Zähne zusammenbeißen, weint, als Mala auf dem leeren Platz erscheint. Aber: »Ich erkenne die Mala. Ihre Energie, ihren Mut. Sie haben uns versammelt, damit wir ihr Ende sehen. Nun gut, sie wird die Sache auf ihre Weise gestalten. Ich weine nicht mehr. Ich zittere. Niemals hat mein Herz so stark, so schnell geschlagen. Ich glaube, ich lächle sogar.«

Giza Weissblum behält Mala fest im Blick. Sie hat sie seit dem Tag der Flucht am 24. Juni nicht mehr gesehen. Die Worte der Lagerkommandantin zum Auftakt dieser inszenierten Mord-Veranstaltung dringen nicht zu ihr durch. Dann erlebt Giza wie aus dem Nichts Unfassbares: »Plötzlich begann Mala, sich mit einer Rasierklinge in das Handgelenk zu schneiden. Wir erstarrten vor Entsetzen. Wir bissen uns auf die Lippen, um nicht zu schreien, standen wie angewurzelt.«

Da auch Ruiters nahe vor den weiblichen Häftlingen steht, fällt ihm auf, wie sehr sich innerhalb von Sekunden ihre Gesichtsausdrücke verändern. Giza Weissblum: »Er schaute nach Mala – und ergriff ihren Arm. Mala schlug ihm mit ihrer blutigen Hand ins Gesicht. Ruiters verdrehte ihr die Arme auf den

Rücken und schrie: ›Du willst eine Heldin sein? Du willst dich töten? Dafür sind wir hier. Das ist unsere Arbeit.‹« Wer denkt, dass die Sache damit erledigt ist, irrt sich gewaltig. »Mörder«, schrie Mala, »ihr werdet bald für Eure Taten büßen!« Dann wendet sich Mala an die Frauen: »Meine Schwestern, fürchtet euch nicht! Ihr Ende ist nahe. Ich bin ganz sicher.«

Marceline Rozenberg, 16 Jahre alt, steht nur wenige Meter von Mala entfernt im schwarz-weiß gestreiften Häftlingskleid. Sie ist im April 1944 mit ihrem Vater von Paris nach Auschwitz-Birkenau deportiert worden. Einen kurzen handgeschriebenen Zettel konnte er zu ihr ins Frauenlager schmuggeln, seitdem ist er verschollen. In ihren Erinnerungen hat Marceline, verheiratete Loridan-Ivens, wie Giza Weissblum und andere Zeuginnen die Szene mit der Rasierklinge und der Ohrfeige und Malas Worte festgehalten. Als Einzige jedoch mit dem Zusatz, dass Mala »auf Französisch« gesprochen hat. Ein anrührender Beweis, wie sehr Mala Zimetbaum sich der französischen Sprache und Kultur verbunden fühlt.

Eine weibliche Gefangene, die sich im Vernichtungslager Auschwitz-Birkenau dem verordneten Tod mit einer Rasierklinge entzieht? Suzanne Birnbaum hat diese Ungeheuerlichkeit nüchtern zusammengefasst: »Mala wusste, welcher Tod auf sie wartete – erschossen oder verbrannt. Aber sie wollte ihnen nicht lebend in die Hände fallen.« Fast noch unvorstellbarer: Ein weiblicher jüdischer Häftling, der in den Augen der SS-Männer und SS-Frauen nichts als eine Nummer ist, ein »Ungeziefer«, versetzt einem von denen, die im Lager über Tod und Leben entscheiden, eine blutige Ohrfeige.

Kaum hat Mala ihr Urteil über die »Mörder« hinausgeschrien und die gefangenen Frauen ermutigt durchzuhalten, schlägt Ruiters ihr mit seiner Pistole auf den Kopf. Aber er kann nichts mehr rückgängig machen. »… die vorbereitete Schreckensszene ist missglückt«, schreibt Margita Schwalbová. »Chaos entsteht.« Flüche von SS-Männern hallen über den Platz.

Ein schriller Pfeifton fordert die weiblichen Häftlinge auf, in ihre Baracken zurückzukehren. Doch niemand hält sich daran. Die Straßen im Lager bleiben voller Menschen. Mala Zimetbaum hat die Herrschaftsverhältnisse im Lager vor aller Augen auf den Kopf gestellt. Ihre Ohrfeige ist mehr als eine Blamage für die Lagerführung. Es ist eine Demütigung und zugleich ein Akt des Widerstandes, der nicht mehr aus dem Gedächtnis zu löschen ist. Mala Zimetbaum, eine jüdische Frau, lässt sich nicht wie ein Lamm zur Schlachtbank führen. Mit ihrem beispielhaften Aufbäumen stärkt sie die Entschlossenheit, nicht aufzugeben. Der mörderische Vernichtungskrieg gegen das jüdische Volk wird am Lebenswillen jeder einzelnen Gefangenen im Lager, die heute zuschauen muss, scheitern.

SS-Mann Ruiters stößt Mala vom freien Platz in Richtung Krankenrevier. Sie darf nicht verbluten und ihren eigenen Tod bestimmen. Von dort kommen zwei Pflegerinnen mit einer Bahre gelaufen. Giza Weissblum und Margita Schwalbová bezeugen, dass Maria Mandl ihnen entgegentritt mit dem lauten Ruf: »Nein, zurück. Die hier gehört ins Krematorium. Die muss lebendig verbrannt werden.« Mandl befiehlt, statt der Bahre eine Schubkarre zu bringen. Mala wird hineingeworfen und anschließend doch ins Krankenrevier gebracht.

Giza Weissblum läuft hinterher. Mala wird verbunden, und die Pflegerinnen müssen sie wieder in die Schubkarre legen. Giza Weissblum hat festgehalten, was dann geschieht: »Mala bemerkt die Tränen in ihren Augen. ›Weint nicht‹, sagt sie mit schwacher Stimme, ›der Tag der Erlösung ist nahe … Erinnert euch an alles, das sie uns angetan haben!‹« Ein SS-Mann, der alles überwacht, ruft: »Halt den Mund, du Schwein.« Giza verschweigt nicht, dass es mit Mala physisch zu Ende geht, auch wenn ihre seelische Widerstandskraft ungebrochen ist: »›Zwei Jahre habe ich geschwiegen. Jetzt kann ich sagen, was ich will‹, erwidert Mala mit letzter Kraft.« Ein SS-Mann beugt sich über Mala und verschließt ihr mit Klebeband den Mund. »Jetzt wird sie schweigen«, sagt er zu Maria Mandl, die nach dem Bericht von Giza Weissblum mit ins Krankenrevier gekommen ist. »Dann begleitet er die Schubkarre bis ins Krematorium.«

Es ist Sarah Goldberg, die als Augenzeugin und tief Betroffene eine weitergehende Information liefert. Sarah bestätigt, dass Mala aufs Revier gebracht wurde »und von dort in einer Schubkarre zum Krematorium. Aber davor machte man mit ihr eine Tour um alle Blocks«. Mala kommt auch an ihrer Baracke vorbei: »Ich habe sie gesehen, ich wollte mich ihr zu Füßen werfen. Aber sie schien mich nicht zu kennen.« Durchaus möglich, dass die starken Blutungen, verbunden mit dem ungeheuren Kraftakt vor Tausenden von Frauen, Malas Körper und Geist inzwischen in einen leblosen Zustand versetzt haben.

Mala wird ins Krematorium gefahren, mit diesem Fakt schließen die meisten Berichte der Augenzeuginnen. Keine von ihnen ist dabei, als das Leben von Mala Zimetbaum tatsächlich endet. Auch Paulette Sarcey, für die Mala Zimetbaum »eine Persönlichkeit ist, die man nicht vergisst«, bezeugt, was sie am Todestag von Mala im Zentrum des Lagers erlebt. Sie spricht für viele, wenn sie berichtet, dass Mala ins Krankenrevier gebracht wird, und fortfährt: »Hier hört meine Zeugenschaft auf.«

Anna Palarczyk, mit Mala durch die gemeinsame Liebe zur französischen Sprache verbunden, legt sich ebenfalls nicht fest, sondern schreibt im Rückblick, es gab »viele Variationen über das Ende«. Im Krematorium angekommen, soll ein SS-Mann Mala aus Mitleid erschossen haben. Einem anderen Gerücht zufolge gab ein SS-Mann ihr Gift, und nach einer dritten Variante soll ein SS-Mann ihr erlaubt haben, die Giftkapsel zu schlucken, die Mala bei sich hatte.

Louise Alcan schreibt, »man habe bestätigt«, dass Mala vom Krankenrevier ins Krematorium gebracht worden sei, »wo sie lebendig verbrannt wurde«. Paulette Sarcey betont ausdrücklich, sie wisse nicht, ob das, was sie über Malas Tod erfahren hat, »wahr oder falsch ist, aber wenn es wahr ist, wäre es wunderbar, denn nach dieser Quelle ist Mala nicht lebendig verbrannt worden«. Da sie bewusstlos bei den Männern des Sonderkommandos ankam – jüdische Gefangene, die die gesamte Arbeit in den Krematorien verrichten mussten –, habe man sie »mit einem Kopfschuss« getötet. Die Männer hätten sie dann getrennt eingeäschert, um ihre Asche zu sichern, »sie sollte sich nicht mit der Asche der anderen vermischen«.

Nach und nach lösen sich die Gruppen von Frauen auf den Lagerstraßen auf. Lise Delbès-Lyon, eine Überlebende, hat aufgezeichnet, was dann geschieht: »Wir sind in die Baracke zurückgekehrt, und das Leben geht weiter. Aber in unserm Innern hatte sich etwas verändert. Vor allem, wir hatten Mala, um uns zu bewahren vor dem Ekel, den wir einatmeten.«

Zwei Tage später, am 17. September 1944, ist Rosch Haschana, nach jüdischem Kalender der Beginn des Neuen Jahres 5705. Bis zum 19. September dauert die traditionelle Feier. Wieder nutzt die SS einen jüdischen Feiertag, um jüdische Menschen auf tödliche Weise zu demütigen. Am 18. September, dem zweiten Tag von Rosch Haschana, werden im Quarantänelager der Männer in Auschwitz-Birkenau 330 erwachsene Juden und im Krankenrevier 65 Jugendliche, die am 1. August von Kaunas, Litauen, deportiert wurden, mit einer Handbewegung in die Gaskammer selektiert.

Auch im Frauenlager verbreitet sich die Nachricht. Wer nach Auschwitz-Birkenau deportiert wurde und entschlossen ist, den mörderischen Lager-Alltag zu überleben, macht sich keine Illusionen. Aber viele Frauen, die am 15. September erlebt haben, wie Mala Zimetbaum in eigener Regie die mörderischen Pläne der SS durchkreuzte und Widerstand leistete, sehen die Zukunft nun mit anderen Augen. Tatiana Maik ist eine von ihnen: »Mala, das war unser Widerstand. Unsere Hoffnung. Unser Leben. Wir haben plötzlich verstanden, dass wir alle Mala sein können. Ihr Beispiel hat mir die Kraft gegeben zu überleben. Ich habe mich an die Erinnerung geklammert, an das Gesicht von Mala.«

Bei anderen Frauen entfaltet Malas herausragender und beispielhafter Mut nachträglich seine Wirkung. Seit Ende November 1944 werden in Auschwitz-Birkenau auf Befehl Heinrich Himmlers die Gaskammern zerstört. Statt im Gas zu sterben, werden Gefangene reihenweise erschossen, allein 100 Polinnen und 100 Polen am 1. Januar 1945. Doch die sowjetische Armee rückt jeden Tag näher. Am 17. Januar treibt die SS knapp 60 000 Gefangene, Frauen und Männer aus dem KZ Auschwitz mit seinen Nebenlagern auf Todesmärsche in Richtung Westen. Die, die zu schwach sind, um zur Evakuierung anzutreten, werden noch im Lager erschossen. Von denen, die sich zusammenreißen und unter scharfer Bewachung losmarschieren, sterben mindestens 5000 unterwegs, möglicherweise gibt es fast 15 000 Tote.

Die 16-jährige Marceline übersteht die erneute Deportation von Auschwitz-Birkenau nach Raguhn, seit Februar 1944 ein Außenlager vom KZ-Buchenwald. Wer hier landet, wird zur Produktion deutscher Militärflugzeuge eingesetzt: »Am Fließband schneide ich Motorteile nach Formen.« Schon nach kurzer Zeit soll Marceline wieder aufbrechen, um »in Leipzig einen Zug nach wer weiß wohin zu nehmen«. Sie verweigert sich dem Befehl und versteckt sich mit einer anderen Frau. Doch die beiden werden beim Appell vermisst, gesucht, gefunden und in einen Lastwagen geworfen, der sie nach Leipzig zum Bahnhof fährt: »Überall brennt es, die Alliierten bombardieren unausgesetzt. Deutschland liegt in Schutt und Asche. Und ich denke an Mala, die uns sagte, durchzuhalten und zu leben. Sie war unsere Heldin in Birkenau. … Lange haben wir von ihr gesprochen. Aber wir hatten nicht an ihre Verheißungen geglaubt. In jenem Lastwagen, der uns nach Leipzig bringt, glaube ich ihr endlich.« Marceline erlebt den Tag der Befreiung durch die sowjetische Armee am 10. Mai 1945 im Ghetto von Theresienstadt.

Charles Sand wird Ende Januar 1945 aus dem Lager Auschwitz-Birkenau über das KZ Groß-Rosen nach Mühldorf am Inn deportiert. Hier besteht seit dem August 1944 ein Außenlager vom KZ Dachau. Als die Alliierten Anfang Mai Mühldorf befreien, ist Charles Sand, geboren am 23. November 1920 in Antwerpen, nicht unter den wenigen Häftlingen, die überlebt haben. Es finden sich keine Unterlagen oder Hinweise. Seine Lebensspur verläuft in der Geschichte.

Zum genauen Todestag von Mala Zimetbaum gibt es keine Dokumente und deshalb unterschiedliche Zeitangaben. Sie konzentrieren sich auf den 15. September und den 22. August 1944. Was für den 15. September spricht:

Das »Kalendarium der Ereignisse im Konzentrationslager Auschwitz-Birkenau 1939-1945«, in dem jeder einzelne Tag dokumentiert ist (siehe Literaturhinweise), bestätigt, dass am 15. September Edward Galiński und weitere fünf polnische Häftlinge im Männerlager hingerichtet werden. Edeks Freund Wiesław Kielar ist Augenzeuge, nennt in seinen Erinnerungen das gleiche Datum und berichtet, dass ihn am 16. September eine Augenzeugin vom Frauenlager, verzweifelt weinend, über den Tod von Mala Zimetbaum am Tag zuvor informiert hat.

NACHWORT

5. Januar 1945: Auf dem zentralen Platz im Frauenlager Auschwitz-Birkenau wird ein großer Galgen errichtet.

6. Januar 1945: Gegen 17 Uhr kommen die weiblichen Häftlinge von der Tagesschicht zurück. Doch statt in ihre Baracken zu gehen, müssen sie sich in Fünferreihen um den Platz mit dem Galgen aufstellen. Eine unter den Frauen ist Giza Weissblum. Und sicher nicht die einzige, die an den Tag erinnert wird, als Mala Zimetbaum an selber Stelle – den Tod vor Augen – erniedrigt werden soll und stattdessen die SS-Mörder mit einer blutigen Geste demütigt.

Zwei weibliche Häftlinge werden vorgeführt und steigen mit erhobenem Kopf zum Galgen empor. Als der Henker die Schlinge um den Kopf der ersten Frau zieht, ruft ihre Kameradin laut in die Menge: »Es lebe Polen! Nieder mit dem Faschismus!« Viele der Frauen, die zum Zuschauen gezwungen werden, haben in den vergangenen drei Monaten von den polnischen Widerstandskämpferinnen gehört. An diesem Nachmittag werden die jüdischen Polinnen Ala Gertner, 31 Jahre alt, und Regina Safirsztajn, 28 Jahre alt, öffentlich ermordet. Beide waren Zwangsarbeiterinnen in der nahe gelegenen Munitionsfabrik »Union«.

Als gegen 20 Uhr die Abendschicht ins Lager zurückkehrt, wird die mörderische Inszenierung an zwei weiteren polnisch-jüdischen Zwangsarbeiterinnen der Munitionsfabrik im Scheinwerferlicht wiederholt. Am Galgen hängen noch die toten Körper von Ala und Regina. Die 19-jährige Ester Wajcblum steigt als erste die Stufen zum Galgen hinauf. Da ertönt ein greller Schrei aus der Menge ringsum. Die 16-jährige Hanka Wajcblum, ebenfalls nach Auschwitz-Birkenau deportiert, will ihre Schwester Ester nicht überleben. Sie wird von zwei SS-Männern gefasst und weggezogen – und überlebt als Einzige ihrer Familie.

Währenddessen erledigt der Henker seine Arbeit an Rosa Robota, 22 Jahre alt, der vierten Todeskandidatin vom 6. Januar 1945 im Frauenlager Auschwitz-Birkenau. Sie wurde im August 1942 nach Auschwitz deportiert – mit ihren Eltern, die sofort in der Gaskammer verschwanden. Auch Rosa ist vielen Auschwitz-Häftlingen, Frauen und Männern, bekannt, seit sie mit den anderen drei Zwangsarbeiterinnen am 10. Oktober 1944 verhaftet, in den »Todesblock« 11 gebracht – wie im Juli zuvor Mala Zimetbaum und Edek Galinksi – und dort bis zum Jahresende schwer gefoltert wurde. Auch von ihnen wollte die SS Namen erfahren – von Häftlingen, die heimlich im Lager Widerstand gegen die deutsche Vernichtungsmaschinerie organisierten. Die vier verhafteten Frauen schwiegen trotz aller Folter so eisern wie Mala und Edek. Obwohl sie mit den polnischen Widerstandsgruppen im Lager engstens vernetzt waren.

Am 7. Oktober 1944, einem Samstag – »Schabbat« –, erschüttert am frühen Nachmittag eine Explosion das Frauenlager Auschwitz-Birkenau. Der Kamin vom Krematorium IV ist eingestürzt, das Gebäude brennt. Es ist erst der Anfang. Für alle im Lager – das mörderische Herrschaftspersonal wie die zwangsdeportierten Frauen und Männer – ist es unüberhörbar: Die jüdischen Zwangsarbeiter des *Sonderkommandos*, die die tödliche Arbeit in den vier Gaskammern und Krematorien von Auschwitz-Birkenau erledigen müssen, wagen den Aufstand.

Für einen weiblichen Häftling im Lager reißt die Explosion eine Erinnerungstür auf. Als Tatiana Maik der Läuferin Mala Zimetbaum einen Band mit Gedichten von Paul Verlaine schenkte, wird Mala »ihre beste Freundin«. Im Mai 1944 hat Mala der Freundin etwas anvertraut: »Ich werde flüchten … Man bereitet alles vor für mich. Aber bald danach wirst du an der Reihe sein und alle Männer und Frauen. Die Résistance hat einen

Plan, aber ihr Frauen werdet den ersten Akt ausführen, eine Art Streik; danach wird das *Sonderkommando* die Öfen zerstören, und der Stacheldraht wird niedergerissen.« Tatiana verschlägt es die Sprache. Sie verspricht Mala, mit niemandem darüber zu reden, und denkt nicht weiter darüber nach. Zumal dieses Geheimnis vom dramatisch-traurigen – und dennoch ermutigenden – Geschehen überdeckt wird, das Tatiana am 15. September inmitten Tausender Frauen erlebt, als das Leben von Mala Zimetbaum im Lager ein Ende findet. Nun erfährt Tatiana: Der Plan, den Mala ihr anvertraute, war kein Wunschtraum, sondern konkret vorbereitet.

In der Nacht vom 7. auf den 8. Oktober, der Schabbat ist längst vorbei, findet der Aufstand des *Sonderkommandos* ein ebenso schnelles wie furchtbares Ende. Die für den Aufstand gebastelten Granaten und Äxte, alle Versuche, die Gebäude mit Strohmatten anzuzünden, haben keine Chance gegen die schwer bewaffnete SS. – Nach dem ersten Schock werden 623 jüdische Zwangsarbeiter der Gaskammern und Krematorien wie Hasen gejagt, als sie versuchen, aus dem Bereich der Krematorien zu fliehen. Am nächsten Morgen sind 452 von ihnen erschossen. Wer der SS lebend in die Hände fällt, wird bis spätestens zum Jahresende 1944 hingerichtet.

Auch wenn der Aufstand des *Sonderkommandos* misslingt, werden die Informationen darüber, die sich im Frauenlager herumsprechen, Tatiana Maik nicht nur die geheimnisvolle Andeutung von Mala Zimetbaum zurück ins Gedächtnis rufen. Zweierlei kann Tatiana daraus schließen. Dass es lange schon Widerstandspläne gibt, über die Mala informiert war. Und dass die gestaffelten Widerstandsaktionen, wo den weiblichen Häftlingen im Frauenlager der wichtige erste Akt zugedacht war, schon im Ansatz der Revolte gescheitert sind.

Aus den Zeugnissen der wenigen Mitwisser, die das Vernichtungslager überlebten, lässt sich rekonstruieren, dass es zwei Widerstandsgruppen gab: bei den polnischen politischen Häftlingen im Stammlager Auschwitz und den polnisch-jüdischen Zwangsarbeitern im *Sonderkommando* Auschwitz-Birkenau. Im Sommer 1944, als Mala Zimetbaum und Edek Galinksi flüchteten, hatten sich beide Gruppen auf eine gemeinsame Revolte geeinigt, in der auch die polnischen Partisanen außerhalb des Lagers eine Rolle spielten.

Kein schriftliches Dokument existiert, und alle aus dem engen Kreis der polnischen Widerständler im Stammlager Auschwitz sind ermordet worden. Doch nachdem der französische Auschwitz-Kenner Christian Bernadac die wenigen überlebenden polnischen Zeitzeugen ausfindig gemacht und befragt hat, ist er überzeugt: Die Flucht von Mala und Edek am 4. Juni 1944 passt genau in diese Widerstandsvorbereitungen. Daraus kann geschlossen werden: Die beiden gehörten zum erweiterten Widerstandskomitee der Polithäftlinge und hatten den Auftrag, bei ihrer Flucht die polnischen Partisanen über die neuesten Anweisungen des geplanten Aufstands zu informieren. Denn in der letzten Phase sollten die Partisanen von außen die Lager angreifen.

Die Widerstandspläne in Auschwitz stützten sich insgesamt auf den Vormarsch der Roten Armee, die im Lauf des Sommers 1944 schon einige KZ im polnischen Gebiet befreite. Je näher die russischen Soldaten vorrückten, umso größer war die Chance, dass sie mit ihren Waffen entscheidend in eine Revolte der Häftlinge eingreifen würden. Doch diese einleuchtende Theorie verdeckt ein unüberwindliches Dilemma.

Mit jedem Tag, den die Rote Armee sich Auschwitz nähert, erhöht sich für die polnischen nichtjüdischen Häftlinge im Stammlager Auschwitz die Chance auf Befreiung. Für die jüdischen Häftlinge im *Sonderkommando* von Auschwitz-Birkenau jedoch gilt das Gegenteil: Jeder Tag bringt sie ihrer Vernichtung durch die SS näher, denn kein Augenzeuge und aktiver Mitwisser im Lager soll den russischen Truppen über die ausgeklügelte Mordmaschinerie an den Juden berichten können. Als die

Widerstandsgruppe im Stammlager im Lauf des Sommers einen gemeinsamen Aufstand immer weiter hinausschiebt, beschließt die jüdische Gruppe im *Sonderkommando*, die Revolte allein zu wagen – am 7. Oktober 1944. Lieber aktiv im Kampf gegen die Mörder fallen, als passiv in die Gaskammern gezwungen zu werden.

Dass die Männer vom *Sonderkommando* überhaupt einen Aufstand riskieren können, verdanken sie weiblichen Häftlingen, die sich im Frühjahr 1944 zu einem Widerstandskreis zusammengeschlossen haben. Rosa, Regina, Ester und Ala, die am 6. Januar 1945 gehängt werden, gehören zu diesen Frauen, die in ihrer Mehrheit Zwangsarbeiterinnen in der nahen Munitionsfabrik »Union« waren. Dort hatten sie Zugang zu Schwarzpulver, das als Sprengpulver genutzt werden kann. Mit einer sehr komplexen und zugleich höchst risikoreichen Übermittlungskette schmuggelten sie über Monate in ihren Kopftüchern und in Stoffresten auf der Brust täglich zwei volle Löffel Schwarzpulver zu den Verbindungsmännern im *Sonderkommando*. Dort nutzten die Männer das explosive Pulver, um aus leeren Dosen Granaten zu basteln.

Die Widerstandsaktionen der weiblichen Häftlinge waren eine Voraussetzung, die Revolte zu wagen. Doch über Jahrzehnte nach dem Ende des Zweiten Weltkrieges im Mai 1945 und nach der Befreiung von der nationalsozialistischen Herrschaft in Europa gilt er als Widerstand zweiter Klasse. Es wurde zwischen *aktivem* und *passivem* Widerstand gegen die mörderische NS-Herrschaft unterschieden. Ohne jede Erklärung galt unter Historikern als selbstverständlich, dass der aktive Widerstand ausschließlich von Männern ausgeübt wurde und an Waffen und militärische Aktionen gebunden war. Das Etikett »passiver Widerstand« wurde den Frauen verpasst, die als Kundschafterinnen, Verbindungsfrauen, mit vorgetäuschter Schwangerschaft und unter Ausnutzung weiblicher »Reize« von Informationen, Dokumenten, gefälschten Papieren bis Waffen alles in männliche Widerstandskreise schmuggelten, was die sichtbaren Aktionen erst ermöglichte.

Dieser weibliche Teil des Widerstandes war vor 1945 allerdings unsichtbar. Dass er auch danach unbeachtet blieb, entsprach dem traditionellen Frauenbild, an dem die Gesellschaft und ihre Eliten nach 1945 festhielten. Deshalb gab – und gibt – es in der historischen Forschung kein Interesse an den zahlreichen Frauen, die im Widerstand – auch jüdische Frauen in den KZ – aktiv waren. Diese Sicht war die Norm bis gegen Ende des 20. Jahrhunderts, als erstmals Historikerinnen darauf aufmerksam machten, dass die Unterscheidung in aktiven und passiven Widerstand sinnlos ist. Egal ob männlich oder weiblich – beide Gruppen waren aufeinander angewiesen und trugen das gleiche Risiko. Neben den immer wieder erwähnten männlichen »Widerstandshelden« gibt es durchaus Frauen, die eine besondere Rolle im Widerstand spielten, jüdische wie nichtjüdische.

Die Jüdin Paulette Sarcey, 1924 in Paris geboren, wird im Juni 1943 nach Auschwitz-Birkenau deportiert. Sie überlebt und gibt dem französischen Mala-Zimetbaum-Biografen Gérard Huber 2005 ein ausführliches Interview. Mala Zimetbaum hatte Paulette Sarcey und ihre Gruppe deportierter Frauen bei der Ankunft im Lager aufgesucht und ihnen freundlich, unaufgeregt gesagt: »Seid mutig, Mädchen.« Seitdem hatte Paulette zu ihr Kontakt, wusste von Malas Aktivitäten, weiblichen Häftlingen das Leben zu erleichtern, Frauen vor dem Tod im Gas zu retten. Und war beeindruckt, wie Mala es schaffte, durch ihre persönliche Ausstrahlung den Frauen zu vermitteln: niemand ist eine Nummer, die Würde jedes Menschen ist unzerstörbar. Mögen die schwarzen Rauchwolken noch so bedrohlich aus den Kaminen der Krematorien in den Himmel steigen.

Gegen Ende des Interviews stellt sich Paulette Sarcey die Frage: »Warum sind Mala und ihr Widerstand so wenig bekannt?« Ihre Antwort: »Sie war eine Frau.« Auch Jahrzehnte später spreche man kaum von den Frauenlagern und nicht darüber, was es bedeutet, als Frau in Auschwitz gewesen zu sein. Eine realistische Analyse.

1983 gab es in New York die erste Konferenz zum Thema »Frauen, die überlebten: Der Holocaust«. In den 1990er Jahren erschienen erstmals Bücher, die das Thema »Women in the Holocaust« thematisierten und den Stimmen weiblicher Häftlinge in KZ und Vernichtungslagern Gehör verschafften. Viele überlebende Frauen, vor allem aus Polen und Frankreich, haben sogleich nach ihrer Befreiung als Zeitzeuginnen das mörderische Geschehen in den Lagern aufgeschrieben. Der Kraftakt, angesichts des sicheren Todes so viel wie möglich im Gedächtnis zu behalten, war ein Mittel zum Überleben. Doch diese Stimmen blieben ungehört und wurden im Land der Täter und Täterinnen nicht übersetzt.

Das Bild der »Opfer« war in der deutschen Öffentlichkeit ein ausschließlich männliches. Die Erinnerungen der überlebenden Häftlinge Primo Levi, Elie Wiesel und Jean Améry beherrschten die Schlagzeilen. Die rumänische Jüdin Gisella Perl wird im Mai 1944 ins Vernichtungslager Auschwitz-Birkenau deportiert, muss dort als Ärztin im Krankenrevier arbeiten und bei den mörderischen Experimenten von Dr. Josef Mengele assistieren. Ihre präzisen, eindrücklichen Erinnerungen – *I was a doctor in Auschwitz*« – erschienen 1948 in New York. Die Übersetzung – *Ich war eine Ärztin in Auschwitz* – kam 2020 auf den deutschen Buchmarkt.

Was Gisella Perl beschreibt, bestätigt faktenreich und zugleich auf herzergreifende Weise, dass »Gender and the Holocaust« – erstmals ab Ende der 1990er Jahre ein Forschungsthema – die unterschiedlichen Realitäten für Frauen und Männer in den Lagern sichtbar macht. Die Geschlechter sind für die Judenhasser kein monolithischer Block. Gar keine Frage: Männer und Frauen gehen in Auschwitz-Birkenau durch die gleiche Hölle, ihnen wird jegliche Menschenwürde abgesprochen. Vernichtung ist das einheitliche Ziel. Aber sie gehen verschiedene Wege mit unterschiedlichen Grausamkeiten, zum Beispiel was Vergewaltigung, Schwangerschaft und Geburt betrifft. Weil Frauen in der NS-Ideologie die »biologische Basis« des Judentums waren, mussten sie im Zweifelsfall ohne jeden Aufschub ermordet werden, um kein neues jüdisches Leben in die Welt zu setzen.

Eine deportierte Frau, die im Vernichtungslager Auschwitz-Birkenau ankommt und sichtbar schwanger ist, die einen Säugling im Arm oder ein Kind an der Hand hat, wird umgehend von der Rampe ins Gas selektiert. Wenn ein weiblicher Häftling im Lager als Zwangsarbeiterin eingesetzt wird, weil die Schwangerschaft unbemerkt bleibt, bedeutet die Geburt das sofortige Todesurteil für Mutter und Kind. Es gibt nur eine Lebens-Alternative für die Frau – ohne ihr Kind.

Gisella Perl beschreibt, wie sie bei Nacht unter unwürdigsten Umständen Abtreibungen vornahm, solange es eben ging. Kam es dennoch zu einer Geburt, ebenfalls in aller Heimlichkeit, konnte die Mutter nur überleben, wenn ihr Kind sofort getötet und unter einem Leichenberg versteckt wurde. Allein Gisella Perl hat – angesichts eines mörderischen Dilemmas – rund 3000 Säuglinge erstickt, unter Wasser getaucht, zu Tode gespritzt. Gisella Perl: »Niemand wird jemals wissen, was es für mich bedeutete, diese Babys zu vernichten … Jedes Mal war es mein eigenes Kind, das ich tötete, um das Leben der Mutter zu retten.« Und so dem totalen Vernichtungswillen der SS-Herrschaft zu widerstehen.

Am 28. Juni 2019 stimmen alle Parteien im Deutschen Bundestag – mit Ausnahme der AfD – dem Antrag der Regierungskoalition von CDU/CSU und SPD zu, man solle in Zukunft »Frauen im Widerstand gegen den Nationalsozialismus würdigen«. Den 20. Juli vor Augen, an dem seit Beginn der 1950er Jahre jährlich der Männer um Claus Schenk Graf von Stauffenberg und ihres Umsturzversuchs von 1944 feierlich und öffentlich gedacht wird. Offenbar kommen am Beginn des

21. Jahrhunderts Menschen ins Nachdenken: Keine Frauen im Widerstand gegen die NS-Herrschaft? Totgeschwiegen, keiner Rede wert seit rund 75 Jahren. Die einzige Ausnahme, Sophie Scholl, kann nichts dafür, dass sie als historisches Feigenblatt benutzt wird.

Cato Bontjes van Beek, Jahrgang 1920, hingerichtet in Berlin-Plötzensee am 5. August 1943; Elisabeth von Thadden, Jahrgang 1890, hingerichtet in Plötzensee am 8. September 1944 – um nur zwei deutsche Widerstandskämpferinnen von unzähligen zu nennen, deren Name und Kampf unbekannt und damit ungewürdigt sind. Vergessen sind Frauen, die in ihren Ländern im Untergrund gegen die deutschen Besatzer aktiv wurden. Oder aus den besetzten Nationen nach Auschwitz-Birkenau deportiert wurden und dort auf vielfache Weise Widerstand leisteten. Der Antrag des Deutschen Bundestages, »Frauen im Widerstand gegen den Nationalsozialismus zu würdigen«, darf keine nationalen Grenzen kennen. Auch Mala Zimetbaum gehört dazu.

Um den Völkermord an den europäischen Juden – wie auch an den Roma und Sinti – bei jüngeren Menschen und den kommenden Generationen lebendig zu halten und im historischen Gedächtnis zu verankern, sind die Erinnerungen der überlebenden Augenzeugen – Frauen wie Männer – unverzichtbar. Aber ebenso gehören die Mordstatistiken zum gesamten Vernichtungskomplex.

Zwischen 1942 und 1944 wurden rund 1,1 Millionen Juden aus ganz Europa nach Auschwitz-Birkenau deportiert; fast 900 000 von ihnen wurden direkt von den Transportzügen in die Gaskammern selektiert. Insgesamt wurden mit Ausbruch des Zweiten Weltkriegs 1939 bis 1945 vom nationalsozialistischen Deutschland zwischen 5,3 und 6,1 Millionen europäischer Juden ermordet. Außer jüdischen Frauen, Männern und Kindern wurden in Auschwitz 70 000-75 000 Menschen aus Polen, 23 000 Roma und Sinti, 15 000 sowjetische Kriegsgefangene, 10 000-15 000 tschechische, weißrussische, jugoslawische und französische Menschen und nichtjüdische Deutsche ermordet. Im Lauf des Jahres 1943 wurde Auschwitz-Birkenau mit seinen »effizienten« Gaskammern und Krematorien der einzige Ort für systematischen Massenmord innerhalb des NS-Vernichtungssystems.

Vom August 1942 bis Juli 1944 wurden aus dem Sammellager der Dossin-Kaserne im belgischen Mechelen 24 906 jüdische Männer, Frauen und Kinder nach Auschwitz-Birkenau deportiert und 351 Sinti und Roma. Am Ende des Krieges im Mai 1945 haben 1195 von ihnen überlebt.

Bis vor wenigen Jahren ging die belgische Geschichtsschreibung davon aus, dass 65 bis 68 Prozent der nach Auschwitz deportierten jüdischen Menschen aus Antwerpen kamen und 35 bis 38 Prozent aus Brüssel.

Die deutsche Historikerin Insa Meinen zog diese Statistik aufgrund neuer Recherchen erstmals in Zweifel. Fakt ist, dass die Juden in Antwerpen stärker verfolgt wurden als in Brüssel. An der Schelde war die Kollaborationsbereitschaft der Behörden mit der NS-Besatzung wesentlich größer. Es gab zahlreiche radikale antisemitische Organisationen. Dennoch war die Differenz zwischen den Deportationen nach Insa Meinen nicht so groß bis bisher angenommen.

Diese Überlegungen werden inzwischen von belgischen Historikern als positive Anregung aufgenommen. Dazu Hermann Van Goethem, Rektor an der Universität von Antwerpen und als Historiker auf die Besatzungszeit spezialisiert: »Es ist nicht korrekt, davon auszugehen, dass 68 Prozent der Juden in Belgien aus Groß-Antwerpen deportiert wurden. Die Berechnungen dazu müssen neu überprüft werden. … Die Zahl für Antwerpen liegt ohne Zweifel über dem belgischen Durchschnitt von 45 Prozent, aber noch lange nicht bei 68 Prozent.«

Paulette Sarcey wurde am 18. Januar 1945 mit Tausenden anderen Gefangenen aus Auschwitz-Birkenau auf den Todesmarsch getrieben: »Vereiste Straßen, eine unerträgliche Kälte, schlechte Kleidung ... aber die Solidarität zwischen den Frauen funktionierte.« Sie hakten sich unter, stützten sich gegenseitig, vier Frauen teilten sich ein Stück Brot. Immer wieder dachte Paulette in diesen qualvollen Tagen daran, »was hätte Mala wohl gemacht«.

Sie übersteht den Todesmarsch und einen weiteren Aufenthalt im KZ Ravensbrück. Der Zug, der sie zurück in die Freiheit und nach Paris bringt, macht Halt in Brüssel. Dort sagt Paulette Sarcey dem Roten Kreuz: »Sie haben eine außergewöhnliche belgische Heldin. Sie müssen ihre Geschichte erzählen – Mala, die Läuferin.«

DANK

In dieser Biografie wird erstmals ausführlich über Mala Zimetbaums Geburtsstadt Brzesko, ca. 50 km östlich von Krakau, berichtet. Hier waren ihre Eltern zu Hause, hier sind ihre jüdisch-polnischen Wurzeln. In Brzesko habe ich Dr. Anna Brzyscy getroffen. Sie hat einen großen Anteil daran, dass mir bei unserm Gang durch Brzesko, vor allem beim Aufenthalt auf dem traditionsreichen jüdischen Friedhof, die Geschichte dieser Stadt lebendig wurde. Im September 1942 wurde die jüdische Bevölkerung von den deutschen Besatzern ausgerottet. Durch Gründung des Vereins »Erinnerung und Dialog. Gemeinsame Geschichte« (brzesko-briegel./pl/en) und intensive Recherchen hat Anna Brzyscy seit 2015 diesen wesentlichen Teil der Stadtgeschichte aus dem Dunkel der Vergangenheit in die Öffentlichkeit geholt, auch Mala Zimetbaum. Dank Anna Brzyscy wird in dieser Biografie das bisher unbekannte ausführliche Geburtszeugnis von Mala Zimetbaum dokumentiert und damit auch ihr Geburtstag korrigiert. Ebenso neu ist, dass Malas Eltern nicht fünf, sondern sechs Kinder hatten. Hinweise zu Arbeiten von Anna Brzyscy im Netz über Mala Zimetbaum und Brzesko finden sich in den Literaturhinweisen.

Mein Dank geht auch an Dr. Laurence Schram, Senior Researcher im *Dokumentationszentrum Kazerne Dossin* in Mechelen, unter deutscher Besatzung das Sammellager für die Juden in Belgien, die nach Auschwitz deportiert wurden. Bei einem Gespräch im Dokumentationszentrum und der folgenden Korrespondenz bekam ich interessante Hinweise.

Als ich während der Recherchen in Antwerpen wieder einmal vor dem Haus Nr. 7 in der Marinisstraat stand, kam eine Frau heraus: »Interessieren Sie sich für Mala Zimetbaum?« –

»Und ob …« Es folgte eine spontane Einladung, sie in ihrer Wohnung im obersten Stock zu besuchen, in der Mala Zimetbaum mit ihren Eltern lebte. Dank der Gastfreundschaft von Hella Krause, der jetzigen Besitzerin der Nr. 7, stieg ich bei der nächsten Antwerpenreise die schmalen Treppen in den 3. Stock hinauf, konnte mich ausführlich in »Malas Wohnung« umsehen und die Baugeschichte des Hauses erfahren.

Hilfreich waren die Mitarbeiterinnen im *Stadsarchief Antwerpen* – »FelixArchief« –, die mir den digitalen Zugang zu den Einwanderungsunterlagen von Malas Eltern und ihren Geschwistern nach Belgien möglich machten. Das Gleiche gilt für die Mitarbeiterin der *Jüdischen Kultusgemeinde Mainz*, die mit einem bisher unbekannten Hinweis die Informationen über Mala Zimetbaums Familie erweitert hat. Ebenso geht mein Dank an die Mitarbeiterin im *Stadtarchiv Landeshauptstadt Mainz* für ihre Angaben zur Wohn- und Arbeitssituation der Familie in den Mainzer Jahren und an den Leiter des *Stadtarchivs Ludwigshafen* zum Aufenthalt von Pinkas Zimetbaum.

Was die bisherigen Texte zu Mala Zimetbaum betrifft, hat Lorenz Sichelschmidt mit seinem Buch *Mala. Ein Leben und eine Liebe in Auschwitz*, erschienen 1995 im Donat Verlag, die Grundlagen gelegt und erstmals die Öffentlichkeit auf diese eindrucksvolle Persönlichkeit aufmerksam gemacht.

QUELLEN- UND LITERATURHINWEISE

Ungedruckte Quellen in Archiven

Kazerne Dossin – Research Project Transports
Archives Service for War Victimes – State Archives of Belgium
European Holocaust Research Infrastructure – Document Blog
Brzesko vital records book

Stadsarchief Antwerpen – FelixArchief –
Jüdische Kultusgemeinde Mainz-Rheinhessen
Stadtarchiv Landeshauptstadt Mainz
Stadtarchiv Ludwigshafen

Gedruckte Quellen und Literaturhinweise

Ihr Leben

1918-1928 in Brzesko, Polen; Eltern aus Brzesko, 1913-1917 in Mainz; Vater ca. 1924-1926 Ludwigshafen; ab November 1926 in Antwerpen

S. Adler-Rudel: Ostjuden in Deutschland 1880-1940, Tübingen 1959
Wolfgang Balzer: Mainz – Persönlichkeiten der Stadtgeschichte, Ingelheim 1989
Barbara Beuys: Heimat und Hölle. Jüdisches Leben in Europa durch zwei Jahrtausende, Reinbek 1997
Frauenleben in Magenza. Porträts jüdischer Frauen und Mädchen aus dem Mainzer Frauenkalender und Texte zur Frauengeschichte in Mainz, hg. vom Frauenbüro Landeshauptstadt Mainz, 5. erweiterte Aufl. 2021
Heiko Haumann: Geschichte der Ostjuden, aktualisierte und erweiterte Neuausgabe, 4. Aufl. München 1998
Die Jüdische Gemeinde in Brzesko und ihre Ausrottung durch die deutschen Besatzer, Verein »Erinnerung und Dialog. Gemeinsame Geschichte«, brzesko-briegel.pl/marsze-pamieci/
Jüdische Welt, Organ für das Ostjudentum in Deutschland. Offizielles Organ des Verbandes der ostjüdischen Organisationen in Deutschland, 1. Jahrgang Hamburg 1928, 2. Jahrgang Hamburg 1929

Andreas Lehnardt: Das Memorbuch der Israelitischen Religionsgesellschaft zu Mainz, Wiesbaden 2018
Die Mainzer Synagogen. Ein Überblick über die Mainzer Synagogenbauwerke mit ergänzenden Beiträgen über bedeutende Mainzer Rabbiner, das alte Judenviertel und die Bibliotheken der jüdischen Gemeinden, hg. von Hedwig Brüchert, Sonderheft der Mainzer Geschichtsblätter, Mainz 2008
Trude Maurer: Ostjuden in Deutschland 1918-1933, Hamburg 1899
Ulrike Minor, Stefan Mörz u. a.: Juden in Ludwigshafen, Stadtarchiv Ludwigshafen am Rhein 2015
Der Neue Jüdische Friedhof in Mainz. Biographische Skizzen zu Familien und Personen, die hier ihre Ruhestätte haben, hg. von Renate Knigge-Tesche und Hedwig Brüchert, Sonderheft der Mainzer Geschichtsblätter, Mainz 2013
Malte Rehren: Keine Heimat nirgends. »Ostjuden« auf der Flucht, https://books.ub.uni-heidelberg.de
Friedrich Schütz: Magenza, das jüdische Mainz, in: Mainz. Die Geschichte der Stadt, hg. von Franz Dumont u. a., Mainz 1998
Christiane Zehl Romero: Anna Seghers. Eine Biographie 1900-1947, Berlin 2000

Ihr Leben

1928-1942 Antwerpen; 1942-1944 Auschwitz-Birkenau; Biografien Mala Zimetbaum

Gie van den Berghe: Fragment van een leven – Mala Zimetbaum, Streven, Februar 1996, S. 175-179
Gie van den Berghe: Liefde en dood in Auschwitz – Mala Zimetbaum, De Morgen, 26. November 1998
Inge Bertels, Bert de Munck, Herman Van Goethem (Hg.): Antwerpen. Biografie van een stad, Antwerpen 2010
Anna Brzyscy: Mala Zimetbaum, Brzesko-born heroine of Auschwitz, Brzesko 2022, https://brzesko-briegel.pl/en/news/mala-zimetbaum-brzesko-born-heroine-of-auschwitz/
In Gedenken an die jüdische Widerstandskämpferin Mala Zimetbaum, Jüdisches Forum für Demokratie und gegen Antisemitismus, 15. September 2022
Het Grote Geschiedenisboek van Antwerpen, Redaktion Gustaaf Apaert und viele andere, Stadsarchief Antwerpen 2010
Marek Halter (Hg.): Les révoltés de la Shoah. Témoignages et récits, Paris 2010
Gideon Hausner: Die Vernichtung der Juden. Das größte Verbrechen der Geschichte, München 1979
Gérard Huber: Mala. Une femme juive héroique dans le camp d'Auschwitz-Birkenau, Monaco 2006

Ils étaient jeunes, juifs et résistants 1940-1945, Jacques, Thomas, Mala, Toivi. Quatre histoires de révolte, hg. von Jacques Lazarus, Omnibus 2016
Dirk Martin, Lieven Saerens: Steden in Oorlog – Antwerpen 1940-1945, Brüssel 2010
Tanguy Ottomer: 'T Stad van vroeger, 2. Het bruisende Antwerpen van weleer, Antwerpen 2015
Francesca Paci: Un amore ad Auschwitz. Edek e Mala: una storia vera, Novara 2016
Eric Rinckhout: Grote Antwerpse Willem Elsschot Atlas, Antwerpen 2010
Waltraud Schwab: Die Heldin von Auschwitz. Zum 100. Geburtstag von Mala Zimetbaum, taz 26.1.2018
Claudia Seifert: Die Frau aus Flandern. Eine Liebe im Dritten Reich, München 2013
Frediano Sessi: L'angelo di Auschwitz. Mala Zimetbaum, l'ebrea che sfidò in nazisti, Venezia 2019
Shtetl Portal: Brzesko – Jewish communitiy, Heritage Sites, Museum Polin Warschau
Lorenz Sichelschmidt: Mala. Ein Leben und eine Liebe in Auschwitz, Bremen 1995
Janiv Stamberger: Zionist Pioneers at the Shores of the Scheldt, the Hashomer Hatzair Youth Movement in Antwerp, 1924-1946, Les Cahiers de la Mémoire contemporaine, Antwerpen 11/2014
Janiv Stamberger: Yidishkayt in belgye: Yiddish culture in Belgium in the 1930s, a case study: Di belgishe bleter, Amsterdam 2016
Henk Van Daele: 150 jaar stedelijk onderwijs te Antwerpen, Antwerpen 1969
Tragic love at Auschwitz, ausführlicher Text, Ton: https://artsandculture.google.com/exhibit/tragic-love-at-auschwitz/VALCdmyTRwp2IQ 2002 wird in Athen das Musical »Μάλα. Η μουσική του ανέμου« (dt.: Mala. Die Musik des Windes) von Nikos Karvelas uraufgeführt
Mala Zementbaum von Armin Petras und Thomas Lawinky, Premiere 9. Februar 2007, Maxim-Gorki-Theater Berlin

Zeugnisse von Auschwitz-Überlebenden mit Erinnerungen an Mala Zimetbaum

Vor allem aus dem Frauenlager Auschwitz-Birkenau

H.G. Adler, Hermann Langbein, Ella Lingens-Reiner (Hg.): Auschwitz. Zeugnisse und Berichte, 7. korrigierte und aktualisierte Auflage, Hamburg 2020
Gie van den Berghe: Getuigen. Belgische bibliografie over de nazi-kampen, 2 Bde., Brüssel 1995. II. Bd., S. 279-294: Zeugnisse und Dokumente über Mala Zimetbaum

Christian Bernadac: Les Mannequins Nus, I. Auschwitz, Paris 1971
Christian Bernadac: La Libération des Camps. Le dernier jour de notre mort, Paris 1995
Halina Birenbaum: Die Hoffnung stirbt zuletzt, Hagen 1989
Suzanne Birnbaum: Une Française Juive est Revenue. Auschwitz, Belsen, Raguhn, Paris 1946
Lise Delbès-Lyon: Ma Déportation. Auschwitz-Birkenau, Hohenelbe 2006
Fania Fénelon: Das Mädchenorchester in Auschwitz, Frankfurt / Main 1980
Ania Francos: Il Etait des Femmes dans la Résistance, Paris 1978
Doris Fürstenberg (Hg.): Jeden Moment war dieser Tod. Interviews mit jüdischen Frauen, die Auschwitz überlebten, Düsseldorf 1986
Margareta Glas-Larsson: Ich will reden. Tragik und Banalität des Überlebens in Theresienstadt und Auschwitz, hg. von G. Botz, Wien 1981
Ida Grinspan, Bertrand Poirot-Delpech: J'ai pas pleuré, Paris 2002
Kitty Hart-Moxon: Wo die Hoffnung erfriert. Überleben in Auschwitz, Leipzig 2001
Wiesław Kielar: Edek und Mala, Hefte von Auschwitz, Bd. 5, 1962, S. 121-132
Wiesław Kielar: Anus Mundi. Fünf Jahre Auschwitz, Frankfurt/Main 1979
Hermann Langbein: Menschen in Auschwitz, Wien 1972
Vera Laska (Hg.): Women in the Resistance and in the Holocaust: The Voices of Eyewitnesses, London 1983
Anita Lasker-Wallfisch: Ihr sollt die Wahrheit erben. Die Cellistin von Auschwitz, Erinnerungen, 7. Aufl. Reinbek 2005
Primo Levi: Ist das ein Mensch?, München 1961
Liliane Lévy-Osbert: Jeunesse vers l'Abîme, Paris 1992
Marceline Loridan-Ivens: Und du bist nicht zurückgekommen, Berlin 2015
Ber Mark: Des voix dans la nuit: La résistance juive à Auschwitz-Birkenau, Paris 1977
Sara Nomberg-Przytyk: Auschwitz – True Tales form a Grotesque Land, London 1985
Le Passage du Témoin. Portraits et témoignages de rescapés des camps de concentrations et d'extermination nazis. Photographies d'André Goldberg, Témoignages recueillés par Dominique Rozenberg, Brüssel 2017
Anna Pawelczynska: Values and Violence in Auschwitz. A Sociological Analysis, Berkeley 1979
Michael Pollak: Die Grenzen des Sagbaren. Lebensgeschichten von KZ-Überlebenden aus Augenzeugenberichten und als Identitätsarbeit, Frankfurt/M. 1988
Elisabeth Prégardier, Anne Mohr: Margita Schwalbová: Elf Frauen. Leben in Wahrheit. Eine Ärztin berichtet aus Auschwitz-Birkenau 1942-1945, Essen 1994
Lore Shelley (Hg.): Schreiberinnen des Todes, Bielefeld 1992

Kazimierz Smolen (Hg.): Reminiscences of Former Auschwitz Prisoners, Auschwitz 1963
Jenny Spritzer: Ich war Nr. 10291. Als Sekretärin in Auschwitz, Stäfa 1994
Seweryna Szmaglewska: Die Frauen von Birkenau. Aus dem Polnischen und mit einem Nachwort von Marta Kijowska, 2. Aufl. Frankfurt/M. 2020
Giza Weisblum: The Escape and Death of the »Runner« Mala Zimetbaum, in: Yuri Suhl (Hg.): They Fought Back. The Story of the Jewish Resistance in Nazi Europe, New York 1967, S. 182-188
Giza Weissblum: Mala Tzimmetbaum Hartmann, Selection of the Heroes of the Jewish Community of Briegl, Brzesko 2022, https://www.jewishgen.org/yizkor/Brzesko/brz170.html#Page171a
Henri Zucker, Charlotte Zucker: Les Balcons Fleuris d'Auschwitz, Champrons en Gâtine, 2. korrigierte Auflage 2000
Krystyna Zywulska: Wo vorher Birken waren. Überlebensbericht einer jungen Frau aus Auschwitz-Birkenau, München 1979
Krystyna Zywulska: Tanz Mädchen … Vom Warschauer Ghetto nach Auschwitz. Ein Überlebensbericht, überarbeitete Neuausgabe München 1988
United States Holocaust Memorial Museum: Auschwitz-Überlebende geben mündlich Zeugnis über Mala Zimetbaum https://ushmm.org/search/results/?q=Mala+Zimetbaum

Juden von Antwerpen

1880-1939, unter deutscher Besatzung 1940-1944

Ludo Abicht: De Joden van Antwerpen, vollständig durchgesehene, aktualisierte Ausgabe Antwerpen 2018
Sonia Blumenstein: Het gebroken uur. Oorlogserinneringen van een Joods meisje in Antwerpen, Antwerpen 2010
Rosine De Dijn: Antwerpen, Mechelen und Lier. Die Schönen von Brabant, Bergisch Gladbach 1992
Jean Dillen, André Vandewynckel: Antwerpen 1940. De bezetter bespied, Erpe 2006
Jean Dillen, André Vandewynckel, Joris Wuyts: 1940-1945. De bezetting van Antwerpen in 1000 foto's, Leuven 2015
Willem Elsschot: Verzameld werk, Amsterdam 2005
Keine Zuflucht. Nirgends. Die Konferenz von Évian und die Fahrt der ST. LOUIS (1938/39), Hg. Eva Schöck-Quinteros u. a., Bremen 2019
Walter de Maesschalk: Gardes in de oorlog. De Antwerpse politie in WO II, Antwerpen 2004
Dirk Martin, Lieven Saerens: Steden in oorlog: Antwerpen 1940-1945, Antwerpen 2010

Jeroen Olyslaegers: Wil. Roman, Amsterdam 2016
Roger Rutten: Oorlog & zwijgen. Kinderen van verzetsmensen vertellen, Berchem 2011
Lieven Saerens: Vreemdelingen in een wereldstad. En geschiedenis van Antwerpen en zijn joodse bevoling (1880-1944), Tielt 2000. Übersetzung: Etrangers dans la cité. Anvers et ses Juifs (1880-1944), Brüssel 2005
Lieven Saerens: Haat is een Deugd. Het credo van de Jodenjagers, Tielt 2017
Ephraim Schmidt: Geschiedenis van de joden in Antwerpen, Antwerpen 1963
Herman Van Goethem: 1942. Het jaar van de stilte, vierde verbeterde druck Amsterdam, Kalmthout 2019

Belgien: Deutsche Besatzung ab 1940

Sven-Claude Bettinger: »Das gefügige Belgien«. Das Königreich im Zweiten Weltkrieg, in: Tribüne 183 (2007) S. 138–144
Hugo Claus: Het verdriet van Belgie, Amsterdam 1983. Übersetzung: Der Kummer von Belgien, Stuttgart 2008
Alexander von Falkenhausen: Mémoires d'Outre-Guerre. Comment j'ai gouverné la Belgique, Brüssel 1974
J. Gérard-Libois, José Gotovitsch: L'An 40. La Belgique occupée, Brüssel 1971
Anne Henau, Mark van den Wijngaert: Belgie op de bon. Rantsoenering en voedselvoorziening onder deuitsc bezetting 1940-1944, Leuven 1986
Stefan Martens (Hg.): Frankreich und Belgien unter deutscher Besatzung 1940-1944, Stuttgart 2002
Mark Van den Wijngaert u. a.: Belgie tijdens de Tweede Wereldoorlog, 2. Aufl. Antwerpen 2015
Mark Van den Wijngaert u. a.: Beulen van Breendonk. Schuld en Boete, Antwerpen 2019

Belgien: Völkermord an den Juden

Irene Awret: Aber erst müßt ihr mich kriegen. Erinnerungen einer deutschen Malerin 1921-1944, Berlin 2005
Wolfgang Benz, Barbara Distel (Hg.): Terror im Westen. Nationalsozialistische Lager in den Niederlanden, Belgien und Luxemburg 1940-1945. Geschichte der Konzentrationslager 1933-1945, Bd. 5, Berlin 2004
Pierre Broder: Des juifs debout contre le nazisme, Brüssel 1994
Rosine de Dijn: »Du darfst nie sagen, daß du Rachmil heißt«. Die Geschichte von Laja Menen und ihrem Sohn Rudi, München 2005
Rudi Van Doorslaer: Enfants du Ghetto. Juif révolutionaires en Belgique (1925-1940), Brüssel 1997

Rudi Van Doorslaer, Daniel Dratwa, José Gotovitch u. a.: Les Juifs de Belgique. De l'immigration au génocide, 1925-1945, Brüssel 1994
Herman Van Goethem: Kazerne Dossin. Memorial, Museum and Documentation Center on Holocaust and Human Rights, Mechelen 2012
Pim Griffioen, Ron Zeller: Comparing the persecution of the Jews in the Netherlands, France and Belgium, 1940-1945, in: The Persecution of the Jews in the Netherlands, 1940-1945, Amsterdam 2012
Félix Gutmacher Matricule 177 310: Jamais je ne vous oublierai, Charlesroi 2005
Serge Klarsfeld, Maxime Steinberg (Hg.): Die Endlösung der Judenfrage in Belgien. Dokumente, New York 1983
Insa Meinen: »Face à la traque. Comment les Juifs furent arrêtés en Belgique (1942-1944)«, Les Cahiers de la Mémoire Contemporaine, 6/2005, http://journals.openedition.org/cmc/978
Insa Meinen, Ahlrich Meyer: »Le XXIe convoi: études biographiques (Deuxième partie)«, Les Cahiers de la Mémoire Contemporaine 8/2008, http://journals.openedition.org/cmc/692
Insa Meinen: Die Shoah in Belgien, Darmstadt 2009
Insa Meinen, Ahlrich Meyer: Verfolgt von Land zu Land. Jüdische Flüchtlinge in Westeuropa 1938-1944, Paderborn 2013
Insa Meinen: »Réfugiés juifs d'Allemagne nazie en Belgique (1938-1944). Une esquisse«, Les Cahiers de la Mémoire Contemporaine, 13/2018, http://journals.openedition.org/cmc/287
Ahlrich Meyer, Insa Meinen: LA BELGIQUE, PAYS DE TRANSIT. Juifs fugitifs en Europe occidentale au temps des déportations de 1942, in: Cahiers d'Histoire du Temps Présent/Bijdragen tot de Eigentijdse Geschiedenis 20/2008, S. 145–194
Ahlrich Meyer, Insa Meinen: »Immigrés juifs dans l'économie belge (de 1918 à 1942)«, Les Cahiers de la Mémoire Contemporaine, 14/2020, http://journals.openedition.org/cmc/873
Ahlrich Meyer: Das Wissen um Auschwitz. Täter und Opfer der »Endlösung« in Westeuropa, Paderborn 2010
Dan Michman (Hg.): Belgium and the Holocaust. Jews – Belgians – Germans, Jerusalem 1998
Helene Moszkiewiez: Inside the Gestapo. A young woman's secret war, London 1986
Michel Nejszaten: Comment les Juifs de Belgique ont affrontés le nazisme, Seraing 2017
Maxime Steinberg: Dossier Bruxelles-Auschwitz. La Police SS et l'extermination des Juifs de Belgique, Mechelen 1980
Maxime Steinberg: La Persécution des Juifs en Belgique (1940-1945), Brüssel 2004
Viviane Teitelbaum-Hirsch: Enfants cachés. Les Larmes sous le masque, Brüssel 1994

Osteuropa

Judentum, deutsche Besatzung, Völkermord

S. J. Agnon: Nur wie ein Gast zur Nacht, Frankfurt/M. 1993
Reuben Ainsztein: Jüdischer Widerstand im deutschbesetzten Osteuropa während des Zweiten Weltkrieges, Oldenburg 1993
Yehuda Bauer: The death of the Shtetl, New Haven 2009
Anna Drabek, Wolfgang Häusler u. a.: Das österreichische Judentum. Voraussetzungen und Geschichte, 3., aktual. Auflage Wien 1988
Roman Frodyma: Galicyskie Cmentarze Wojenne, Bd. 3, Brzesko – Bochnia – Limanowa, Pruszków 1998
Jan T. Gross (Hg.): The Holocaust in Occupied Poland: New Findings and Interpretations, Frankfurt/Main 2012
Heiko Haumann: Geschichte der Ostjuden, akt. und erw. Neuauflage, München 1998
Celia S. Heller: On the Edge of Destruction. Jews of Poland between the two World Wars, New York 1977
Melanie Hembera: Die Shoah im Distrikt Krakau. Jüdisches Leben und deutsche Besatzung in Tarnów 1939-1945, Darmstadt 2016
Jacob Katz: Tradition und Krise. Der Weg der jüdischen Gesellschaft in die Moderne, München 2002
Dietmar Pertsch: Isaac B. Singers Geschichten über die ausgelöschte Welt des polnischen Judetums, Hamburg 2003
Katrin Steffen: Formen der Erinnerung. Juden in Polens kollektivem Gedächtnis, www.eurozine.com 2008
Agata Tuszynska: Lost Landscapes. In Search of Isaac Singer and the Jews of Poland, New York 1998
Felix Tych, Simon Schama: Wir waren hier. Verschwindende Spuren einer verschwundenen Kultur, Fotos Tadeusz Rolke, Berlin Warszawa 2008
Mark Zborowski, Elizabeth Herzog: Das Schtetl. Die untergegangene Welt der osteuropäischen Juden, München 1991

Auschwitz: Zeugnisse von Überlebenden

Vor allem aus dem Frauenlager Auschwitz-Birkenau – Gender und Holocaust

Lucie Adelsberger: Auschwitz. Ein Tatsachenbericht. Das Vermächtnis der Opfer für uns Juden und für alle Menschen, 2., verbesserte Auflage Bonn 2005
Louise Alcan: Le temps écartelé, aus: Le Patriote Résistant, bulletin intérieur de la Fédération Nationale des Déportés internés, S. 12-13, 2016

Jean Améry: Jenseits von Schuld und Sühne. Bewältigungsversuche eines Überwältigten, Stuttgart 1977

Myriam Anissimov: Primo Levi. Die Tragödie eines Optimisten. Eine Biographie, Darmstadt 1999

Lucie Begov: Mit meinen Augen: Botschaft einer Auschwitz-Überlebenden, Gerlingen 1983

Esther Bejarano, Birgit Gärtner: Wir leben trotzdem. Esther Bejarano – vom Mädchenorchester in Auschwitz zur Künstlerin für den Frieden, Bonn 2004

Peggy Berolsky: Von Krakau nach Kapstadt. Deportiert nach Auschwitz: Bericht einer Überlebenden des Holocaust, aufgeschrieben von Lisa Strauß, hg. von Ginde Elsner, Hamburg 2021

Mirjam Blits: Auschwitz 13917. Hoe ik de duitse concentratiekampen overleefde, Winsum 2012

Charlotte Delbo: Trilogie – Auschwitz und danach, Frankfurt/M. 1993

Cordelia Edvardson: Gebranntes Kind sucht das Feuer, München 1989

Reiner Engelmann (Hg.): Wir haben das KZ überlebt. Zeitzeugen berichten, München 2021

Bertha Ferderber-Salz: And the Sun Kept Shining, New York 1980

Martin Gilbert: Auschwitz & the Allies, London 1981

Silvia Grohs-Martin: Ich sah die Toten, groß und klein. Eine Schauspielerin überlebt den Holocaust, Berlin 2002

Marlene E. Heinemann: Gender and Destiny. Women Writers and the Holocaust, Westport, Conn. 1986

»... hier kommst du nicht mehr lebend raus!« Lina H., Auschwitz, WIR, Hammersbach 1990

Esther Katz, Joan Miriam Ringelheim (Hg.): Women Surviving the Holocaust, New York 1983

Benedikt Kautsky: Teufel und Verdammte. Erfahrungen und Erkenntnisse aus sieben Jahren in deutschen Konzentrationslagern, Wien 1961

Leo Klüger: Lache, denn morgen bist du tot. Eine Geschichte vom Überleben, München 1998

Ruth Klüger: weiter leben – Eine Jugend, Göttingen 1992

Ruth Klüger: unterwegs verloren. Erinnerungen, Wien 2008

Sarah Kofman: Erstickte Worte, Wien 1988

Ota Kraus, Erich Kulka: Die Todesfabrik Auschwitz, Berlin 1991

Laurence L. Langer: Holocaust Testimonies. The Ruins of Memory, London 1991

Claude Lanzmann: Shoah, München 1988

Renata Laqueur: Schreiben im KZ. Tagebücher 1940-1945, Bremen 1991

Primo Levi: Die Untergegangenen und die Geretteten, 2. Auflage München 1995

Pelagia Lewinska: Vingt Mois à Auschwitz, Paris 1966

Ella Lingens: Gefangene der Angst. Ein Leben im Zeichen des Widerstandes, Berlin 2005

Emil de Martini: Vier Millionen Tote klagen an! München-Oermenzig 1948
Liana Millu: Der Rauch über Birkenau, München 1997
Simha Naor: Krankengymnastin in Auschwitz. Aufzeichnungen des Häftlings Nr. 80574, Freiburg 1986
Richard Newman mit Karen Kirtley: Alma Rosé: Wien 1906 – Auschwitz 1944, Bonn 2003
Miklós Nyiszli: Im Jenseits der Menschlichkeit. Ein Gerichtsmediziner in Auschwitz, 3. bearbeitete Aufl. Berlin 2011
Dalia Ofer, Leonore J. Weitzman (Hg.): Women in the Holocaust, New Haven, Conn. 1998
Joanna Ostrowska, Joanna Talewicz-Kwiatkowska, Lutz van Dijk (Hg.): Erinnern in Auschwitz – auch an sexuelle Minderheiten, Berlin 2020
Anna Pawelczynska: Werte gegen Gewalt. Betrachtungen einer Soziologin über Auschwitz, Auschwitz 2001 (Warschau 1973)
Gisella Perl: I was a doctor in Auschwitz, New York 1948; Übersetzung: Ich war eine Ärztin in Auschwitz, Frankfurt/M. 2020
Michael Pollak: Die Grenzen des Sagbaren. Lebensgeschichten von KZ-Überlebenden als Augenzeugenberichte und als Identitätsarbeit, Frankfurt/M. 1988
Lisa Scheuer: Vom Tode, der nicht stattfand. Theresienstadt, Auschwitz, Freiberg, Mauthausen. Eine Frau überlebt, Reinbek 1983
Trude Simonsohn: Noch ein Glück. Erinnerungen, Göttingen 2013
Tadeusz Sobolewicz: Aus der Hölle und zurück. Von der Willkür des Überlebens im Konzentrationslager, überarbeitete Neuauflage Frankfurt/Main 2008
Judith Tydor Baumel: Double Jeopardy. Gender and the Holocaust, London 1998
Simone Veil: Und dennoch leben. Die Autobiographie der großen Europäerin, Berlin 2009
Reska Weiss: Journey Through Hell. A Woman's Account of her Experiences at the Hands of the Nazis, London 1961
Olga Wormser, Henri Michel (Hg.): Tragédie de la Déportation 1940-1945. Témoignages de Survivants des Camps de Concentration Allemands, Paris 1955
Ingeborg Zaunitzer-Hase: Rettende Augenblicke. Überlebende im Konzentrationslager, Friedrich-Ebert-Stiftung Bonn 2007, library.fes.de

Auschwitz und Auschwitz-Birkenau

Deutsches Vernichtungslager

Götz Aly, Susanne Heim: Vordenker der Vernichtung. Auschwitz und die deutschen Pläne für eine neue europäische Ordnung, Hamburg 1991
Danuta Czech: Kalendarium der Ereignisse im Konzentrationslager Auschwitz-Birkenau 1939-1945, Hamburg 1989

Łukasz Gaweł: Auschwitz-Birkenau, deutsches nationalsozialistisches Konzentrations- und Vernichtungslager (1940-1945), Krakau o. J.
Ernst Klee: Auschwitz. Täter, Gehilfen, Opfer und was aus ihnen wurde. Ein Personenlexikon, Frankfurt/M. 2013
Kommandant in Auschwitz. Autobiographische Aufzeichnungen von Rudolf Höß, eingeleitet und kommentiert von Martin Broszat, Stuttgart 1958
Wilhelm Kreutz, Karen Strobel: Der Kommandant und die Bibelforscherin: Rudolf Höss und Sophie Stippel. Zwei Wege nach Auschwitz, Mannheim 2018
Das KZ Auschwitz 1942-1945 und die Zeit der Todesmärsche 1944/45, bearbeitet von Andrea Rudorff, Bd. 16: Die Verfolgung und Ermordung der europäischen Juden durch das nationalsozialistische Deutschland 1933-1945, Oldenburg 2019
Ahlrich Meyer: Das Wissen um Auschwitz. Täter und Opfer der »Endlösung« in Westeuropa, Paderborn 2010
Monika Müller: Die Oberaufseherin Maria Mandl. Werdegang, Dienstpraxis und Selbstdarstellung nach Kriegsende, in: Simone Erpel: Im Gefolge der SS. Aufseherinnen des Frauen-KZ Ravensbrück, Berlin 2007, S. 48-58
Karin Orth: Die Konzentrationslager-SS. Sozialstrukturelle Analysen und biographische Studien, Göttingen 2000
Ulrich Schneider: Auschwitz, Köln 2020
Sari J. Siegel: The Past and Promise of Jewish Prisoner-Physicians' Account. A Case Study of Auschwitz-Birkenau's Multiple Functions, Wiener Wiesenthal Institut für Holocaust-Studien, 2016
Sybille Steinbacher: Auschwitz. Geschichte und Nachgeschichte, 2. durchgesehene Auflage München 2007
Susanne Willems (Text), Frank und Fritz Schumann (Fotos): Auschwitz. Die Geschichte des Vernichtungslagers, Berlin 2015

Adolf Hitler – Nationalsozialismus – Antisemitismus – Holocaust

Götz Aly: Hitlers Volksstaat. Raub, Rassenkrieg und nationaler Sozialismus, durchgesehene und erweiterte Ausgabe, Frankfurt/M. 2006
Götz Aly: Europa gegen die Juden 1880-1945, Frankfurt/M. 2017
Frank Bajohr, Andrea Löw (Hg.): Der Holocaust. Ergebnisse und neue Fragen, Bonn 2015
Frank Bajohr, Dieter Pohl: Der Holocaust als offenes Geheimnis. Die Deutschen, die NS-Führung und die Alliierten, München 2006
Frank Bajohr, Dieter Pohl (Hg.): Right-Wing Politics and the Rise of Antisemitism in Europe 1935-1941, Göttingen 2019
Wolfgang Benz: Geschichte des Dritten Reiches, München 2000

Barbara Beuys: Leben mit dem Feind. Amsterdam unter deutscher Besatzung 1940-1945, München 2012
Micha Brumlik: Achille Mbembe, die palästinensische BDS-Bewegung und andere Aufreger. Bestandsaufnahme einer Diskussion, Hamburg 2021
Saul Friedländer: Die Jahre der Vernichtung. Das Dritte Reich und die Juden. Zweiter Band 1939-1945, München 2006
Ralph Gabriel, Elissa Mailänder Koslov u.a. (Hg.): Lagersystem und Repräsentation. Interdisziplinäre Studien zur Geschichte der Konzentrationslager, Tübingen 2004
Alexandra Garbarini: Numbered days. Diaries and the Holocaust, New Haven 2006
Ulrich Herbert (Hg.): Nationalsozialistische Vernichtungspolitik 1939-1945. Neue Forschungen und Kontroversen, Frankfurt/M. 1998
Raul Hilberg: Unerbetene Erinnerung. Der Weg eines Holocaust-Forschers, Frankfurt/Main 1994
Ian Kershaw: Hitlers Macht. Das Profil der NS-Herrschaft, 2. durchgesehene Auflage München 2000
Kathrin Kompisch: Täterinnen. Frauen im Nationalsozialismus, Köln 2008
Andrea Löw, Frank Bajohr (Hg.): The Holocaust and European Societies. Social Processes and Social Dynamics, London 2016
Die nationalsozialistischen Konzentrationslager – Entwicklung und Struktur, Bd. II, hg. von U.Herbert, K. Orth, Ch. Dieckmann, Göttingen 1998
Léon Poliakov: Vom Hass zum Genozid. Das Dritte Reich und die Juden. Aus dem Französischen übersetzt, herausgegeben, mit einem Nachwort versehen von Ahlrich Meyer, Berlin 2021
Romani Rose: »Den Rauch hatten wir täglich vor Augen.« Der nationalsozialistische Völkermord an den Sinti und Roma, Heidelberg 1999
Lea Rosh, Eberhard Jäckel: »Der Tod ist ein Meister aus Deutschland«. Deportation und Ermordung der Juden. Kollaboration und Verweigerung in Europa, Hamburg 1990
Peter Schäfer: Kurze Geschichte des Antisemitismus, München 2020
Claudia Schmölders: Adolf Hitlers Gesicht. Eine physiognomische Biographie, München 2000
Volker Ullrich: Adolf Hitler – Biographie; Band 1: Die Jahre des Aufstiegs 1889-1939, Frankfurt/M. 2013; Band 2: Die Jahre des Untergangs, Frankfurt / M. 2018
Die Verfolgung und Ermordung der europäischen Juden durch das nationalsozialistische Deutschland 1933-1945, Bd. 10: Polen: Die eingegliederten Gebiete August 1941-1945, bearbeitet von Ingo Loose, Berlin / Boston 2020
Wolfram Wette: Ehre, wem Ehre gebührt! Täter, Widerständler und Retter, 1939-1945, Bremen 2015
Michael Wildt: Generation des Unbedingten. Das Führungskorps des Reichssicherheitshauptamtes, Hamburg 2002

Michael Wildt: Das Reichssicherheitshauptamt. NS-Terror-Zentrale im Zweiten Weltkrieg, Berlin 2019
Leni Yahil: Die Shoah. Überlebenskampf und Vernichtung der europäischen Juden, München 1998

Judentum – jüdischer Widerstand

Moranne Caplunik: Die Geburt im Judentum. Jüdinnen unter der Geburt, Bachelorarbeit, Zürcher Hochschule für angewandte Wissenschaften 2014
Hans Erler, Arnold Paucker, Ernst Ludwig Ehrlich (Hg.): »Gegen alle Vergeblichkeit« – Jüdischer Widerstand gegen den Nationalsozialismus, Frankfurt/Main 2003
Emil L. Fackenheim: Was ist Judentum? Eine Deutung für die Gegenwart, Berlin 1999
Emil L. Fackenheim: To Mend the World. Foundations of Post-Holocaust Jewish Thoughts, 2. Auflage, Indiana 1994
Die Heilige Schrift, ins Deutsche übertragen von Naftali Herz Tur-Sinai, 3. Auflage Neuhausen-Stuttgart 1993
Samuel C. Heilman: Who Will Lead Us? The Story of Five Hasidic Dynasties in America, Oakland, Calif. 2017
Marion Kaplan: Der Mut zum Überleben. Jüdische Frauen und ihre Familien in Nazideutschland, Berlin 2003
Michael L. Morgan, Benjamin Pollock: The Philosopher as Witness. Fackenheim and Responses to the Holocaust, New York 2008
Deborah Dash Moore (Hg.): The Posen Library of Jewish Culture and Civilization, Bd. 9: Catastrophe and Rebirth, 1939-1973, New Haven 2020
Thomas Rahe: »Höre Israel« – Jüdische Religiosität in nationalsozialistischen Konzentrationslagern, Göttingen 1999
Yuri Suhl (Hg.): The Fought Back. The Story of the Jewish Resistance in Nazi Europe, New York 1967

Holocaust im Rückblick

Erinnerungskultur – Geschichte, Literatur, Kunst, Psychologie

Theodor W. Adorno: Erziehung nach Auschwitz, in: Erziehung zur Mündigkeit, Frankfurt/M. 1970, Seite 92-109
Theodor W. Adorno: Negative Dialektik. Jargon der Eigentlichkeit, Frankfurt/M. 1971
Robert Antelme: Das Menschengeschlecht, München 1987
Nicolas Berg, Jess Jochimsen, Bernd Stiegler (Hg.): SHOAH, Formen der Erinnerung. Geschichte, Philosophie, Literatur, Kunst, München 1996

Bruno Bettelheim: Aufstand gegen die Masse. Die Chance des Individuums in der modernen Gesellschaft, München 1964

Bruno Bettelheim: Erziehung zum Überleben. Zur Psychologie der Extremsituation, Stuttgart 1980

Anne-Berenike Binder: »Mon ombre est restée là-bas«. Literarische und mediale Formen des Erinnerns in Raum und Zeit, Tübingen 2008

Lucy S. Dawidowicz: The Holocaust and the Historians, London 1981

Terrence Des Pres: Der Überlebende – Anatomie der Todeslager, Stuttgart 2008

Dan Diner: Kreisläufe. Nationalsozialismus und Gedächtnis, Berlin 1995

Geoff Eley (Hg.): The »Goldhagen Effect«. History, Memory, Nazism – Facing the German Past, Michigan 2000

Insa Eschebach, Sigrid Jacobeit, Silke Wenk (Hg.): Gedächtnis und Geschlecht. Deutungsmuster in Darstellungen des nationalsozialistischen Genozids, Frankfurt/M. 2002

Daniel Jonah Goldhagen: Schlimmer als Krieg. Wie Völkermord entsteht und wie er zu verhindern ist, München 2009

Klaus Große Kracht: Die zankende Zunft. Historische Kontroversen in Deutschland nach 1945, Göttingen 2005

Manuela Günter (Hg.): Überleben schreiben. Zur Autobiographik der Shoah, Würzburg 2002

Irene Heidelberger-Leonard: Jean Améry – Revolte in der Resignation. Biographie, Stuttgart 2004

The Holocaust Revisited: A Retrospective Analysis of the Auschwitz-Birkenau Extermination Complex, Washington 1979

Robert Jackson: Heroines of World War II, London 1976

Marion A. Kaplan, Deborah Dash Moore (Hg.): Gender and Jewish History, Bloomington 2011

Gertrud Koch (Hg.): Bruchlinien. Tendenzen der Holocaustforschung, Köln 1999

Pieter Lagrou: Mémoires patriotiques et Occupation nazie, Brüssel 2003

Ronit Lentin (Hg.): Gender and Catastrophe, London 1997

Karolin Machtans: Zwischen Wissenschaft und autobiographischem Projekt: Saul Friedländer und Ruth Klüger, Tübingen 2009

Christian Poetini: Weiterüberleben. Jean Améry und Imre Kertész, Bielefeld 2014

Martin Stöhr (Hg.): Erinnern, nicht vergessen. Zugänge zum Holocaust, München 1979

ABBILDUNGSNACHWEISE

akg-images, Berlin: Abb. 26, 24 (Ketan Raventós/Album/Prisma), 27 (UIG/Universal History Archive)
Archives Auschwitz-Birkenau State Museum: 29
Barbara Beuys, Köln: 1, 4, 6, 8, 31
Anna Brzyska, Brzesko: 2 (Charles »Schaje« Weiss), 5, 9 (szukajwarchiwach.gov.pl)
Patrick De Roo, Antwerpen: 18 (ID photo agency)
FelixArchief, Stadsarchief Antwerpen: 11, 12, 13 (994#7672)
Jüdische Kultusgemeinde Mainz-Rheinhessen: 7
Kazerne Dossin, Mechelen: 14, 23 (Algemeen Rijksarchief/Dienst Archief Oorlogsslachtoffers), 22 (Fonds Kummer), 10 & 30 (Generalstaatsarchiv Brüssel, Ausländerakten)
mauritius images, Mittenwald: 28 (imageimage/Alamy), 15 (MacRein), 25 (Shawshots/Alamy),
Nationalarchiv Krakau: 3
Shutterstock, Berlin: 16 (Uwe Aranas)

Alle weiteren Abbildungen stammen aus dem Archiv des Insel Verlags.

PERSONENREGISTER